Financial Management

高等院校经济管理类新形态系列教材

财务管理

（附微课）

□ 杨桂洁　李沛泽　主编
□ 匡兴　毕春晖　李嘉文　副主编

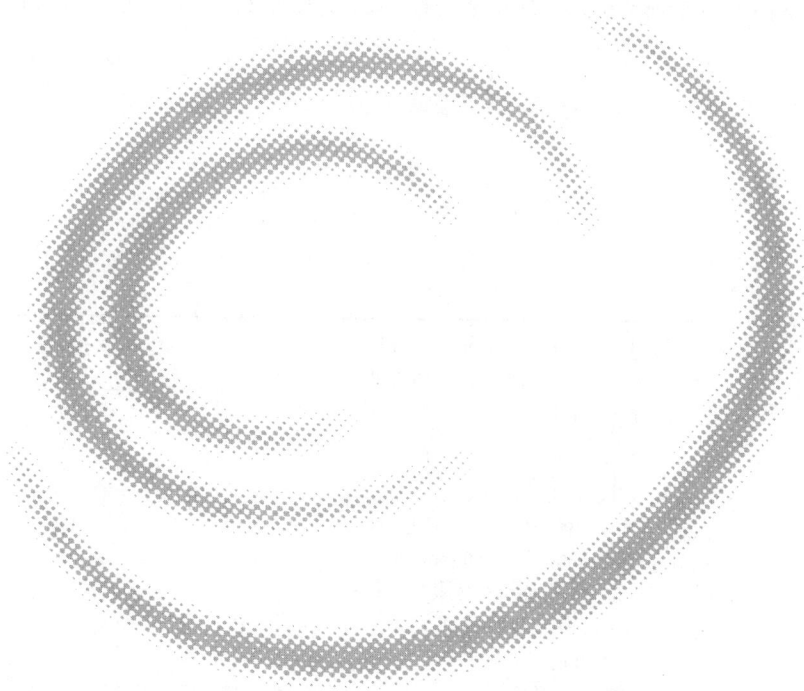

人民邮电出版社

北　京

图书在版编目（CIP）数据

财务管理：附微课 / 杨桂洁，李沛泽主编. -- 北
京：人民邮电出版社，2024.1
高等院校经济管理类新形态系列教材
ISBN 978-7-115-62794-0

Ⅰ．①财… Ⅱ．①杨… ②李… Ⅲ．①财务管理－高
等学校－教材 Ⅳ．①F275

中国国家版本馆CIP数据核字（2023）第187633号

内 容 提 要

　　本书按照企业的资金运作过程和财务管理工作过程组织教学体系，参照全国会计专业技术中级资格考试财务管理科目考试内容和财务管理工作岗位的任职要求选定教学内容，以企业财务管理活动为主线，将教学内容分为总论，财务管理基础，筹资管理，投资管理，营运资金管理，收入、成本与分配管理，预算管理，以及财务分析与评价。

　　本书配有教学大纲、电子教案、电子课件、同步训练答案、补充习题及答案、模拟试卷及答案等教学资料，索取方式参见书末的"更新勘误表和配套资料索取示意图"，咨询QQ：602983359。

　　本书为本科经济管理类专业教科书，也可作为在职人员的培训教材和全国会计专业技术中级资格考试的参考用书。

　◆　主　　编　杨桂洁　李沛泽
　　　副主编　匡　兴　毕春晖　李嘉文
　　　责任编辑　万国清
　　　责任印制　李　东　胡　南
　◆　人民邮电出版社出版发行　　北京市丰台区成寿寺路 11 号
　　　邮编　100164　电子邮件　315@ptpress.com.cn
　　　网址　https://www.ptpress.com.cn
　　　三河市兴达印务有限公司印刷
　◆　开本：787×1092　1/16
　　　印张：14.5　　　　　　　　　　2024 年 1 月第 1 版
　　　字数：351 千字　　　　　　　　2024 年 1 月河北第 1 次印刷

定价：59.80 元

读者服务热线：(010)81055256　印装质量热线：(010)81055316
反盗版热线：(010)81055315
广告经营许可证：京东市监广登字 20170147 号

前　言

　　本书按照企业的资金运作过程和财务管理工作过程组织教学体系，参照全国会计专业技术中级资格考试财务管理科目考试内容和财务管理工作岗位的任职要求选定教学内容。

　　本书具有以下特点。

　　一是根据全国会计专业技术中级资格考试财务管理科目考试大纲要求组织教材及配套资料的教学内容，使全部教学材料与全国会计专业技术中级资格考试内容吻合。

　　二是注重教书育人相结合，编者团队在深入学习党的二十大报告的基础上，在书中设置了"桃李沐春风"小栏目，系统性地融入了与专业教学同向而行的教学内容。

　　三是结合本科生的认知特点，对全书内容的组织与表达在不失科学性和严谨性的前提下进行了条理性和理实一体化处理。

　　本书穿插有"微课堂"和"视野拓展"等二维码链接小栏目，主要是通过展示重难点内容的教学短视频和拓展阅读资源辅助课堂教学；有"提炼点睛"等小栏目，用于展示重点业务的操作要点与技巧；章末有同步训练，便于巩固与检测本章所学内容。

　　本书配有教学大纲、电子教案、电子课件、同步训练答案、补充习题及答案、模拟试卷及答案等教学资料，索取方式参见书末的"更新勘误表和配套资料索取示意图"，咨询QQ：602983359。

　　本书由杨桂洁、李沛泽担任主编，匡兴、毕春晖、李嘉文担任副主编，魏少丽、杜恒老师参加了编写工作。全书由杨桂洁教授进行修改定稿，总纂成书。

　　由于编者水平有限，书中疏漏之处在所难免，恳请读者不吝指正，请您将使用过程中发现的问题和对本书的意见建议发到主编邮箱（ygjwf@126.com）或编辑邮箱（13051901888@163.com），我们会利用重印或改版的机会做相应修改，谢谢！

编　者

目 录

第一章 总 论

知识框架

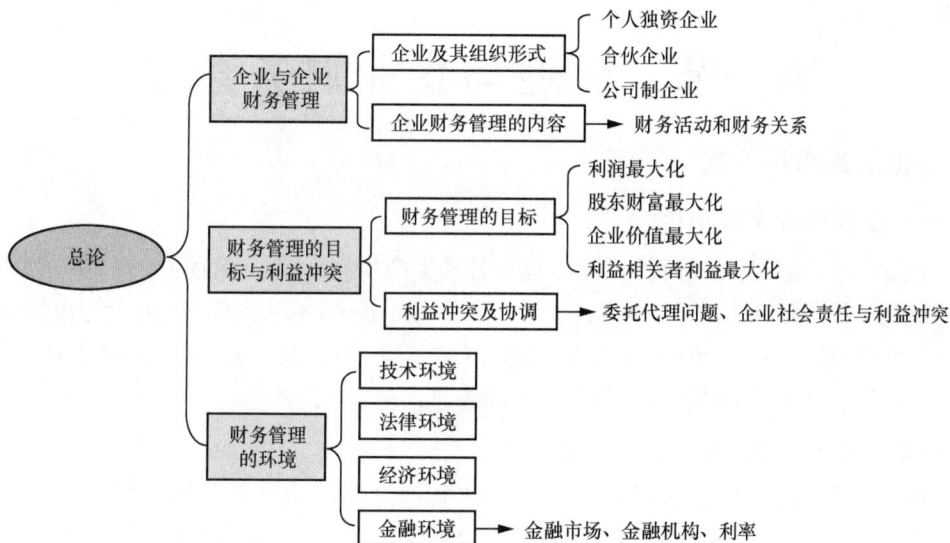

引导案例

鞍钢的选择：以财务管理为中心

各位读者，你们认为企业的财务管理重要吗？它在企业管理中占有怎样的地位？带着这些问题，我们来看一个经典的案例。

在 20 世纪 60 年代以"鞍钢宪法"闻名全国的鞍钢，到了 1995 年，已成为拥有近 50 万名职工和 80 年历史的国有特大型企业，为国家创造过 600 多亿元的利税，有着光辉的业绩。但是，市场经济的冲击，使鞍钢原有的管理模式面临严峻的挑战。一方面，产品库存显著上升，资金回笼十分困难，全国各地拖欠鞍钢的货款高达 50 多亿元；另一方面，由于调整产品结构需要进行技术改造所带来的资金压力沉重。向银行贷款，一是没有那么多额度，二是即使能贷款却负担不起大量的利息。因此，鞍钢不堪重负，陷入了"怪圈"。1995 年 1 月至 2 月，企业亏损 2 亿元，且这种亏损局面一直持续到了半年后。

困扰鞍钢的"怪圈"缘由在于资金。资金是企业的血液。过去由于忽视财务管理和资金管理，鞍钢一方面资金严重紧张；另一方面资金"跑、冒、滴、漏"现象严重，资金分散，账户多达 800 多个。资金使用效率低，各单位只争资金不计成本，乱投资、乱上项目，有限的资金没有用在"刀刃"上，有的技术改造项目得不到预期的效益，相当一部分资金进入了"死点"，无法盘活。为此，鞍钢制定了以资金管理为中心的财务管理和以财务管理为中心的企业管理模式。对资金使用引入了市场机制，实行资金限额总量控制，统一信贷，差别利率，有偿使用。

鞍钢在加强财务管理和资金管理的同时，还抓住了"成本"这个关键。鞍钢对各单位按不同类型全面核定目标成本。主业生产单位的目标成本一律采取鞍钢历史上的先进消耗定额水平，并采用"倒推"的办法，即从市场可接受的价格开始，从后向前，测算出每道工序的目标成本，然后层层分解落实到每个职工，使"企业重担众人挑，人人身上有指标"。鞍钢就是通过这种严格的成本管理大大地压

财务管理是什么

缩了开支，降低了成本，使设备改造实现了低投入、高产出。

经过一系列的运行机制和管理方式的变革，到 1995 年 8 月，鞍钢终于遏制住了连续亏损的势头，在上缴利税之后，实现利润 3.3 亿元，鞍钢重现勃勃生机。

到 2019 年，鞍钢已建立起现代化财务管理信息系统，走出了一条具有自身特色的财务共享发展之路。在 2023 年《财富》世界 500 强排行榜上，鞍钢集团以 500 亿美元的营业收入第十次进入世界 500 强，位列榜单第 283 位。

那么，该如何做好财务管理呢？志当存高远，路自脚下行。本章首先引领各位读者对财务管理有一定的认知，打好理财基础。

第一节　企业与企业财务管理

一、企业及其组织形式

（一）企业的定义及功能

企业是依法设立的，以营利为目的，运用各种生产要素（土地、劳动力、资本和技术等），向市场提供商品或服务，实行自主经营、自负盈亏、独立核算的法人或其他社会经济组织。企业的目标是创造财富（或价值），但在创造财富（或价值）的过程中必须承担相应的社会责任。

当今社会，企业作为国民经济细胞，扮演着越来越重要的角色。

1. 企业是市场经济活动的主要参与者

市场经济活动的顺利进行离不开企业的生产和销售活动，离开了企业的生产和销售活动，市场就成了无源之水、无本之木。创造价值是企业经营行为动机的内在要求，企业的生产状况和经济效益直接影响社会经济实力的增强和人民物质生活水平的提高。只有培育大量充满生机与活力的企业，社会才能稳定、和谐而健康地发展。

2. 企业是社会生产和服务的主要承担者

社会经济活动的主要过程即生产和服务过程，大多是由企业承担和完成的。许多企业要组织社会生产，通过劳动者，将生产资料（劳动工具等）作用于劳动对象，从而生产出商品，这个过程就是企业组织社会生产的过程，所以企业是社会生产的直接承担者。企业在组织社会生产过程中必然要在社会上购买其他企业的商品，再把本企业的产品销售出去，形成了服务（包括商品流通）的过程。离开了企业的生产和服务活动，社会经济活动就会中断或停止。

3. 企业是社会经济发展的重要推动力量

企业为了在竞争中立于不败之地，就需要不断积极采用先进技术，这在客观上必将推动整个社会经济技术的进步。企业的发展对整个社会的经济技术进步有着不可替代的作用。加快企业技术进步，加速科技成果产业化，培育发展创新型企业，是企业发展壮大的重要途径。

（二）企业的组织形式

典型的企业组织形式有个人独资企业、合伙企业和公司制企业等三种。

（1）个人独资企业。个人独资企业是由一个自然人投资，全部资产为投资者个人所有，全部债务由投资者个人承担的经营实体。个人独资企业是非法人企业，不具有法人资格。

（2）合伙企业。合伙企业通常是由两个或两个以上的自然人（有时也包括法人或其他组织）合伙经营的企业。它是由各合伙人遵循自愿、平等、公平、诚信原则订立合伙协议，共同出资、合伙经营、共享收益、共担风险的营利性组织。

（3）公司制企业。公司制企业是指由投资人（自然人或法人）依法出资组建，有独立法人财产，自主经营、自负盈亏的法人企业。

以上三种形式的企业组织中，个人独资企业占企业总数的比重很大，但是绝大部分的商业资金是由公司制企业控制的。因此，财务管理通常把公司理财作为讨论的重点。除非特别指明，本教材讨论的财务管理均指公司财务管理。

二、企业财务管理的内容

财务管理是现代企业管理的重要构成内容之一，是商品经济条件下企业最基本的管理活动。市场经济越发展，财务管理越重要。

（一）企业的财务活动

在商品经济条件下，商品是使用价值和价值的统一体。与此相联系，企业再生产过程也表现为使用价值的生产和交换过程及价值的形成和实现过程的统一。使用价值的生产和交换过程是有形的，是商品的实物运动过程；而价值的形成和实现过程是无形的，是商品的价值运动过程。这种价值运动过程用货币形式表现出来，就是企业再生产过程中的资金运动。

企业的资金运动不仅以资金循环的形式存在，而且伴随着再生产过程的不断进行，表现为一个周而复始的周转过程。企业的资金运动，构成企业经济活动的一个独立方面，具有自己的运动规律，这就是企业的财务活动。企业的财务活动分为筹资活动、投资活动、营运活动和分配活动四个方面。

1. 筹资活动

筹资是企业进行生产经营活动的前提，也是资金运动的起点。所谓筹资是指企业为了满足用资的需要，从一定的渠道，采用特定的方式，筹措和集中所需资金的过程。企业筹集的资金可以是货币资金，也可以是实物资产或无形资产。企业筹集资金表现为企业资金的流入。企业偿还借款、支付利息和股利以及各种筹资费用等，则表现为企业资金的流出。这种因为企业筹集资金而产生的资金收支活动称筹资活动。

在筹资过程中，企业一方面要确定筹资的总规模，以保证投资所需要的资金充足；另一方面要通过筹资渠道、筹资方式或工具的选择，合理确定资金结构，以降低筹资的成本和风险。

2. 投资活动

投资是指企业将筹集的资金投入使用的过程。企业在取得资金后，必须将资金投入使用，以谋求最大的经济效益，否则，筹资就背离了目的，无法发挥效用。企业投资有广义和狭义之分。广义的投资包括企业内部使用资金的过程和对外投放资金的过程。企业内部使用资金主要包括购置流动资产、固定资产和无形资产等，企业对外投放资金主要包括购买其他企业的股票、债券或对外直接投资。狭义的投资仅指对外投资。无论企业对内投资还是对外投资，都需要支付资金，而当企业变卖其对内投资形成的各种资产或收回其对外投资时，则会产生资金的收入。这种因为企业投资而产生的资金收付活动，便是由投资而引起的财务活动，也称投资活动。

在投资过程中，企业必须考虑投资规模，同时还必须通过投资方向和投资方式的选择，来确定合理的投资结构，提高投资效益，降低投资风险。

3. 营运活动

企业在日常生产经营过程中，会发生一系列的资金收付活动。首先，要购买材料或商品，以便从事生产或销售活动；其次，要支付工资或其他营业费用，以保证生产经营正常进行；再次，当企业把产品或商品销售后，便可取得收入，收回资金。此外，如果企业现有资金不能满足日常生产经营的需要，就要采取短期借款方式筹集所需资金。这种因企业经营而产生的资金收付活动，便是由经营而引起的财务活动，也称营运活动。

在资金营运过程中，企业首先要合理安排流动资产和流动负债的比例关系，确保有较强的短期偿债能力。其次，要加强流动资产管理，加速资金周转，提高资金利用效率。

4. 分配活动

企业通过投资活动和营运活动会取得各种收入并实现资金的增值。企业的收入在补偿成本、缴纳税金后，还应依据有关规定对剩余收益进行分配。广义的分配是对各种收入进行分割和分派的行为，而狭义的分配仅指对企业净利润的分配。

企业实现的净利润可作为投资者的收益，分配给投资者或暂时留存在企业（作为投资者的追加投资）。随着分配过程的进行，资金会退出企业或者留存在企业，它必然会影响企业的资金运动，这不仅表现在资金运动的规模上，而且表现在资金运动的结构上。因此，企业需要依据国家法律的有关规定，合理确定分配规模和分配方式，以确保企业取得最大的长期利益。

上述财务活动的四个方面，相互联系，相互依存，构成了完整的企业财务活动，随着企业的生产经营过程周而复始地进行。财务活动的这四个方面也构成了企业财务管理的基本内容。

★ **提炼点睛** ★

财务管理的核心内容是组织财务活动、处理财务关系。

（二）企业的财务关系

企业的财务活动，从表面上看是钱和物的增减变动。其实，钱和物的增减变动都离不开人和人之间的经济利益关系，这种经济利益关系就是财务关系。财务活动表明财务的形式特征，而财务活动所体现的财务关系，则揭示财务的内容本质。企业的财务关系主要有以下几个方面的内容。

（1）企业与政府之间的财务关系，是指企业依法向政府缴纳各种税款所形成的经济利益关系。

（2）企业与投资者之间的财务关系，是指投资者向企业投入资金，企业向其投资者支付投资报酬所形成的经济利益关系。

（3）企业与债权人之间的财务关系，是指企业向债权人借入资金，并按规定按时支付利息和归还本金所形成的经济利益关系。

（4）企业与受资者之间的财务关系，是指企业以购买股票或直接投资的形式向其他企业（受资者）投资，受资者分配给企业投资报酬所形成的经济利益关系。

（5）企业与债务人之间的财务关系，是指企业将其资金以购买债券、提供借款或商业信用等形式出借给其他单位所形成的经济利益关系。

（6）企业内部各单位之间的财务关系，是指企业内部各单位之间在生产经营各环节中相互提供产品或劳务所形成的经济利益关系。

（7）企业与职工之间的财务关系，是指企业向职工支付劳动报酬过程中所形成的经济利益关系。

（8）企业与供货商、客户之间的财务关系，是指企业购买供货商的商品或接受其服务，以及企业向客户销售商品或提供服务过程中形成的经济利益关系。

上述财务关系广泛存在于企业的财务活动中，从而构成了企业财务管理的另一项重要内容。

综上所述，企业财务是指企业在再生产过程中客观存在的财务活动及其体现的财务关系。财务管理是基于企业再生产过程中客观存在的财务活动和财务关系而产生的，是企业组织财务活动、处理与各方财务关系的一项经济管理工作，是企业管理的重要组成部分。

财务管理和企业其他管理工作相比，具有以下特点。一是财务管理是一种价值管理。财务管理侧重于从价值方面进行管理，主要利用资金、成本、利润等价值指标，对资金筹集和价值的形成、实现、分配进行管理。二是财务管理具有很强的综合性。企业生产经营活动各方面的质量和效果，大多可以通过各项价值指标综合反映出来。三是财务管理与企业各方面具有广泛联系。在企业中，一切涉及资金收支的活动，都属于财务管理的范畴。

> **视野拓展**
>
> 财务管理的产生和发展

第二节　财务管理的目标与利益冲突

一、财务管理的目标

财务管理的目标又称理财目标，是指企业进行财务活动所要达到的根本目的，它决定着企业财务管理的基本方向和基本内容。财务管理是企业管理的一部分，财务管理的目标取决于企业的总目标，并且受财务管理自身特点的制约。

（一）企业目标及其对财务管理的要求

企业是营利性组织，其出发点和归宿是获利。企业一旦成立，就会面临竞争，并始终处于生存与倒闭、发展与萎缩的矛盾之中。企业只有生存下去才可能获利，只有不断发展才能求得生存。因此，企业管理的目标可以概括为生存、发展和获利。

1. 生存目标对财务管理的要求

企业在市场中生存下去的基本条件是以收抵支，否则企业就会萎缩，直到因无法维持最低的运营条件而终止。企业生存的另一个基本条件是到期偿债，否则企业可能被债权人接管或被法院判定破产。因此，企业生存的主要威胁来自两个方面：一个是长期亏损，它是企业终止的内在原因；另一个是不能偿还到期债务，它是企业终止的直接原因。

力求保持以收抵支和偿还到期债务的能力，减少破产的风险，使企业能够长期、稳定地生存下去，是对财务管理的第一个要求。

2. 发展目标对财务管理的要求

企业的生产经营如逆水行舟，不进则退。一个企业如不能发展，就会被市场淘汰。企业的发展集中表现为扩大收入。扩大收入的根本途径是提高产品质量，扩大销售规模，这要求企业投入更多更好的物质资源、人力资源，并改进技术和管理。在市场经济中，各种资源的取得都需要资金，企业的发展离不开资金。

因此，筹集企业发展所需要的资金，是对财务管理的第二个要求。

3. 获利目标对财务管理的要求

建立企业的目的是营利。从财务角度看，营利就是使投资方获得超过其投资的回报。在市场经济中，没有"免费使用"的资金，资金的每项来源都有成本。每笔资金的使用都是投资，都应当是生产性的，要从中获得回报。财务主管人员务必使企业的资金能以产出最大的形式被利用。

因此，通过合理、有效地使用资金使企业获利，是对财务管理的第三个要求。

（二）几种具有代表性的财务管理目标

财务管理的目标是企业全部财务活动需要实现的最终目标。根据现代企业财务管理的理论和实践，最具代表性的财务管理目标主要有以下几种。

1. 利润最大化

以利润最大化作为财务管理的目标，其理由有三：一是人类从事生产经营活动的目的是创造更多的剩余产品，在商品经济条件下，剩余产品的多少可以用利润这个指标来衡量；二是在自由竞争的资本市场中，资本的使用权最终属于获利最多的企业；三是只有每个企业都最大限度地获得利润，整个社会的财富才可能实现最大化，从而推动社会进步和发展。因此，以利润最大化作为财务管理目标有其合理性。

但是，由于利润指标自身的局限性，以利润最大化作为财务管理目标存在以下缺点。

（1）没有考虑货币时间价值。例如，今年获利100万元和明年获利100万元对企业的影响是不同的，若不考虑货币时间价值的影响，就不能正确判断哪种获利方式更符合企业目标。

（2）没有考虑所获利润和投入资本额的关系。例如，同样获利100万元，一个企业投入资本500万元，另一个企业投入800万元，若不与投入资本额联系起来，就不能合理地说明企业经济效益水平的高低，不便于将不同规模的企业或同一企业不同期间进行比较。

（3）没有考虑获取利润所承担风险的大小。例如，同样投入500万元，当年获利100万元，一个企业的获利已全部转化为现金，另一个企业的获利则全部是应收账款，可能发生坏账损失。显然，若不考虑风险大小，就难以正确判断哪个更符合企业的目标。一般而言，报酬越高，风险越大。追求利润最大化，往往会增加企业的经营风险。

（4）片面追求利润最大化可能导致企业的短期行为。追求利润最大化往往会使企业财务决策带有短期行为的倾向，而忽视企业的长远发展，使企业缺乏发展后劲。

2. 股东财富最大化

在上市公司，股东财富由其拥有的股票数量和股票市场价格两方面决定。在股票数量一定时，股票价格越高，股东财富也就越大。因此，股东财富最大化在一定条件下演变成了股票市场价格最大化。

与利润最大化目标相比，这一目标主要有以下优点。①考虑了风险因素。因为股票价格对风险极为敏感，所以将风险因素纳入考虑范围是极为必要的。②在一定程度上能避免企业的短期行为。因为不仅当前的利润会影响股票价格，预期的未来利润也会影响股票价格。③对上市公司而言，比较容易量化，便于考核和奖惩。

以股东财富最大化作为财务管理目标存在以下缺点：①只适用于上市公司，非上市公司难以应用；②股票价格受多种因素的影响，特别是企业外部的因素，有些还可能是非正常因素，股价不能完全正确反映企业的财务管理状况；③只强调股东利益，不重视其他相关者的利益。

3. 企业价值最大化

投资者投资企业的目的在于创造尽可能多的财富，这种财富首先表现为企业价值。企业价值不是企业资产的账面价值，而是企业全部资产的市场价值，通俗地讲是指企业本身值多少钱。在对企业进行评价时，看重的不是企业已获得的利润，而是企业潜在的或预期的获利能力。企业价值是企业所能创造的预计未来现金流量的现值，反映了企业潜在的或预期的获利能力和成长能力。未来现金流量的现值这一概念，包含了货币时间价值和风险价值两个方面的因素。未来现金流量的预测包含了不确定性和风险因素，而未来现金流量的现值是以货币时间价值为基础对未来现金流量进行折现计算得出的。

企业价值最大化这一目标的优点主要表现在以下几个方面：①考虑了取得报酬的时间，并用时间价值的原理进行了计量；②考虑了风险与报酬的关系；③将企业长期、稳定的发展和持续的获利能力放在首位，能克服企业在追求利润上的短期行为；④用价值代替价格，避免了过多外界市场因素的干扰，有效地规避了企业的短期行为。

这一目标也存在一些问题。对于上市公司，由于其股票价格受多种因素影响，特别是在资本市场效率低下的情况下，股票价格很难反映企业的真实价值。对于非上市公司，只有对其专门评估才能确定其价值，由于受评估标准和评估方式的影响，这种估价不易做到客观和准确，导致企业价值难以确定。

4. 利益相关者利益最大化

现代企业是多边契约关系的总和，要确立科学的财务管理目标，需要考虑哪些利益关系会对企业发展产生影响。在市场经济中，企业的理财主体更加细化和多元化。股东作为企业所有者，在企业中拥有最高的权力，并承担着最大的义务和风险，但是债权人、员工、企业经营者、客户、供应商和政府也为企业承担着风险。因此，企业的利益相关者不仅包括股东，还包括债权人、员工、企业经营者、客户、供应商和政府等。在确定企业财务管理目标时，不能忽视这些相关利益群体的利益。

利益相关者利益最大化目标的具体内容包括以下几个方面。

（1）强调风险与报酬的均衡，将风险限制在企业可以承受的范围内。

（2）强调股东的首要地位，并强调企业与股东之间的协调关系。

（3）强调对代理人即企业经营者的监督和控制，建立有效的激励机制以便企业战略目标顺利达成。

企业财务管理
目标确定

（4）关心本企业普通职工利益，创造优美和谐的工作环境和提供合理的福利待遇，培训职工长期努力为企业工作。

（5）不断加强与债权人的友好关系，培养可靠的资金供应者。

（6）关心客户的长期利益，以便保持销售收入的长期稳定增长。

（7）加强与供应商的协作，共同面对市场竞争，并注重企业形象的宣传，遵守承诺，讲究信誉。

(8)保持与政府部门的良好关系。

以利益相关者利益最大化作为财务管理目标,具有以下优点。

(1)有利于企业长期稳定发展。

(2)体现了合作共赢的价值理念,有利于实现企业经济效益和社会效益的统一。

(3)这一目标本身是一个多元化、多层次的目标体系,较好地兼顾了各利益主体的利益。

(4)体现了前瞻性和现实性的统一。

5. 各种财务管理目标之间的关系

上述各种财务管理目标,都以股东财富最大化为基础。因为,企业是市场经济的主要参与者,企业的创立和发展必须以股东的投入为基础,离开了股东的投入,企业就不复存在;并且,在企业的日常经营过程中,作为所有者的股东在企业中承担着最大的义务和风险,相应也需要享有最高的收益,即股东财富最大化,否则就难以为市场经济的持续发展提供动力。当然,以股东财富最大化为核心和基础,还应该考虑利益相关者的利益。

二、利益冲突及协调

企业相关者的利益冲突是影响企业财务管理目标更深层次的问题,利益冲突是否能有效协调直接关系到财务管理目标是否能实现。企业相关者的利益冲突主要包括委托代理问题引起的利益冲突和企业股东利益与承担社会责任之间的冲突。其中,委托代理问题引起的利益冲突包括股东与管理层、股东与债权人、大股东与中小股东之间的利益冲突。

(一)委托代理问题与利益冲突

1. 股东与管理层之间的利益冲突及协调

股东为企业提供资本金,目标是实现财富最大化。管理者则希望提高自己的报酬(如提高工资、奖金和社会地位等),增加闲暇时间,避免风险。管理者有可能为了自己的目标而背离股东的利益,这种背离表现在两个方面。一是道德风险。管理者为了自己的目标,不去尽最大努力实现企业财务管理的目标,这样做不构成法律责任和行政责任,只涉及道德问题,股东很难追究他们的责任。二是逆向选择。管理者为了自己的目标而背离股东的目标,如以工作需要为借口乱花股东的钱,如装修豪华的办公室、买高档汽车等。

为了协调这一冲突,股东通常可以采取监督和激励两种办法。

(1)监督。监督可以通过企业的监事会和独立董事来检查企业财务,也可以聘请注册会计师审查企业财务情况,以监督管理者的财务行为。当管理者背离股东的目标时,股东可以减少其报酬,甚至解雇他们。

(2)激励。激励是把管理者的报酬与其绩效挂钩,使管理者分享企业增加的财富,鼓励他们采取能促成企业价值最大化的措施。激励方式有多种,如"股票期权""绩效股""现金奖励"等。"股票期权"方式是允许管理者以固定的价格购买一定数量的股票,当股票价格高于固定价格越多时,管理者所得的报酬越多;"绩效股"方式是根据管理者的业绩,给予其数量不等的股票作为报酬。

监督和激励都需要成本，监督成本、激励成本和偏离股东目标的损失之间此消彼长，相互制约。股东要权衡轻重，力求找出能使三者之和最小的解决办法。

2. 股东与债权人之间的利益冲突及协调

债权人把资金交给企业，其目标是到期收回本金，并获得约定的利息收入。资金一旦到了企业手里，债权人就失去了控制权，股东为了自身利益可能会通过经营者损害债权人的利益，其常用方式有以下两种。一是不经过债权人同意，投资于比债权人预期风险高的新项目。若侥幸成功，超额利润会被股东独享；若不幸失败，债权人与股东将共同承担损失。二是不征得债权人的同意，股东迫使经营者发行新债，偿债风险相应增大，从而导致原有债权的价值降低。

为了协调这一冲突，债权人除了寻求立法保护，如破产时优先接管、优先于股东分配剩余财产等，通常可以采取以下措施。

（1）限制性借债。在借款合同中加入限制性条款，如规定资金用途、规定不得发行新债或限制发行新债的数额等。

（2）收回借款或停止借款。当发现企业有侵蚀其债权价值的意图时，拒绝进一步合作，提前收回借款或不再提供新的借款等。

3. 大股东与中小股东之间的利益冲突及协调

大股东通常指控股股东，他们会持有公司股份的大部分，从而会对股东大会和董事会的决议产生影响，通常还会委派高管来掌握公司的重大经营决策。持有股份较少且人数较多的中小股东很难有机会接触到公司的经营管理，虽然他们按照自己的持股比例拥有利润的索取权，但是由于与大股东之间存在严重的信息不对称，他们的各种权利可能会受到大股东的侵害。在这种情况下，委托代理问题会导致大股东与中小股东之间的利益冲突。大股东侵害中小股东利益的主要形式有：非法占用上市公司巨额资金，或以上市公司的名义进行担保和恶意筹资；通过发布虚假信息进行股价操纵，欺骗中小股东；为大股东委派的高管支付不合理的报酬及特殊津贴；采用不合理的股利政策，掠夺中小股东的既得利益等。

为了协调大股东与中小股东之间的利益冲突，通常可采取以下方式。

（1）完善上市公司的治理结构，使股东大会、董事会和监事会三者有效运行，形成相互制约的机制。具体而言，首先，采取法律措施保障中小股东的投票权和知情权。其次，提高董事会中独立董事的比例，独立董事可以代表中小股东的利益，在董事会中行使表决权。最后，建立健全监事会，保证其独立性，有效实现其监督职能，并赋予监事会更大的监督与起诉权。

（2）规范上市公司的信息披露制度，保证信息的完整性、真实性和及时性。同时，应完善会计准则体系和信息披露规则，加大对信息披露违规行为的处罚力度，对信息披露的监管也要有所加强。

（二）企业股东利益与承担社会责任之间的利益冲突

企业在实现股东财富最大化目标时，需要承担必要的社会责任。企业社会责任是指企业在谋求股东财富最大化之外所负有的维护和增进社会利益的义务。具体来说，企业社会责任主要包括以下内容。

（1）对员工的责任。企业除了负有向员工支付报酬的法律责任外，还负有为员工提供安全工作环境、职业教育等保障员工利益的责任。企业对员工承担的社会责任有：①按时足额发放劳动报酬，并根据社会发展逐步提高工资水平；②提供安全健康的工作环境，加强劳动保护，实现安全生产，积极预防职业病；③建立企业职工的职业教育和岗位培训制度，不断提高职工的素质和能力；④完善工会、职工董事和职工监事制度，培育良好的企业文化。

（2）对债权人的责任。债权人是企业的重要利益相关者，企业应依据合同的约定以及法律的规定对债权人承担相应的义务，保障债权人合法权益。这种义务既是公司的民事义务，也可视为公司应承担的社会责任。公司对债权人承担的社会责任主要有：①按照法律、法规和公司章程的规定，真实、准确、完整、及时地披露公司信息；②诚实守信，不滥用公司人格；③主动偿债，不无故拖欠；④确保交易安全，切实履行合法订立的合同。

（3）对消费者的责任。企业的价值实现，很大程度上取决于消费者的选择，企业理应重视对消费者承担的社会责任。企业对消费者承担的社会责任主要有：①确保产品质量，保障消费安全；②诚实守信，确保消费者的知情权；③提供完善的售后服务，及时为消费者排忧解难。

（4）对社会公益的责任。企业对社会公益的责任主要涉及慈善事业、社区等。企业对慈善事业的社会责任是指承担扶贫济困和发展慈善事业的责任，表现为企业对不确定的社会群体（尤指弱势群体）进行帮助。捐赠是最主要的表现形式，受捐赠的对象主要有社会福利院、医疗服务机构、教育事业、贫困地区、特殊困难人群等。此外，还包括雇用残疾人、生活困难的人等缺乏就业竞争力的人到企业工作，以及举办与企业营业范围有关的各种公益性的社会教育宣传活动等。

（5）对环境和资源的责任。企业对环境和资源的社会责任可以概括为两大方面：一是承担可持续发展与节约资源的责任；二是承担保护环境和维护自然和谐的责任。

此外，企业还有义务和责任遵从政府的管理、接受政府的监督。企业要在政府的指引下合法经营、自觉履行法律规定的义务，同时尽可能地为政府献计献策、分担社会压力、支持政府的各项事业。

一般而言，对一个利润或投资收益率处于较低水平的企业，在激烈竞争的环境下，是难以承担额外增加其成本的社会责任的。而对于那些利润超常的企业，它们可以适当地承担而且有的已承担一定的社会责任。因为对利润超常的企业来说，适当地从事一些社会公益活动，有助于提高企业的知名度，促进其业务活动的开展，进而使股价升高。但任何企业都无法长期单独地负担因承担社会责任而增加的成本。事实上，大多数社会责任都必须通过立法以强制的方式让每一个企业平均负担。然而，作为国民经济细胞，企业理应关注并自觉改善自身的生态环境，重视履行对员工、消费者、环境、社区等利益相关方的责任，重视其生产行为可能对未来环境的影响，特别是在员工健康与安全、废弃物处理、污染等方面应尽早采取相应的措施。

第三节　财务管理的环境

财务管理的环境是指对企业财务活动和财务管理产生影响的企业内外部各种条件或因素的总称。企业的财务活动是在一定的财务管理环境下进行的，财务管理环境的变化必然会影响企业的财务活动和财务管理。只有在财务管理环境的各种因素作用下实现财务活动的协调平衡，企业才能生存和发展。

对企业财务管理影响较大的环境主要包括技术环境、法律环境、经济环境和金融环境等。

一、技术环境

财务管理的技术环境是指财务管理得以实现的技术手段和技术条件，它决定着财务管理的效率和效果。会计信息系统是财务管理技术环境中的一项重要内容。在企业内部，会计信息主要供管理层决策时使用；而在企业外部，会计信息则主要为企业的投资者、债权人等提供服务。随着大数据、机器人流程自动化等智能技术不断应用到财务管理领域，财务管理的技术环境更有助于实现资源共享，便于不同信息使用者获取、分析和利用信息，从而进行投资和相关决策。

二、法律环境

1. 法律环境的范畴

法律环境是指企业和外部发生经济关系时应遵守的有关法律、法规和规章（简称"法规"）。市场经济是法治经济，企业的一些经济活动总是在一定法律规范内进行的。法规既约束企业的非法经济行为，也为企业从事各种合法经济活动提供保护。

国家相关法律法规按照对财务管理内容的影响情况可以分为以下三类。

（1）影响企业筹资的各种法律法规主要有公司法、证券法、民法典等。这些法律法规可以从不同方面规范或制约企业的筹资活动。

（2）影响企业投资的各种法律法规主要有证券法、公司法、企业财务通则等。这些法律法规从不同角度规范企业的投资活动。

（3）影响企业收益分配的各种法律法规主要有税法、公司法、企业财务通则等。这些法律法规可以从不同方面规范企业收益分配的活动。

2. 法律环境对企业财务管理的影响

法律环境对企业的影响是多方面的，影响范围包括企业组织形式、公司治理结构、投融资活动、日常经营、收益分配等。如《公司法》①规定，企业可以采用独资、合伙、公司制等企业组织形式。企业组织形式不同，业主（股东）权利责任、企业投融资、收益分配、纳税、信息披露等不同，公司治理结构也不同。上述不同种类的法律法规和规章，分别从不同方面约束企业的经济行为，对企业财务管理产生影响。

三、经济环境

在影响财务管理的各种外部环境中，经济环境是最为重要的。经济环境内容十分广泛，包括经济体制、经济周期、经济发展水平、宏观经济政策及通货膨胀水平等。

1. 经济体制

在计划经济体制下，国家统筹企业资本、统一投资、统负盈亏，企业利润统一上缴、亏损全部由国家补贴，企业虽然是一个独立的核算单位，但无独立的理财权力。计划经济体制

---

① 简便起见，一般情况下本书中的法律法规等使用简称。

下的财务管理活动的内容比较单一，财务管理方法比较简单。在市场经济体制下，企业成为自主经营、自负盈亏的经济实体，有独立的经营权，同时也有独立的理财权。企业可以从自身需要出发，合理确定资本需要量，然后到市场上筹集资本，再把筹集到的资本投放到高效益的项目上以获取更大的收益，最后将收益根据需要进行分配，保证企业财务活动自始至终根据自身条件和外部环境做出各种财务管理决策并组织实施。因此，市场经济体制下的财务管理活动的内容比较丰富，方法也复杂多样。

2. 经济周期

在市场经济条件下，经济发展与运行带有一定的波动性，大体上经历复苏、繁荣、衰退和萧条四个阶段的循环，这种循环叫作经济周期。

在经济周期的不同阶段，企业应采用不同的财务管理战略。西方财务学者探讨了经济周期中不同阶段的财务管理战略，现择其要点归纳，如表 1.1 所示。

表 1.1　经济周期中不同阶段的财务管理战略

复苏阶段	繁荣阶段	衰退阶段	萧条阶段
1. 增加厂房设备	1. 扩充厂房设备	1. 停止扩张	1. 建立投资标准
2. 实行长期租赁	2. 继续增加存货	2. 出售多余设备	2. 保持市场份额
3. 增加存货储备	3. 提高产品价格	3. 停产不利产品	3. 压缩管理费用
4. 开发新产品	4. 开展营销规划	4. 停止长期采购	4. 放弃次要利益
5. 增加劳动力	5. 增加劳动力	5. 削减存货	5. 削减存货
		6. 停止扩招雇员	6. 裁减雇员

3. 经济发展水平

财务管理的发展水平是和经济发展水平密切相关的，经济发展水平越高，财务管理水平也就越高。财务管理水平的提高，将推动企业降低成本，改进效率，提高效益，从而促进经济发展水平的提高；而经济发展水平的提高，将改变企业的财务战略、财务理念、财务管理模式和财务管理的方法和手段，从而促进企业财务管理水平的提高。财务管理应当以经济发展水平为基础，以宏观经济发展目标为导向，从业务角度保证企业经营目标和经营战略的实现。

4. 宏观经济政策

不同的宏观经济政策对企业财务管理影响不同。金融政策中的货币发行量、信贷规模会影响企业投资的资金来源和预期收益；财税政策会影响企业的资金结构和投资项目的选择等；价格政策会影响企业资金的投向、投资的回收期及预期收益；会计制度的改革会影响会计要素的确认和计量，进而对企业财务活动的事前预测、决策及事后的评价产生影响等。

5. 通货膨胀水平

通货膨胀对企业财务活动的影响是多方面的，主要表现在以下几个方面：①引起资金占用大量增加，从而增加企业的资金需求；②引起企业利润虚增，造成企业资金由于利润分配而流失；③引起利率上升，加大企业筹资成本；④引起有价证券价格下降，增加企业筹资的难度；⑤引起资金供应紧张，增加企业筹资的难度。

为了减轻通货膨胀对企业造成的不利影响，企业应当采取措施予以防范。在通货膨胀初期，货币面临着贬值的风险，这时企业进行投资可以避免风险，实现资本保值；与客户签订长期购货合同，以减少物价上涨造成的损失；取得长期负债，保持资本成本的稳定。在通货膨胀持续期，企业可以采用比较严格的信用条件，减少企业债权；调整财务政策，防止和减少企业资本流失等。

四、金融环境

金融环境也称金融市场环境，金融市场是资金供应者和资金需求者通过某种形式融通资金的场所，它不仅为企业融资提供了渠道和手段，同时也是企业投资的重要场所。金融市场是政府进行金融宏观调控的对象，金融政策的变化必然影响企业的筹资、投资和资金营运活动。因此，金融环境是企业最为主要的环境因素。

（一）金融市场的组成

金融市场由金融市场主体、金融市场工具和交易价格三要素组成。

1. 金融市场主体

金融市场主体是指资金供应者、资金需求者及金融中介机构。金融市场上的资金供应者和资金需求者主要有政府部门、金融机构、企事业单位和城乡居民。金融中介机构是连接筹资人和投资人的桥梁，包括银行和非银行金融机构。不同的金融中介机构进行资金交易所需法律手续不同，交易条件不同，交易成本不同，交易的数量和完成交易的时间也有差别。因此，企业必须选择适合自身情况的主要交易机构和场所，以相对节省交易费用，加快交易进程。

2. 金融市场工具

金融市场工具即金融市场上的交易工具，是指资金供应者将资金让渡给资金需求者的凭证，包括各种债券、股票、商业票据、可转让存单等。不同的金融市场工具具有不同的法律效力和流通功能，以及不同的风险和成本。企业必须选择适合自身情况的金融市场工具进行资金交易，以相对降低风险和成本。

3. 交易价格

金融市场的交易价格一般表现为利率。金融市场的利率主要有中央银行再贴现率、商业银行存贷款利率、同业拆借利率和国家公债利率等。证券市场的交易价格不是利率，而是证券价格，但通常证券价格与利率有着密切的关系，即利率上升，证券价格下跌，反之，利率下降，证券价格上升。

（二）我国主要的金融机构

我国主要的金融机构包括银行金融机构和非银行金融机构两类。

1. 银行金融机构

我国的银行金融机构主要包括中国人民银行、政策性银行（如国家开发银行、中国进出口银行和中国农业发展银行）和商业银行（如中国工商银行、中国农业银行、中国建设银行、中国银行、中国交通银行、中信银行、中国光大银行、中国民生银行等）。

2. 非银行金融机构

我国的非银行金融机构主要有保险公司、信托投资公司、证券机构、租赁公司等。保险公司是经营保险业务的经济组织；信托投资公司主要办理信托存款和信托投资业务；证券机构是从事证券业务的机构，包括证券公司、证券交易所和登记结算公司；租赁公司是办理筹资租赁业务的经济组织，它先筹集资金购买各种租赁物，然后出租给企业。

（三）金融市场上的利率

金融市场上的资金融通是以利率为价格标准的。资金作为一种特殊商品，以利率为价格标准进行融通，实质上是资金作为一种资源通过利率实行再分配。因此利率在资金分配和企业财务决策中起着重要作用。

正如商品的价格由供应和需求两方面来决定一样，资金这种特殊商品的价格标准——利率，也主要由供应和需求来决定。但除这两个因素外，利率还受其他因素的影响。一般而言，资金的利率由三部分构成：纯利率、通货膨胀补偿率和风险报酬率。利率的一般计算公式如下：

利率=纯利率+通货膨胀补偿率+风险报酬率

纯利率是指无通货膨胀、无风险情况下的均衡点利率。例如，在没有通货膨胀时，国库券的利率可以视为纯利率。通货膨胀补偿率是指由于持续的通货膨胀会不断降低货币的实际购买力，为补偿其购买力损失而要求提高的利率。风险报酬率包括违约风险报酬率、流动性风险报酬率和期限风险报酬率。其中，违约风险报酬率是指为了弥补因债务人无法按时还本付息而带来的风险，由债权人要求提高的利率；流动性风险报酬率是指为了弥补因证券资产流动性不好而带来的风险，由债权人要求提高的利率；期限风险报酬率是指为了弥补因偿债期长而带来的风险，由债权人要求提高的利率。

视野拓展

企业财务管理失败案例

（四）金融市场与财务管理的关系

金融市场与财务管理关系密切。金融市场不仅为企业筹资和投资提供重要场所，为财务管理提供重要信息，而且金融市场的发育程度、金融机构的组织体系及运作方式、金融工具的丰富程度、市场参与者对报酬率的要求、金融政策的导向等，都对企业理财产生重大影响。企业财务管理人员必须熟悉金融市场的各种类型和管理规则，有效地利用金融市场来进行资金的筹措和资本投资等活动；同时还要熟悉国家对金融市场的宏观调控政策，利用金融市场的积极作用，规避其消极作用。

同步训练

一、单项选择题

1. 各种财务管理目标，都以（　　　）为基础。
   A. 利润最大化　　　　　　　　　　　　B. 利益相关者利益最大化
   C. 企业价值最大化　　　　　　　　　　D. 股东财富最大化

2. 在没有通货膨胀时，（　　　）的利率可以视为纯利率。
   A. 短期借款　　　B. 公司债券　　　C. 国库券　　　D. 商业票据

3. 企业的财务活动就是企业的（　　　）。
   A. 资金运动　　　B. 经营活动　　　C. 财务关系　　　D. 生产活动

4. 下列影响企业财务管理的环境因素中，最主要的是（　　　）。
   A. 经济环境　　　B. 法律环境　　　C. 金融环境　　　D. 内部环境

5. 企业的资金运动表现为（　　　）。
   A. 资金循环　　　　　　　　　　　　　B. 资金周转

C. 资金的循环和周转　　　　　　　　D. 资金的筹集和使用

6. 财务管理和企业其他管理相比，侧重于（　　　）。

    A. 使用价值管理　　B. 价值管理　　　　C. 劳动管理　　　　D. 物资管理

7. 企业不能生存而终止的内在原因是（　　　）。

    A. 长期亏损　　　　　　　　　　　　B. 不能偿还到期债务

    C. 决策者决策失误　　　　　　　　　D. 资金周转困难

8. 财务管理是对企业（　　　）所进行的管理。

    A. 经营活动　　　　B. 财务活动　　　　C. 投资活动　　　　D. 筹资活动

9. 反映企业价值最大化目标实现程度的是（　　　）。

    A. 利润额　　　　　B. 利润率　　　　　C. 每股市价　　　　D. 市场占有率

10. 财务关系是企业在财务活动中与有关方面形成的（　　　）。

    A. 货币关系　　　　B. 结算关系　　　　C. 经济利益关系　　D. 往来关系

二、多项选择题

1. 财务管理的基本内容包括（　　　）。

    A. 筹资管理　　　　B. 投资管理　　　　C. 营运管理　　　　D. 分配管理

2. 关于财务管理目标，具有代表性的观点有（　　　）。

    A. 利润最大化　　　　　　　　　　　B. 股东财富最大化

    C. 企业价值最大化　　　　　　　　　D. 利益相关者利益最大化

3. 利润最大化作为财务管理的目标，其缺点有（　　　）。

    A. 没有考虑货币时间价值　　　　　　B. 不能实现社会财富最大化

    C. 没有考虑承担风险的大小　　　　　D. 可能导致企业短期行为

4. 影响企业财务管理的外部环境因素主要有（　　　）。

    A. 法律环境　　　　B. 经济环境　　　　C. 金融环境　　　　D. 企业组织形式

5. 金融市场上资金的利率由（　　　）构成。

    A. 变现力附加率　　B. 纯利率　　　　　C. 通货膨胀补偿率　D. 风险报酬率

6. 金融市场的构成要素主要包括（　　　）。

    A. 金融市场主体　　B. 金融工具　　　　C. 交易价格　　　　D. 交易场所

7. 从整体上讲，财务活动包括（　　　）。

    A. 筹资活动　　　　B. 投资活动　　　　C. 营运活动　　　　D. 分配活动

8. 以企业价值最大化为财务管理目标的优点包括（　　　）。

    A. 考虑了风险和时间价值因素

    B. 体现了合作共赢的价值理念

    C. 用价值代替价格，有效地规避了企业的短期行为

    D. 体现了前瞻性和现实性的统一

9. 金融市场主体是指（　　　）。

    A. 资金供应者　　　B. 资金需求者　　　C. 金融中介机构　　D. 政府

10. 对企业财务管理影响较大的环境主要包括（　　　）等。

    A. 技术环境　　　　B. 法律环境　　　　C. 经济环境　　　　D. 金融环境

第一章　总　论

15

三、判断题

1. 在没有通货膨胀时，国库券的利率可以视为纯利率。 （　　）

2. 金融市场由金融市场主体、金融市场工具和交易价格三要素组成。 （　　）

3. 财务管理是一种实物管理。 （　　）

4. 金融市场的交易价格一般表现为利率。 （　　）

5. 会计信息系统是财务管理技术环境中的一项重要内容。 （　　）

6. 一般而言，资金的利率由三部分构成：纯利率、通货膨胀补偿率和风险报酬率。（　　）

7. 企业在实现股东财富最大化目标时，需要承担必要的社会责任。 （　　）

8. 技术环境是企业最为主要的环境因素。 （　　）

9. 典型的企业组织形式有个人独资企业、合伙企业和公司制企业等三种。 （　　）

10. 财务关系表明财务的形式特征，财务活动则揭示财务的内容本质。 （　　）

第二章　财务管理基础

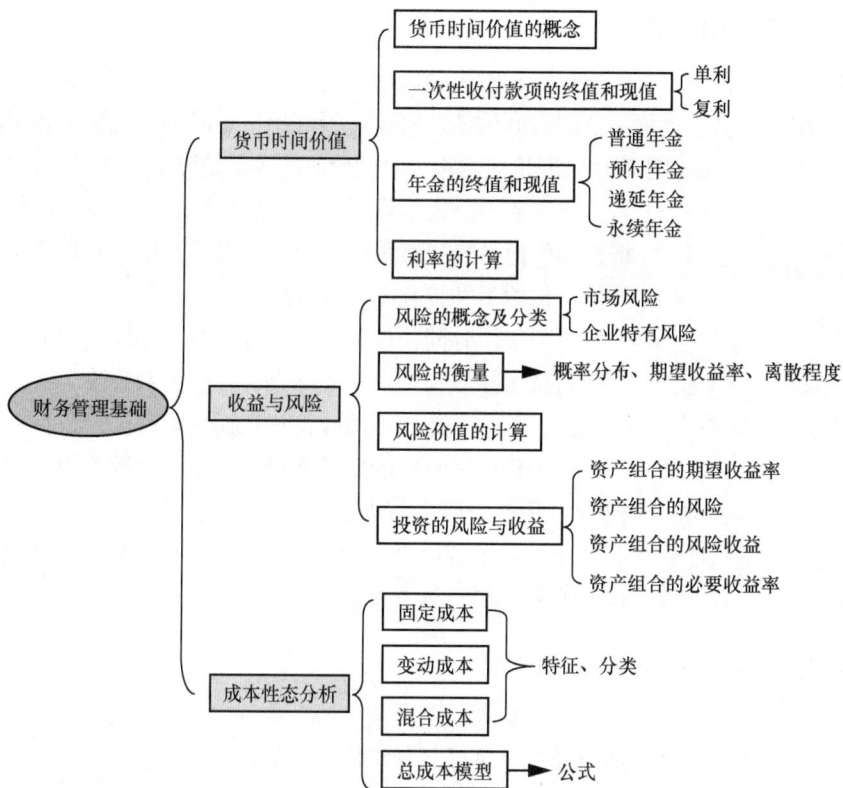

拿破仑赠送玫瑰花的诺言

拿破仑 1797 年 3 月在卢森堡第一国立小学演讲时说："为了答谢贵校对我，尤其是对我夫人约瑟芬的盛情款待，我不仅今天呈上一束玫瑰花，并且在未来的日子里，只要我们法兰西存在一天，每年的今天我将亲自派人送给贵校一束价值相等的玫瑰花，作为法兰西与卢森堡友谊的象征。"时过境迁，拿破仑穷于应付连绵的战争和此起彼伏的政治事件，最终惨败而被流放到圣赫勒拿岛，把在卢森堡许下的诺言忘得一干二净。可卢森堡这个小国对这位"欧洲巨人"与卢森堡孩子亲切、和谐相处的一刻念念不忘，并将其载入史册。

1984 年底，卢森堡旧事重提，向法国提出违背"赠送玫瑰花"诺言的索赔：要么从 1797 年起，用 3 路易作为一束玫瑰花的本金，以 5 厘复利计息全部清偿这笔"玫瑰花债"；要么法国政府在法国各大报刊上公开承认拿破仑是个言而无信的小人。

起初，法国政府准备不惜重金维护拿破仑的声誉，却被计算机算出的数字惊呆了：原本价值 3 路易的承诺，本息竟高达 1 375 596 法郎。

经过冥思苦想，法国政府的答复是："以后，无论在精神上还是在物质上，法国将始终不渝地对卢森堡大公国的中小学教育事业予以支持与赞助，来兑现我们拿破仑将军的那一诺千金的玫瑰花诺言。"这一答复最终得到了卢森堡人民的谅解。

为何本案例中每年赠送价值 3 路易的玫瑰花相当于在 188 年后一次性支付 1 375 596 法郎？本章的学习能为您提供答案。

第一节　货币时间价值

一、货币时间价值的概念

货币时间价值，是指在没有风险和没有通货膨胀的情况下，货币经历一定时间的投资和再投资所增加的价值，也称为资金时间价值。资金必须经历一定时间的投资和再投资，或者说资金必须在运动过程中才产生时间价值。货币时间价值的实质是资金周转使用后的增值额。

★提炼点睛★

通常情况下，货币时间价值被认为是没有风险和没有通货膨胀条件下的社会平均资金利润率。注意货币时间价值与利息的区别。

在实务中，人们习惯使用相对数字表示货币时间价值，即用增加的价值占投入货币的百分数来表示。用相对数表示的货币时间价值也称为纯粹利率，简称纯利率。

由于货币时间价值和利息的计算方法相同，因而货币时间价值和利息容易混为一谈。实际上，一般的利息除了包括货币时间价值因素以外，还包括风险价值和通货膨胀因素。

由于货币随时间的延续而增值，不同时间单位货币的价值不相等，所以，不同时间的货币不宜直接进行比较，需要把它们换算到相同的时点进行比较才有意义。由于货币价值随时间的增长过程与复利的计算过程在数学上相似，因此，在换算时广泛使用复利计算方法。

二、一次性收付款项的终值和现值

在企业财务管理中，要正确进行长期投资决策和短期经营决策，就必须弄清楚在不同时点上收付的货币价值之间的数量关系，掌握各种终值和现值的计算方法。

一次性收付款项是指在某一特定时点上一次性支付（或收取），经过一段时间后再相应地一次性收取（或支付）的款项。例如，年初存入银行 100 元，定期一年，年利率为 10%，年末取出 110 元，即为一次性收付款项。

终值（Future Value）又称未来值，是指现在的一定量资金在未来某一时点上的价值，俗称本利和。例如，某人现在存入银行 100 元，定期一年，年利率为 10%，一年后取出 110 元，一年后的 110 元就是终值。

现值（Present Value）又称本金，是指在未来某一时点上的一定量资金折合到现在的价值。例如上例中，一年后的 110 元折合到现在的价值是 100 元，这 100 元就是现值。

桃李沐春风

现代高利贷——揭开"校园贷"的真面目

终值与现值的计算涉及利息计算方式的选择。目前有两种利息计算方式，即单利和复利。所谓单利，是指在计算利息时每次都按照原先融资双方确认的本金计算利息，每次计算的利息并不转入下一次本金中。例如，王某借给李某 1 000 元，双方商定年利率为 5%，三年归还，按单利计算，则王某三年后应收的利息为 3×1 000×5%=150（元）。

所谓复利，是指每一次计算出利息后，将利息重新加入本金，从而使下一次的利息计算在上一次的本利和的基础上进行，即通常所说的"利滚利"。上例中，李某与王某商定双方按复利计算利息，则王某三年后应得的利息计算如下：

第一年利息= 1 000×5%=50（元）

第二年利息=(1 000+50)×5%=52.5（元）

第三年利息=(1 050+52.5)×5%=55.13（元）

三年的利息和=50+52.5+55.13=157.63（元）

比较单利和复利，可看出复利的依据更充分、更现实。因此，在财务管理中，大部分决策都是在复利计算方式下考虑投资收益和成本的。

（一）单利终值和现值

1. 单利终值

单利终值是指某笔资金在单利计算条件下若干期期末的本利和。例如，现在的1元，年利率为10%，各年年末的终值分别为

1元1年后的终值=1×(1+10%×1)=1.1（元）

1元2年后的终值=1×(1+10%×2)=1.2（元）

1元3年后的终值=1×(1+10%×3)=1.3（元）

……

以此类推，

1元 n 年后的终值=1×(1+10%×n)

因此，单利终值的一般计算公式为

$$F = P \times (1+i \times n)$$

式中，F 为终值，即第 n 年年末的价值；P 为现值，即第 0 年年末（第 1 年年初）的价值；i 为利率；n 为计息期数。

【例2.1】 某人现将 10 000 元存入银行，存期 5 年，年利率 4%，单利计息，则 5 年后能取出的钱为

$$F = 10\ 000 \times (1+4\% \times 5) = 12\ 000 （元）$$

2. 单利现值

单利现值是指在单利计息条件下，将来收到或付出的某笔资金的现在价值。单利现值可用单利终值倒求本金的方法计算。由终值求现值，叫作贴现。若年利率为10%，各年年末的1元，其现值分别为

1年后1元的现值=1÷(1+10%×1)=0.909（元）

2年后1元的现值=1÷(1+10%×2)=0.833（元）

3年后1元的现值=1÷(1+10%×3)=0.769（元）

……

以此类推，

n 年后1元的现值=1÷(1+10%×n)

因此，单利现值的一般计算公式为

$$P = F \times \frac{1}{1+i \times n}$$

第二章 财务管理基础

2 年年末 1 元的终值=1×(1+10%)³=1.33（元）

1 年年末 1 元的终值=1×(1+10%)⁴=1.46（元）

1 元普通年金 5 年的终值=1.00+1.10+1.21+1.33+1.46=6.10（元）

由图 2.2 可知，普通年金终值的一般计算公式为

$$F = A \times (1+i)^0 + A \times (1+i)^1 + A \times (1+i)^2 + \cdots + A \times (1+i)^{n-1}$$
$$= A \times [(1+i)^0 + (1+i)^1 + (1+i)^2 + \cdots + (1+i)^{n-1}]$$

利用等比数列前 n 项和公式：$S_n = a_1(1-q^n)/(1-q)$，$a_1 = 1$，$q = 1+i$，可求得

$$F = A \times \frac{(1+i)^n - 1}{i} = A \times (F/A, \ i, \ n)$$

式中，F 为普通年金终值；A 为普通年金；i 为利率；n 为计息期数；$\frac{(1+i)^n - 1}{i}$ 称为年金终值系数，记作"$(F/A, \ i, \ n)$"，其数值可查阅"1 元年金终值系数表"（见附表三）获得。

【例 2.5】 假设某项目在五年建设期内每年年末向银行借款 100 万元，借款年利率为 7%，该项目竣工时应付本息的总额为

$$F = A \times (F/A, \ i, \ n) = 100 \times (F/A, \ 7\%, \ 5) = 100 \times 5.750 \ 7 = 575.07（万元）$$

【学中做】 某人每年年末存入银行 2 000 元，年利率 12%，则 10 年后此人能一次性取出多少钱？（答案：35 098 元）

2. 普通年金现值

普通年金现值是指一定时期内每期期末等额收付款项的复利现值之和，通常表现为每年等额投资收益的现值总和。例如，每年年末收益 1 元，年利率 10%，为期 5 年，其现值的计算如图 2.3 所示。

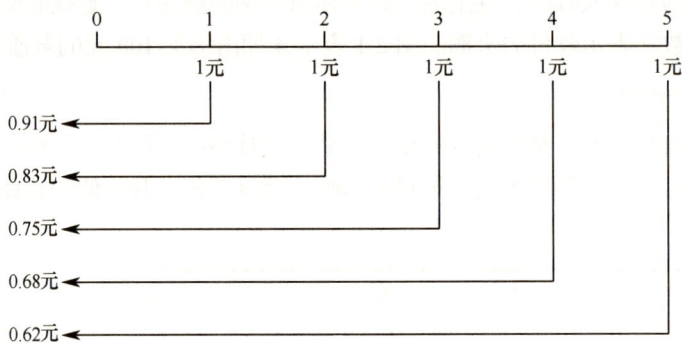

图 2.3 普通年金现值的计算

图 2.3 中每年年末 1 元的现值和年金现值分别计算如下：

1 年年末 1 元的现值=1÷(1+10%)¹=0.91（元）

2 年年末 1 元的现值=1÷(1+10%)²=0.83（元）

3 年年末 1 元的现值=1÷(1+10%)³=0.75（元）

4 年年末 1 元的现值=1÷(1+10%)⁴=0.68（元）

5 年年末 1 元的现值=1÷(1+10%)⁵=0.62（元）

1 元普通年金 5 年的现值=0.91+0.83+0.75+0.68+0.62=3.79（元）

由图 2.3 可知，普通年金现值的一般计算公式为

$$P = A \times (1+i)^{-1} + A \times (1+i)^{-2} + \cdots + A \times (1+i)^{-(n-1)} + A \times (1+i)^{-n}$$

利用等比数列前 n 项和公式 $S_n = a_1(1-q^n)/(1-q)$，求得

$$P = A \times \frac{1-(1+i)^{-n}}{i}$$

式中，$\frac{1-(1+i)^{-n}}{i}$ 称为年金现值系数，记作 "$(P/A，i，n)$"。其数值可查阅 "1 元年金现值系数表"（见附表四）获得。

【例 2.6】 某人出国三年，请你代付房租，每年年末付租金 10 000 元，设银行存款年利率为 10%，他现在应当给你留存的金额为

$$P=A \times (P/A，i，n)= 10\,000 \times (P/A，10\%，3)=10\,000 \times 2.486\,9=24\,869（元）$$

【学中做】 某人在今后 10 年内，每年年末需支付保险费 600 元，年利率 10%，则此人现在应一次性存入银行多少钱？（答案：3 686.76 元）

3. 年偿债基金

年偿债基金是指为了在约定的未来某一时点清偿某笔债务或积聚一定数额资金而必须分次等额形成的存款准备金。每次形成的等额准备金类似年金存款，它同样可以获得按复利计算的利息，因而应清偿的债务（或应积聚的资金）即为年金终值，每年提取的年偿债基金即为年金。由此可见，年偿债基金的计算也就是年金终值的逆运算。其计算公式为

★ **提炼点睛** ★

普通年金终值系数与年偿债基金系数互为倒数，普通年金现值系数与资本回收系数互为倒数。

$$A = F \times \frac{i}{(1+i)^n - 1}$$

式中，$\frac{i}{(1+i)^n - 1}$ 称为年偿债基金系数，记作 "$(A/F，i，n)$"。年偿债基金系数可查 "年偿债基金系数表" 或通过年金终值系数的倒数求得。

【例 2.7】 某企业有一笔 5 年后到期的借款，数额为 2 000 万元，为此设置年偿债基金，年利率为 10%，到期一次性还清借款。每年年末应存入银行的金额为

$$A=F \times (A/F，i，n)=2\,000 \times (A/F，10\%，5)$$
$$=2\,000 \times 0.163\,8=327.6（万元）$$

【学中做】 某人购房，首付 10 万元，余款有两种付款方式可选：方式一是每年年末支付 2 万元，连付 10 年；方式二是 10 年后一次性支付 30 万元。若年利率为 10%，你认为此人应选择哪种付款方式？（答案：应选择方式二）

4. 年资本回收额

年资本回收额是指在约定的年限内等额回收的初始投入资本额或清偿所欠的债务额。年资本回收额的计算是年金现值的逆运算。其计算公式为

$$A = P \times \frac{i}{1-(1+i)^{-n}}$$

式中，$\frac{i}{1-(1+i)^{-n}}$ 称为资本回收系数，记作 "$(A/P，i，n)$"，可以直接查阅 "资本回收系数表" 获得或根据年金现值系数的倒数计算获得。

【例 2.8】 某公司现在借入 2 000 万元，约定在 8 年内按年利率 12% 均匀偿还，每年年末应还本息的金额为

$$A=P \times (A/P，i，n)=2\,000 \times (A/P，12\%，8)$$
$$=2\,000 \times 0.201\,3=402.6（万元）$$

【学中做】某人购买一辆新车，价款 100 000 元，首付 30 000 元，余款在今后 5 年内每年年末等额支付，年利率 9%，每年应支付多少款项？（答案：17 996.25 元）

（二）预付年金的终值和现值

预付年金是指从第一期起，在一定时期内每期期初等额发生的系列收付款项，又称即付年金或先付年金。预付年金与普通年金的差别，仅在于收付款的时间不同，如图 2.4 所示。

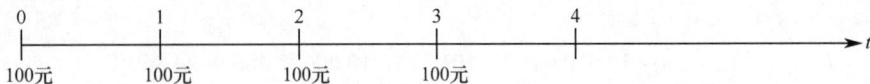

图 2.4 预付年金的收付形式

图 2.4 中，横轴代表时间，其上端用数字标出各期的顺序号，竖线的位置表示收付的时点，竖线下端数字表示收付的金额。图 2.4 表示 4 期内每期 100 元的预付年金。

由于年金终值系数表和年金现值系数表是按常见的普通年金编制的，在利用这种普通年金系数表计算预付年金的终值和现值时，可在计算普通年金的基础上适当调整。

1. 预付年金终值

预付年金终值是每期期初等额收付的系列款项按复利计算到最后一期期末的本利和，是各期收付款项的复利终值之和。

n 期预付年金与 n 期普通年金比较，两者付款期数相同，但预付年金终值比普通年金终值要多一个计息期。为求得 n 期预付年金终值，可在求出 n 期普通年金终值后，再乘以（$1+i$），计算公式为

$$F = A \times \frac{(1+i)^n - 1}{i} \times (1+i) = A \times \left[\frac{(1+i)^{n+1} - 1}{i} - 1 \right]$$

┌─────────────────┐
│ ★提炼点睛★ │
│ │
│ 预付年金终值系数，是│
│ 在普通年金终值系数的基│
│ 础上换算得到的，口诀是│
│ "期数加 1，系数减 1"。│
└─────────────────┘

式中，$\frac{(1+i)^{n+1} - 1}{i} - 1$ 称作预付年金终值系数，它是在普通年金终值系数的基础上，期数加 1、系数减 1 所得的结果，记作 $[(F/A, i, n+1) - 1]$。通过查阅"1 元年金终值系数表"获得（$n+1$）期的值，然后减去 1 便可得出对应的预付年金终值系数的值。也可直接查 n 期普通年金终值系数，再乘以（$1+i$）计算。

【例 2.9】某公司决定连续 5 年于每年年初存入 100 万元作为住房基金。银行存款年利率为 10%，则该公司在第 5 年年末能一次性取得的本利和为

$$F = 100 \times [(F/A, 10\%, 6) - 1] = 100 \times (7.715\ 6 - 1) = 671.56（万元）$$

或

$$F = 100 \times (F/A, 10\%, 5) \times (1 + 10\%) = 100 \times 6.105\ 1 \times 1.1 = 671.56（万元）$$

【学中做】某人每年年初存入银行 2 000 元，年利率为 8%，则第 10 年年末的本利和为多少？（答案：31 290 元）

2. 预付年金现值

预付年金现值是指每期期初等额收付的系列款项的复利现值之和。n 期预付年金现值和 n 期普通年金现值比较，两者付款期数相同，但预付年金现值比普通年金现值少贴现 1 期。因此，在 n 期普通年金现值的基础上乘以（$1+i$），便可求出 n 期预付年金现值。

$$P = A \times \frac{1 - (1+i)^{-n}}{i} \times (1+i) = A \times \left[\frac{1 - (1+i)^{-(n-1)}}{i} + 1 \right]$$

式中，$\dfrac{1-(1+i)^{-(n-1)}}{i}+1$ 称为预付年金现值系数。它是在普通年金现值系数的基础上，期数减 1、系数加 1 所得的结果，通常记作"$[(P/A,i,n-1)+1]$"。通过查阅"年金现值系数表"得 $(n-1)$ 期的值，然后加 1，便可得出对应的预付年金现值系数的值。也可直接查 n 期普通年金现值系数，再乘以 $(1+i)$ 计算。

【例 2.10】 租入 B 设备，若每年年初支付租金 4 000 元，年利率为 8%，则 5 年中租金的现值为
$$P=4\,000\times[(P/A,8\%,4)+1]=4\,000\times(3.312\,1+1)=17\,248.4（元）$$
或
$$P=4\,000\times(P/A,8\%,5)\times(1+8\%)=4\,000\times3.992\,7\times1.08=17\,248.5（元）$$

【学中做】 某人以分期付款的方式购房，每年年初支付 20 000 元，连续支付 10 年，年利率为 10%，则该项分期付款相当于现在一次性支付多少现金？（答案：135 180 元）

（三）递延年金的终值和现值

递延年金是指第一次收付款发生的时间不在第一期期末，而是间隔若干期后才发生的系列等额收付款项，是普通年金的特殊形式。若递延年金为 100 元，其收付形式如图 2.5 所示。

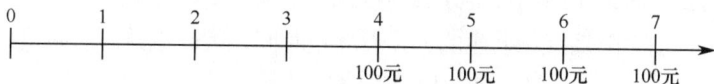

图 2.5 递延年金的收付形式

图 2.5 中，横轴代表时间，其上端用数字标出各期的顺序号，竖线的位置表示收付的时点，竖线下端数字表示收付的金额。从图 2.5 可以看出，共 7 期，即 $n=7$。前三期没有发生收付款项，一般用 m 表示递延期数，即 $m=3$。第一次收付在第四期期末，连续收付四次，即 $n-m=4$。

1. 递延年金终值

递延年金终值的大小与递延期无关，故计算方法和普通年金终值的计算方法相似，以图 2.5 中递延年金为例，若 $i=10\%$，其终值为
$$F=A\times(F/A,i,n-m)=100\times(F/A,10\%,4)=100\times4.641\,0=464.10（元）$$

2. 递延年金现值

递延年金现值的计算有三种方法。

（1）方法一。先计算出全部 n 期的普通年金现值，然后减去前 m 期的普通年金现值，其计算公式为
$$P=A\times(P/A,i,n)-A\times(P/A,i,m)$$

（2）方法二。先将递延年金视为 $n-m$ 期的普通年金，按普通年金现值法求出在第 $n-m$ 期期初（即第 m 期期末）的现值，然后按复利折现到第一期期初的现值即为递延年金现值。其计算公式为
$$P=A\times(P/A,i,n-m)\times(P/F,i,m)$$

（3）方法三。先求递延年金终值，再折现为现值，其计算公式为
$$P=A\times(F/A,i,n-m)\times(P/F,i,n)$$

【例 2.11】 某人拟在年初存入一笔资金，以便能够在第 6 年年末起每年取出 1 000 元，至第 10 年年末取完，在银行存款利率为 10% 的情况下，此人应在最初一次性存入银行的金额为

$$P=A\times[(P/A，10\%，10)-(P/A，10\%，5)]$$
$$=1\,000\times(6.144\,6-3.790\,8)$$
$$=2\,354（元）$$

或

$$P=A\times(P/A，10\%，5)\times(P/F，10\%，5)$$
$$=1\,000\times3.790\,8\times0.620\,9$$
$$=2\,354（元）$$

或

$$P=A\times(F/A，10\%，5)\times(P/F，10\%，10)$$
$$=1\,000\times6.105\,1\times0.385\,5$$
$$=2\,354（元）$$

【学中做】 某企业融资租赁一台设备，从第 4 年年末开始，连续 6 年每年年末支付租金 5 600 元，若年利率为 10%，则相当于现在一次性支付多少现金？（答案：18 323.76 元）

（四）永续年金的现值

永续年金是指无限期连续等额收付款项的特种年金，即期限趋于无穷的普通年金。优先股因为有固定的股利而又无到期日，其股利可视为永续年金。

由于永续年金是无限期等额发生的，没有终止时间，因此也就没有终值，只能计算其现值。通过普通年金现值公式 $P = A\times\dfrac{1-(1+i)^{-n}}{i}$，当 $n\to\infty$ 时，公式中分子趋于 1，可推导出永续年金现值的计算公式为

$$P = \frac{A}{i}$$

【例 2.12】 某企业持有 A 公司的优先股 6 000 股，每年可获得优先股股利 1 200 元，若利率为 8%，则该优先股年股利现值为

$$P = \frac{A}{i}=1\,200\div8\%=15\,000（元）$$

四、利率的计算

1. 现值或终值系数已知的利率计算

查阅相应的系数表，如果能在表中查到相应的数值，则对应的利率就是所求的利率。如果在系数表中无法查到相应的数值，则可以使用内插法（也叫插值法）计算利率。假设所求利率为 i，i 对应的现值（或者终值）系数为 B，B_1、B_2 为现值（或者终值）系数表中与 B 相邻的系数，i_1、i_2 为 B_1、B_2 对应的利率。可以按照下面的方程计算：

$$(i_2-i)/(i_2-i_1)=(B_2-B)/(B_2-B_1)$$

解得：
$$i=i_2-[(B_2-B)/(B_2-B_1)]\times(i_2-i_1)$$

也可以按照下面的方程计算：

$$(i-i_1)/(i_2-i_1)=(B-B_1)/(B_2-B_1)$$

解得：
$$i=i_1+[(B-B_1)/(B_2-B_1)]\times(i_2-i_1)$$

列方程时应该把握一个原则：具有对应关系的数字在等式两边的位置相同（例如 i_2 在等式左边的位置与 B_2 在等式右边的位置相同）。按照这个原则还可以列出其他的等式，不同等式计算的结果是相同的。

【例 2.13】 已知 $(P/F，i，5)=0.783\,5$，求 i 的数值。

查阅复利现值系数表可知,在期数为 5 的情况下,利率为 5%的复利现值系数为 0.783 5,所以,$i=5\%$。

【例 2.14】 已知$(P/A, i, 5)=4.20$,求i的数值。

查阅年金现值系数表可知,在期数为 5 的情况下,无法查到 4.20 这个数值,与 4.20 相邻的数值 4.212 4 和 4.100 2,对应的利率为 6%和 7%,因此有:

$$(7\%-i)/(7\%-6\%)=(4.100\ 2-4.20)/(4.100\ 2-4.212\ 4)$$

解得:

$$i=7\%-[(4.100\ 2-4.20)/(4.100\ 2-4.212\ 4)]\times(7\%-6\%)=6.11\%$$

或

$$(i-6\%)/(7\%-6\%)=(4.20-4.212\ 4)/(4.100\ 2-4.212\ 4)$$

解得:

$$i=6\%+[(4.20-4.212\ 4)/(4.100\ 2-4.212\ 4)]\times(7\%-6\%)=6.11\%$$

2. 现值或终值系数未知的利率计算

有些时候会出现一个表达式中含有两种系数,在这种情况下,现值或终值系数是未知的,无法通过查表直接确定相邻的利率,需要借助系数表,经过多次测试才能确定相邻的利率。测试时注意:现值系数与利率反向变动,终值系数与利率同向变动。

【例 2.15】 已知$5\times(P/A, i, 10)+100\times(P/F, i, 10)=104$,求$i$的数值。

经过测试可知:

$i=5\%$时,$5\times(P/A, i, 10)+100\times(P/F, i, 10)=5\times7.721\ 7+100\times0.613\ 9=100$

$i=4\%$时,$5\times(P/A, i, 10)+100\times(P/F, i, 10)=5\times8.110\ 9+100\times0.675\ 6=108.11$

即:与 5%对应的数值是 100,与 4%对应的数值是 108.11,与所求的i对应的数值是 104。

根据:

$$(5\%-i)/(5\%-4\%)=(100-104)/(100-108.11)$$

解得:

$$i=5\%-[(100-104)/(100-108.11)]\times(5\%-4\%)=4.51\%$$

第二节　收益与风险

风险是现代企业财务管理环境的一个重要特征,企业在财务管理的每一个环节都不可避免地要面对风险。冒风险就要得到额外的收益,否则就不值得去冒风险。投资者由于冒风险进行投资而获得的超过货币时间价值的额外收益,称为投资风险价值。企业必须研究风险、计量风险,并设法控制风险,以求得最大限度地扩大企业财富。

一、风险的概念及分类

(一)风险的概念

如果企业的一项行动有多种可能的结果,其将来的财务后果是不确定的,就称为有风险。如果这项行动只有一种后果,就称为没有风险。例如,现在将一笔款项存入银行,可以确知一年后将得到的本利和,几乎没有风险。再例如,开发一种产品,如果销路好可能实现盈利,如果销路不好可能亏损,显然,这一投资的结果不能确定,这就有风险。

一般来说,风险是指在一定条件下和一定时期内可能发生的各种结果的变动程度。从财务管理的角度看,风险就是企业在各项财务活动过程中,由于各种难以预料或无法控制的因素作用,企业的实际收益与预计收益发生背离,从而使企业蒙受经济损失的可能性。

(二)风险的分类

可以从不同角度对风险进行分类。从个别投资主体的角度看,风险可分为市场风险和企业特有风险两类。

1. 市场风险

市场风险是指那些影响整个市场的风险因素引起的风险。这些风险因素包括宏观经济形势的变化、国家经济政策的变化、国家税制改革、企业会计准则改革、利率调整、世界能源状况的改变等。这类风险会影响所有的投资对象，不能通过投资组合分散掉，因此又称为不可分散风险或系统风险。例如，一个人进行股票投资，不论买哪一种股票，他都要承担市场风险，因为经济衰退时大多股票的价格都会不同程度地下跌。

2. 企业特有风险

企业特有风险是指发生于特定企业或行业的特有事件造成的风险，如罢工、新产品开发失败、诉讼失败等。它是特定企业或行业所特有的，与政治、经济和其他影响所有资产的系统因素无关，所以这种风险又称为非系统风险。通过分散投资，非系统风险能够被降低，如果分散充分的话，这种风险就能被完全消除，因而，这种风险又称为可分散风险。例如，一个人在进行股票投资时，买几种不同股票的风险比只买一种股票的风险小。

企业特有风险又分为经营风险和财务风险。

经营风险是指因生产经营方面的原因给企业目标带来不利影响的可能性。例如，原材料价格、市场销售因素、生产成本因素等变动，使企业的收益变得不确定。经营风险是不可避免的。

财务风险是由于举债而给企业带来不利影响的可能性。因为借款的利息是固定的，当企业经营状况不佳时，将导致企业收益下降甚至无法按期支付利息，从而影响企业的偿债能力。财务风险是可以避免的，如果企业不举债，则企业就没有财务风险。

二、风险的衡量

对风险进行较为准确的衡量是财务管理的一项重要工作。风险与概率直接相关，并由此与期望收益率、离散程度等相联系。

（一）概率分布

在经济活动中，某一事件在相同的条件下可能发生也可能不发生，这类事件称为随机事件。概率是用百分数或小数来表示随机事件发生可能性大小的数值。通常，把必然发生的事件的概率定为 1，把不可能发生的事件的概率定为 0，而一般随机事件的概率是介于 0 与 1 之间的一个数。概率越大表示该事件发生的可能性越大。

将随机事件各种可能的结果按一定的规则进行排列，同时列出各结果出现的相应概率，这一完整的描述称为概率分布。

【例2.16】某公司有两个投资机会，项目 A 是一个高科技项目，该项目所属领域竞争很激烈，如果经济发展迅速并且该项目搞得好，就会赢得较大市场占有率，利润会很大，否则利润就会很小甚至亏本。项目 B 是投资一个老产品并且是必需品，销售前景可以准确预测出来。假设未来的经济情况有繁荣、正常和衰退三种情况，有关概率分布和预期收益率如表 2.1 所示。

表 2.1　概率分布和预期收益率

经济情况	发生概率	项目 A 的预期收益率	项目 B 的预期收益率
繁荣	0.3	90%	20%
正常	0.4	15%	15%
衰退	0.3	−60%	10%
合计	1.0		

在这里，概率表示每一种经济情况出现的可能性，同时也是各种收益率出现的可能性。例如，在表 2.1 中，未来经济情况出现繁荣的可能性为 0.3。假设这种情况真的出现，项目 A 就可获得高达 90% 的预期收益率，这也就是说，投资项目 A 获利 90% 的可能性是 0.3。当然，预期收益率实际上受各种因素的影响，这里为了简化，假设其他因素都相同，只有经济情况一个因素影响预期收益率。

（二）期望收益率

期望收益率（即预期收益率的期望值）是一个概率分布中的所有可能结果，以各自相应的概率为权数计算的加权平均数值，是加权平均的中心值。其计算公式为

$$\bar{E} = \sum_{i=1}^{n} X_i P_i$$

式中，$\bar{E}$ 为期望收益率；X_i 为第 i 种可能结果的收益；P_i 为第 i 种可能结果的概率；n 为可能结果的个数。

【例 2.17】 以例 2.16 中的数据为例，计算期望收益率。

期望收益率(A)=0.3×90%+0.4×15%+0.3×(−60%)=15%

期望收益率(B)=0.3×20%+0.4×15%+0.3×10%=15%

在期望收益率相同的情况下，投资的风险程度同收益的概率分布有密切的联系。概率分布越集中，实际可能的结果就会越接近预期收益，投资的风险程度也就越小；反之，概率分布越分散，投资的风险程度也就越大。

例 2.16 中两项目的期望收益率相同，但其概率分布不同。项目 A 预期收益率的分散程度大，变动范围在 −60%～90%；项目 B 预期收益率的分散程度小，变动范围在 10%～20%。这说明两个项目的期望收益率相同，但风险不同。为了定量地衡量风险大小，还要使用统计学中衡量概率分布离散程度的相关指标。

（三）离散程度

离散程度是用以衡量风险大小的统计指标。一般说来，离散程度越大，风险越大；离散程度越小，风险越小。反映随机变量离散程度的指标包括方差、标准差、标准差率等。本书主要介绍标准差和标准差率两项指标。

1. 标准差

标准差也叫均方差，是方差的平方根，通常用符号 σ 表示。其计算公式为

$$\sigma = \sqrt{\sum_{i=1}^{n} (X_i - \bar{E})^2 \cdot P_i}$$

标准差以绝对数衡量决策方案的风险，在期望收益率相同的情况下，标准差越大，风险越大；反之，标准差越小，风险越小。

【例 2.18】 以例 2.16 中的数据为例，分别计算 A、B 两个项目投资收益率的标准差。

项目 A 的标准差为

$$\sigma = \sqrt{\sum_{i=1}^{n} (X_i - \bar{E})^2 \cdot P_i}$$
$$= \sqrt{0.3 \times (0.9 - 0.15)^2 + 0.4 \times (0.15 - 0.15)^2 + 0.3 \times (-0.6 - 0.15)^2}$$
$$= 0.5809$$

项目 B 的标准差为

$$\sigma = \sqrt{\sum_{i=1}^{n} (X_i - \overline{E})^2 \cdot P_i}$$

$$= \sqrt{0.3 \times (0.2 - 0.15)^2 + 0.4 \times (0.15 - 0.15)^2 + 0.3 \times (0.1 - 0.15)^2}$$

$$= 0.038\,7$$

以上结果表明项目 A 的风险高于项目 B 的风险。

2. 标准差率

标准差率是标准差同期望收益率之比，通常用符号 V 表示，其计算公式为

$$V = \frac{\sigma}{\overline{E}} \times 100\%$$

标准差率是一个相对指标，它以相对数反映决策内容的风险程度。标准差作为绝对数，只适用于期望收益率相同的决策方案风险程度的比较。对于期望收益率不同的决策方案，评价和比较其各自的风险程度只能借助标准差率这一相对指标。在期望收益率不同的情况下，标准差率越大，风险越大；反之，标准差率越小，风险越小。

【例 2.19】 仍以例 2.16 中的有关数据为依据，分别计算项目 A 和项目 B 的标准差率。

项目 A 的标准差率为

$$V_{\text{A}} = \frac{0.580\,9}{0.15} \times 100\% = 387.27\%$$

项目 B 的标准差率为

$$V_{\text{B}} = \frac{0.038\,7}{0.15} \times 100\% = 25.8\%$$

由此可见，项目 A 的标准差率比项目 B 的标准差率大，投资风险也就更大。

【学中做】 以例 2.16 中的数据为依据，若有项目 C 期望收益率为 20%，标准差为 30%，试比较 A、B、C 三个项目的风险程度。（答案：项目 A 风险最大，项目 C 风险次之，项目 B 风险最小）

三、风险价值的计算

对于每项资产，投资者都会因承担风险而要求额外的补偿，其要求的必要收益率应该包括无风险收益率与风险收益率两部分。因此，对每项资产来说，其所要求的必要收益率可以用关系式表示如下：

必要收益率=无风险收益率+风险收益率

=纯利率（货币时间价值）+通货膨胀补偿率+风险收益率

式中，无风险收益率（R_{f}）通常用短期国债的收益率近似地替代；而风险收益率表示因承担该项资产的风险而要求的额外补偿，其大小取决于两个因素：一是风险的大小，二是投资者对风险的偏好。

从理论上讲，风险收益率可以表述为风险价值系数（b）与标准差率（V）的乘积。因此，必要收益率（R）可表示为

$$R = R_{\text{f}} + b \cdot V$$

标准差率（V）反映了资产全部风险的相对大小；而风险价值系数（b）则取决于投资者对风险的偏好。投资者对风险的态度越是回避，要求的补偿就越高，风险价值系数（b）也就越

大；反之，投资者对风险的容忍程度越高，要求的补偿就越低，风险价值系数（ b ）就会越小。

风险价值系数（ b ）的计算可采用统计回归方法对历史数据进行分析得出估计值，也可结合管理人员的经验分析判断得出。

【例 2.20】 仍以例 2.16 中的有关数据为依据，假设无风险收益率为 10%，风险价值系数为 0.1，分别计算项目 A 和项目 B 的风险收益率和必要收益率。

项目 A 的风险收益率=0.1×387.27%=38.73%

项目 A 的必要收益率=10%+38.73%=48.73%

项目 B 的风险收益率=0.1×25.8%=2.58%

项目 B 的必要收益率=10%+2.58%=12.58%

从计算结果可以看出，项目 A 的必要收益率为 48.73%，项目 B 的必要收益率为 12.58%，投资决策时项目 A 的预期收益率大于 48.73%时才值得投资，项目 B 的预期收益率大于 12.58%时才值得投资。

四、投资的风险与收益

投资者通常不是把自己的全部资金都投放在单一资产上，而是同时对多项资产投资。两项或两项以上资产所构成的组合，称为资产组合。如果资产组合中的资产均为有价证券，则该资产组合也可称为证券组合。资产组合对分散和降低风险具有重要的作用。

（一）资产组合的期望收益率

资产组合的期望收益率就是资产组合中各单项资产预期收益率的加权平均数，其权数为各项资产在组合中的价值比例，计算公式为

$$E(R_\mathrm{p}) = \sum_{i=1}^{n} W_i E(R_i)$$

式中， $E(R_\mathrm{p})$ 为资产组合的期望收益率； W_i 为第 i 项资产在组合中所占的比重； $E(R_i)$ 为第 i 项资产的预期收益率； n 为资产组合中的资产总数。

【例 2.21】 某资产组合中包括 A、B、C 三项资产，其预期收益率分别为 18%、16%和 20%，其比重分别为 50%、25%和 25%，则这个资产组合的期望收益率为

$$E(R_\mathrm{p})=18\%×50\%+16\%×25\%+20\%×25\%=18\%$$

（二）资产组合的风险

要计算资产组合的风险，首先要了解资产组合的风险构成。资产组合的风险可以分为非系统风险和系统风险。

1. 非系统风险

如前所述，非系统风险又称企业特有风险，是一种特定企业或行业所特有的风险，与政治、经济和其他影响所有资产的系统因素无关。通过资产组合，非系统风险能够被降低或被完全消除，至于风险能被分散掉的程度，则取决于资产组合中不同资产收益率之间的相关程度。举例说明如下。

【例 2.22】 假设 W 股票和 N 股票构成一个证券组合，每种股票在投资组合中各占 50%。如果 W 和 N 完全负相关，风险被全部抵消，它们的收益率和风险的详细情况见表 2.2；如果 W 和 N 完全正相关，风险不减少也不扩大，它们的收益率和风险的详细情况见表 2.3。

表 2.2	完全负相关的两种股票构成的证券组合		
年　度	W 股票的收益率（%）	N 股票的收益率（%）	WN 组合的收益率（%）
20×2	40	−10	15
20×3	−10	40	15
20×4	35	−5	15
20×5	−5	35	15
20×6	15	15	15
平均收益率	15	15	15
标准差	22.6	22.6	0

表 2.3	完全正相关的两种股票构成的证券组合		
年　度	W 股票的收益率（%）	N 股票的收益率（%）	WN 组合的收益率（%）
20×2	40	40	40
20×3	−10	−10	−10
20×4	35	35	35
20×5	−5	−5	−5
20×6	15	15	15
平均收益率	15	15	15
标准差	22.6	22.6	22.6

　　从表 2.2 和表 2.3 可知：当两项资产的收益率完全负相关（相关系数 $r=-1$）时，所有的非系统风险都可以被分散掉；当两项资产的收益率完全正相关（$r=1$）时，资产组合不能抵消风险。相关系数 r 介于−1 和 1 之间：资产组合中各资产收益率之间正相关（r 在 0～1 之间）的程度越小，资产组合产生的风险分散效应越大；资产组合中各资产收益率之间负相关（r 在−1～0 之间）的程度越大，资产组合产生的风险分散效应越大。

　　一般而言，资产组合中资产的种类越多，风险越小。当资产组合中资产的种类足够多时，几乎能把所有的非系统风险分散掉。

2. 系统风险

　　如前所述，系统风险又称市场风险，是指那些影响整个市场的风险因素引起的风险。这类风险会影响所有的资产，不能通过资产组合分散掉。

　　尽管绝大部分企业和资产都不可避免地受到系统风险的影响，但并不意味着系统风险对所有资产或所有企业具有相同的影响。有些资产受系统风险的影响大一些，而有些资产受其影响则较小。如在整个股市变动时，有的股票价格发生剧烈变动，有的股票价格只发生较小的变动。单项资产或资产组合受系统风险影响的程度，可以通过系统风险系数（β 系数）来衡量。

　　单项资产的 β 系数表示单项资产所含的系统风险相对于市场投资组合平均风险的大小。其计算公式为

$$\beta = \frac{某种资产的风险收益率}{市场投资组合的风险收益率}$$

　　当 $\beta=1$ 时，表示该单项资产的风险收益率与市场投资组合的风险收益率呈相同比例的变化，即如果市场投资组合的风险收益率上升（或下降）10%，则该单项资产的风险收益率也上升（或下降）10%；如果 $\beta > 1$，说明该单项资产的风险大于整个市场投资组合的风险，即当 β 系数为 2.0 时，如果市场投资组合的风险收益率上升（或下降）10%，则该单项资产的风险收益率将上升（或下降）20%；如果 $\beta < 1$，说明该单项资产的风险小于市场投资组合的风险，即当 β 系数为 0.5 时，如果市场投资组合的风险收益率上升（或下降）10%，则该单项资产的风险收益率只上升（或下降）5%。

　　单项资产的 β 系数可以由有关的投资服务机构提供，资产组合的 β 系数是组合中所有单项资产 β 系数的加权平均数，其权数为各项资产在组合中所占的比重。其计算公式为

$$\beta_p = \sum_{i=1}^{n} W_i \beta_i$$

式中，β_p 为资产组合的 β 系数；W_i 为第 i 种资产在资产组合中所占的比重；β_i 为第 i 种资产

的 β 系数；n 为组合中资产的总数量。

β 系数可以反映单项资产及资产组合的市场风险程度，既然单项资产的非系统风险可以通过资产组合分散掉，市场风险就成了投资者注意的焦点，因此，β 系数是投资决策的重要依据。

（三）资产组合的风险收益

投资者进行资产组合投资与进行单项资产投资一样，都要求对承担的风险进行补偿，风险越大，要求的收益就越高。但是，与单项资产投资不同，资产组合投资要求补偿的风险只是不可分散风险，而不要求对可分散风险进行补偿，因为可分散风险可以通过资产组合分散掉。因此，资产组合的风险收益只是投资者因承担不可分散风险而要求的、超过时间价值的那部分额外收益。资产组合的收益率的计算公式如下：

$$R_p = \beta_p \times (R_m - R_f)$$

式中，R_p 为资产组合的风险收益率；β_p 为资产组合的 β 系数；R_m 为市场投资组合的平均收益率，简称市场收益率；R_f 为无风险收益率，通常用短期国债的收益率近似地替代。

【例2.23】 某企业投资 100 万元购买甲、乙、丙三种股票，三种股票构成证券组合，三种股票的 β 系数分别为 2.0、1.0 和 0.5，它们在组合中所占的比重分别为 50%、30% 和 20%，股票市场的平均收益率为 16%，无风险收益率为 10%，试计算这种资产组合的风险收益。

（1）该资产组合的 β 系数为

$$\beta_p = 2.0 \times 50\% + 1.0 \times 30\% + 0.5 \times 20\% = 1.4$$

（2）该资产组合的风险收益率为

$$R_p = 1.4 \times (16\% - 10\%) = 8.4\%$$

（3）该资产组合的风险收益为

$$100 \times 8.4\% = 8.4（万元）$$

从以上计算可以看出，在其他因素不变的情况下，风险收益的大小取决于资产组合的 β 系数，β 系数越大，风险收益就越大。

【例2.24】 基于例2.23，该企业为降低风险，出售部分甲股票，买进部分丙股票，使甲、乙、丙三种股票在投资组合中所占的比重变为 20%、30% 和 50%，试计算此时的风险收益率。

此时，资产组合的 β 系数为

$$\beta_p = 2.0 \times 20\% + 1.0 \times 30\% + 0.5 \times 50\% = 0.95$$

那么，此时的资产组合的风险收益率为

$$R_p = 0.95 \times (16\% - 10\%) = 5.7\%$$

从以上计算可以看出，调整各种资产在资产组合中的比重可以改变资产组合的 β 系数，进而改变其风险收益率。

（四）资产组合的必要收益率

在西方金融学和财务管理学中，有许多模型用于论述风险与收益率的关系，其中一个重要的模型为资本资产定价模型。这一模型是财务管理中为揭示单项资产或资产组合必要收益率与预期所承担的系统风险之间关系而建立的一个数学模型。

资本资产定价模型的一个主要贡献就是解释了风险收益率的决定因素和度量方法。在特定条件下，资本资产定价模型的基本表达式如下：

$$R_i = R_f + \beta_i(R_m - R_f)$$

式中，R_i 为第 i 种资产或第 i 种资产组合的必要收益率；R_f 为无风险收益率；R_m 为市场投资

组合的平均收益率；β_i为第 i 种资产或第 i 种资产组合的 β 系数。

从上式可以看出，单项资产或资产组合的必要收益率受到无风险收益率、市场投资组合的平均收益率和 β 系数三个因素的影响。

资本资产定价模型最大的贡献在于它提供了对风险与收益之间的一种实质性描述，将"高收益伴随着高风险"这样一种直观认识，用简单的关系式表达出来。到目前为止，资本资产定价模型是对现实中风险与收益关系的最为贴切的表述，因此，该模型长期以来被财务人员、金融从业者以及经济学家作为处理风险问题的主要工具。

【例 2.25】 某资产组合的 β 系数为 1.5，无风险收益率为 6%，市场上所有股票的平均收益率为 10%，那么该资产组合的必要收益率为

$$R_i=6\%+1.5\times(10\%-6\%)=12\%$$

如果资产组合的预期收益率大于资产组合的必要收益率，则该组合可行，否则应进行调整。

【例 2.26】 如果例 2.23 和例 2.24 中甲、乙、丙三种股票的预期收益率分别为 20%、18% 和 16%，分别计算其资产组合的预期收益率和必要收益率，并判断资产组合是否可行。

例 2.23 中资产组合的预期收益率为 20%×50%+18%×30%+16%×20%=18.6%，其必要收益率为 10%+8.4%=18.4%，该资产组合可行。

例 2.24 中资产组合的预期收益率为 20%×20%+18%×30%+16%×50%=17.4%，其必要收益率为 10%+5.7%=15.7%，该资产组合也可行。

第三节　成本性态分析

成本性态，又称成本习性，是指成本与业务量之间的依存关系。成本性态分析是对成本与业务量之间的依存关系进行分析，从而在数量上具体掌握成本与业务量之间关系的规律性，以便为企业正确地进行最优管理决策和改善经营管理提供有价值的资料。成本性态分析对短期经营决策、长期投资决策、预算编制、业绩考评，以及成本控制等，具有重要意义。按照成本性态不同，通常可以把成本区分为固定成本、变动成本和混合成本三类。

一、固定成本

1. 固定成本的基本特征

固定成本是指在特定的业务量范围内不受业务量变动影响，一定期间的总额能保持相对稳定的成本。例如，固定资产折旧费用、房屋租金、行政管理人员工资、财产保险费、广告费、职工培训费、科研开发费等。

一定期间的固定成本的稳定性是有条件的，即业务量变动的范围是有限的。例如，照明用电一般不受业务量变动的影响，属于固定成本。如果业务量增加达到一定程度，需要增开生产班次，或者业务量低到停产的程度，照明用电的成本也会发生变动。能够使固定成本保持稳定的特定的业务量范围，称为相关范围。

一定期间固定成本的稳定性是相对的，即对于业务量来说它是稳定的，但这并不意味着每月该项成本的实际发生额都完全一样。例如，照明用电在相关范围内不受业务量变动的影响，但每个月实际用电数和支付的电费仍然会有或多或少的变化。

固定成本的基本特征：固定成本总额不因业务量的变动而变动，但单位固定成本（单位

业务量负担的固定成本）会与业务量的增减呈反向变动。

2. 固定成本的分类

固定成本按其支出额是否可以在一定期间内改变而分为约束性固定成本和酌量性固定成本。

约束性固定成本是指管理当局的短期经营决策行动不能改变其具体数额的固定成本。例如，房屋租金、固定资产折旧费用、管理人员的基本工资、车辆交强险等。这些固定成本是企业的生产能力一经形成就必然要发生的最低支出，即使生产中断也仍然要发生。由于约束性固定成本一般是由既定的生产能力所决定的，是维护企业正常生产经营必不可少的成本，所以也称为"经营能力成本"，它最能反映固定成本的特性。降低约束性固定成本的基本途径，只能是合理利用企业现有的生产能力，提高生产效率，以取得更大的经济效益。

酌量性固定成本是指管理当局的短期经营决策行动能改变其数额的固定成本。例如，广告费、职工培训费等。这些费用发生额的大小取决于管理当局的决策行动。一般情况下，管理当局在会计年度开始前，斟酌计划期间企业的具体情况和财务负担能力，对这类固定成本项目的开支情况分别做出决策。酌量性固定成本并非可有可无，它关系到企业的竞争能力，因此，要想降低酌量性固定成本，只有厉行节约、精打细算，编制出积极可行的费用预算并严格执行，防止浪费和过度投资等。

二、变动成本

1. 变动成本的基本特征

变动成本是指在特定的业务量范围内，其总额会随业务量的变动而呈正比例变动的成本。如直接材料、直接人工、按销售量支付的推销员佣金、装运费、包装费，以及按业务量计提的固定资产折旧费用等都是和单位产品的生产直接联系的，其总额会随着业务量的增减呈正比例的增减。其基本特征是：变动成本总额因业务量的变动而呈正比例变动，但单位变动成本（单位业务量负担的变动成本）不变。

单位变动成本的稳定性是有条件的，即业务量变动的范围是有限的。如原材料消耗通常会与业务量呈正比例关系，属于变动成本，如果业务量很低，不能发挥套裁下料的节约潜力，或者业务量过高，使废品率上升，单位产品的材料成本也会上升。这就是说，变动成本和业务量之间的线性关系，通常只在一定的相关范围内存在，在相关范围之外就可能表现为非线性的。

2. 变动成本的分类

根据经理人员是否能决定发生额，变动成本分为两大类：技术性变动成本和酌量性变动成本。

技术性变动成本也称约束性变动成本，是指由技术或设计关系所决定的变动成本。如生产一台汽车需要耗用一台引擎、一个底盘和若干轮胎等，这种成本只要生产就必然会发生，如果不生产，则不会发生。经理人员不能决定技术性变动成本的发生额。

酌量性变动成本是指通过管理当局的决策行动可以改变的变动成本。如按销售收入的一定百分比支付的销售佣金、技术转让费等。这类成本的特点是其单位变动成本的发生额可由企业最高管理层决定。

酌量性变动成本的效用主要是提高竞争能力或改善企业形象，其最佳的合理支出难以计算，通常要依靠经理人员的综合判断来决定。经理人员的决策一经做出，其支出额将随业务量呈正比例变动，具有与技术性变动成本同样的特征。

如果把成本分为固定成本和变动成本两大类，在相关范围内，业务量增加时固定成本不变，只有变动成本随业务量增加而增加，那么，总成本的增加额是由变动成本增加引起的。

三、混合成本

（一）混合成本的基本特征

从成本性态来看，固定成本和变动成本只是两种极端的类型。在现实经济生活中，大多数成本与业务量之间的关系处于两者之间，即混合成本。顾名思义，混合成本是"混合"了固定成本和变动成本两种不同性质的成本。一方面，它们要随业务量的变化而变化；另一方面，它们的变化又不能与业务量的变化保持着纯粹的正比例关系。

（二）混合成本的分类

混合成本兼有固定与变动两种性质，可进一步将其细分为半变动成本、半固定成本、延期变动成本和曲线变动成本。

1. 半变动成本

半变动成本是指在有一定初始量的基础上，随着业务量的变化而呈正比例变动的成本。这些成本的特点是：通常有一个初始的固定基数，在此基数内，成本与业务量的变化无关，这部分成本类似于固定成本；在此基数之上的其余部分，则随着业务量的增加呈正比例增加。如固定电话费，假设月租费为 20 元，只能拨打市内电话，每分钟 0.10 元，则：如果某月的通话时间为 1 分钟，总话费为 20.10 元；如果某月的通话时间为 100 分钟，总话费为 30 元。

2. 半固定成本

半固定成本也称阶梯式变动成本，这类成本在一定业务量范围内的发生额是固定的，但当业务量增长到一定限度，其发生额就突然跳跃到一个新的水平，然后在业务量增长的一定限度内，发生额又保持不变，直到另一个新的跳跃。例如，企业的管理员、运货员、检验员的工资等成本项目就属于这一类。以检验员的工资为例，假设 1 名检验员的工资为 5 000 元，如果产量在 10 万件以内，只需要 1 名检验员，工资总额为 5 000 元；产量在 10 万～20 万件，要 2 名检验员，工资总额为 10 000 元；以此类推。

3. 延期变动成本

延期变动成本，指在一定的业务量范围内，成本固定不变，当业务量增长超出了这个范围，成本与业务量的增长呈正比例变动。例如，职工的基本工资，在正常工作时间情况下是不变的；但当工作时间超出正常标准，则需按加班时间的长短成比例地支付加班薪金。常见的手机流量费是一种延期变动成本。假设每月的套餐费为 50 元，流量限额为 5GB，每月的流量超过 5GB 之后，按照 0.1 元/MB 收费：如果某月的总流量在 5GB 之内，流量费为 50 元；如果超出 1MB，流量费为 50.1 元；超出 10MB，流量费为 51 元。

4. 曲线变动成本

曲线变动成本通常有一个不变的初始量，相当于固定成本，在这个初始量的基础上，随着业务量的增加，成本也逐步变化，但它与业务量的关系是非线性的。这种曲线成本又可以分为以下两种类型：一是递增曲线成本，如累进计件工资、违约金等，随着业务量的增加，成本逐步增加，并且增加幅度是递增的；二是递减曲线成本，如有价格折扣或优惠条件下的水、电消费成本、"费用封顶"的通信服务费等，用量越大则总成本越高，但增长越来越慢，变化率是递减的。

四、总成本模型

将混合成本按照一定的方法区分为固定成本和变动成本之后，根据成本性态，企业的总成本公式就可以表示为

$$总成本=固定成本总额+变动成本总额$$
$$=固定成本总额+业务量×单位变动成本$$

这个公式在变动成本计算、本量利分析、正确制定经营决策和评价各部门工作业绩等方面具有不可或缺的重要作用。

同步训练

一、单项选择题

1. 在期望收益不相同的情况下，标准差越大的项目，其风险（   ）。

    A. 越大   B. 越小   C. 不变   D. 不确定

2. 6年分期付款购物，每年年初付200元，设银行利率为10%，该项分期付款相当于一次现金支付的购价是（   ）元。

    A. 958.20   B. 758.20   C. 1 200   D. 354.32

3. 关于递延年金，下列说法中不正确的是（   ）。

    A. 递延年金无终值，只有现值

    B. 递延年金终值计算方法与普通年金终值计算方法相同

    C. 递延年金终值大小与递延期无关

    D. 递延年金的第一次支付是发生在若干期以后的

4. 已知（F/A，10%，5）=6.105 1，那么，i=10%，n=5时的年偿债基金系数为（   ）。

    A. 1.610 6   B. 0.620 9   C. 0.263 8   D. 0.163 8

5. 普通年金现值系数的倒数称为（   ）。

    A. 普通年金终值系数   B. 复利终值系数

    C. 年偿债基金系数   D. 投资回收系数

6. 从财务角度来看，风险主要是指（   ）。

    A. 无法达到预期报酬率的可能性   B. 生产经营风险

    C. 筹资决策带来的风险   D. 不可分散的市场风险

7. 甲方案在三年中每年年初付款100元，乙方案在三年中每年年末付款100元，若年利率为10%，则二者在第三年年末终值相差（   ）元。

    A. 33.1   B. 31.3   C. 133.1   D. 13.31

8. 普通年金在每期期末发生，又叫（   ）。

    A. 递延年金   B. 后付年金   C. 永续年金   D. 先付年金

9. 在年金现值已知的情况下，直接计算年金所利用的系数是（   ）。

    A. 复利终值系数   B. 复利现值系数   C. 年金终值系数   D. 年金现值系数

10. 如果两个投资项目预期收益的标准差相同，而期望收益率不同，则这两个投资项目（   ）。

    A. 预期收益相同   B. 标准差率相同

    C. 标准差率不同   D. 未来风险报酬相同

二、多项选择题

1. 递延年金的特点有（   ）。

    A. 最初若干期没有收付款项   B. 后面若干期等额收付款项

    C. 其终值计算与普通年金相同   D. 其现值计算与普通年金相同

2. 下列说法不正确的有（   ）。

    A. 风险越大，获得的风险报酬越高

    B. 有风险就会有损失，二者是相伴相生的

    C. 风险是无法预计和控制的，其概率也不可预测

    D. 由于筹集过多的负债资金而给企业带来的风险不属于经营风险

3. 影响货币时间价值大小的因素主要包括（   ）。

    A. 单利   B. 复利   C. 资金额   D. 利率和期限

4. 下列选项中，（   ）可以视为年金的形式。

    A. 折旧   B. 租金   C. 利滚利   D. 保险费

5. 下列各项中，属于经营风险的有（   ）。

    A. 开发新产品不成功而带来的风险   B. 消费者偏好发生变化而带来的风险

    C. 自然气候恶化而带来的风险   D. 原材料价格变动而带来的风险

6. 年金按其每次收付发生的时点不同，可分为（   ）。

    A. 普通年金   B. 即付年金   C. 递延年金   D. 永续年金

7. 影响必要收益率变动的因素有（   ）。

    A. 无风险报酬率   B. 项目的风险大小   C. 风险报酬率的高低   D. 投资人偏好

8. 普通年金终值系数表的用途有（   ）。

    A. 已知年金求终值   B. 已知终值求年金

    C. 已知现值求终值   D. 已知终值和年金求利率

9. 在财务管理中，衡量风险大小的指标有（   ）。

    A. 标准差   B. β 系数   C. 标准差率   D. 预期收益率

10. 下列说法中，正确的有（   ）。

    A. 标准差越大，风险越大   B. 标准差越大，风险越小

    C. 标准差率越小，风险越小   D. 标准差率越大，风险越大

三、判断题

1. 利率等于货币时间价值、通货膨胀附加率、风险报酬三者之和。   （   ）

2. 永续年金既无现值，也无终值。   （   ）

3. 年偿债基金是年金现值计算的逆运算。   （   ）

4. 通常情况下，货币时间价值是指没有风险情况下的社会平均利润率。　　（　　）

5. 在利率和计息期数相同的条件下，复利现值系数与复利终值系数互为倒数。　（　　）

6. 在本金和利率相同的情况下，若只有一个计息期，单利终值与复利终值是相同的。

　　（　　）

7. 普通年金现值系数加1等于同期、同利率的预付年金现值系数。　　（　　）

8. 计算递延年金终值的方法，与计算普通年金终值的方法一样。　　（　　）

9. 标准差越大，表明风险越大；反之，表明风险越小。　　（　　）

10. β系数反映的是企业特有风险，β系数越大，则企业特有风险越大。　　（　　）

四、计算分析题

（一）练习货币时间价值的计算（1）

【资料】某公司20×4年年初投资于某项目10万元，该项目于20×6年年初完工投产；20×6年、20×7年、20×8年年末预期收益各为3万元、4万元和5万元；年利率为10%。

【要求】1. 按复利计算20×6年年初投资额的终值；

2. 按复利计算20×6年年初各年预期收益的现值和。

（二）练习货币时间价值的计算（2）

【资料】某公司投资于一项目，20×4年、20×5年年初各投资5万元，20×6年初项目完工投产；20×6年、20×7年、20×8年年末预期收益均为4万元；年利率为10%。

【要求】1. 按年金计算20×6年年初投资额的终值；

2. 按年金计算20×6年年初各年预期收益的现值和。

（三）练习货币时间价值的计算（3）

【资料】某公司有一项付款业务，有甲、乙两种付款方案可供选择。甲方案：现在支付10万元，一次性结清。乙方案：分三年付款，从现在起各年年初的付款额分别为3万元、4万元和4万元。假定年利率为10%。

【要求】计算两方案现值，从两方案中选择最优方案。

五、综合分析题

【资料】某公司有A、B两个投资项目，投资额均为1万元，其收益额及概率分布如表2.4所示。若无风险收益率为8%，风险价值系数为6%。

【要求】1. 计算A、B两个项目的期望收益；

2. 计算A、B两个项目的标准差；

3. 计算A、B两个项目的标准差率；

4. 计算A、B两个项目的必要收益率；

5. 判断两个方案是否可行。

表2.4　A、B两个项目的收益额及概率分布

（金额单位：元）

概　率	A项目收益额	B项目收益额
0.2	2 000	3 500
0.5	1 000	1 000
0.3	500	−500

第三章　筹资管理（上）

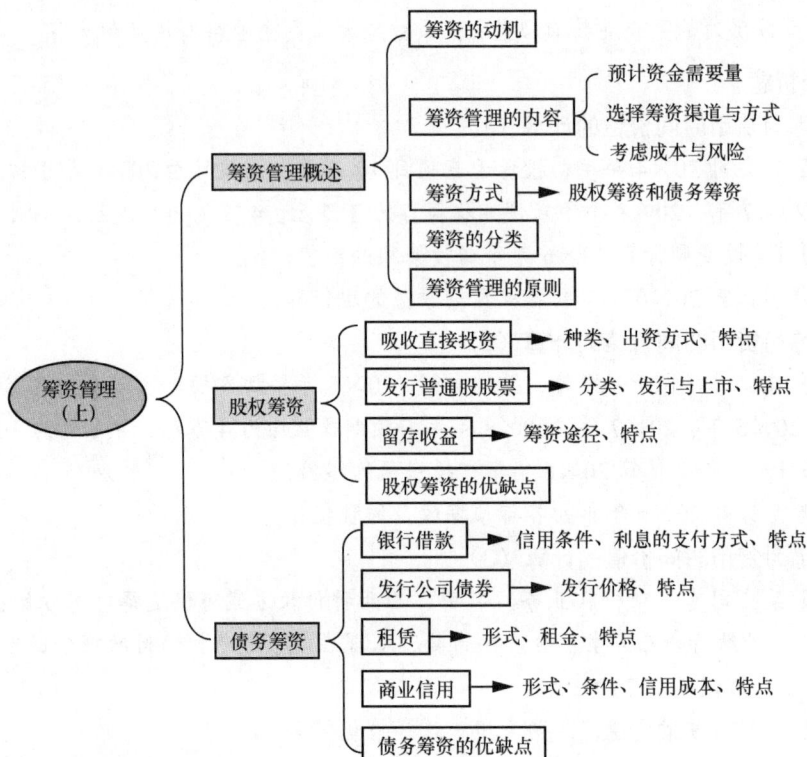

筹资管理（上）
- 筹资管理概述
  - 筹资的动机
  - 筹资管理的内容
    - 预计资金需要量
    - 选择筹资渠道与方式
    - 考虑成本与风险
  - 筹资方式 → 股权筹资和债务筹资
  - 筹资的分类
  - 筹资管理的原则
- 股权筹资
  - 吸收直接投资 → 种类、出资方式、特点
  - 发行普通股股票 → 分类、发行与上市、特点
  - 留存收益 → 筹资途径、特点
  - 股权筹资的优缺点
- 债务筹资
  - 银行借款 → 信用条件、利息的支付方式、特点
  - 发行公司债券 → 发行价格、特点
  - 租赁 → 形式、租金、特点
  - 商业信用 → 形式、条件、信用成本、特点
  - 债务筹资的优缺点

引导案例

武汉健民药业集团股份有限公司股票融资案例

武汉健民药业集团股份有限公司（以下称"健民集团"）前身是成立于 1953 年 6 月 1 日的武汉健民药厂，武汉健民药厂是在中国四大药号之一的叶开泰药店①基础上组建的。与国内中成药制药企业相比，健民集团拥有国家一级中药保护品种，生产"龙牡壮骨颗粒""健民咽喉片"等拳头产品。

从 20 世纪 90 年代末到 21 世纪初，有不少老字号企业在改革开放大潮中遇到了筹资困难的问题，健民集团选择了上市。

经中国证券监督管理委员会核准，健民集团于 2004 年 4 月 2 日在上海证券交易所公开发行 3 500 万股（总股本为 7 669.93 万股）人民币普通股（A 股）股票，募集到资金 4.3 亿元。这笔资金对这家老字号企业逐步发展壮大起到了关键作用。十余年后，健民集团已拥有十余家子公司，集生产、科研、经贸于一体。

---

① 叶开泰药店于 1637 年（明崇祯十年）开业，"修合虽无人见，存心自有天知"是叶开泰于 1722 年制定的经营信条。"中国四大药号"的美誉最早见于清末民初，是经过民间口口相传而形成的，分别是广州的陈李济、武汉的叶开泰、北京的同仁堂和杭州的胡庆余堂。

企业上市需要很多条件，不是企业想发行股票就能发行股票的。如果上不了市，企业还有哪些筹资渠道与方式？它们各有什么优点和缺点？具体怎样运用合适？上述问题都将在本章得到解答。

第一节　筹资管理概述

一、筹资的动机

对于企业，筹资是指企业为了满足经营活动、投资活动、资本结构管理和其他需要，运用一定的筹资方式，通过一定的筹资渠道，筹措和获取所需资金的一种财务行为。

企业筹资最基本的目的，是为了企业经营的维持和发展，为企业的经营活动提供资金保障，但每次具体的筹资行为，往往受特定动机的驱动。如为提高技术水平购置新设备而筹资，为对外投资活动而筹资，为产品研发而筹资等。归纳起来，主要有以下几类筹资动机。

（1）创立性筹资动机。创立性筹资动机，是指企业设立时，为取得资本金并形成开展经营活动的基本条件而产生的筹资动机。根据《公司法》等相关法律的规定，任何一个企业或公司在设立时都要求有符合企业章程或公司章程规定的全体股东认缴的出资额。企业创建时，要购建厂房设备，安排铺底流动资金，形成企业的经营能力。这样，就需要筹措注册资本和资本公积等股权资金，不足部分需要筹集银行借款等债务资金。

（2）支付性筹资动机。支付性筹资动机，是指为了满足经营业务活动的正常波动所形成的支付需要而产生的筹资动机。企业在开展经营活动过程中，经常会出现超出维持正常经营活动资金需求的季节性、临时性的交易支付需要，如员工工资的集中发放、银行借款的偿还、股东股利的发放等。这些情况要求除了正常经营活动的资金投入以外，还需要通过经常的临时性筹资来满足经营活动的正常波动需求，维持企业的支付能力。

（3）扩张性筹资动机。扩张性筹资动机，是指企业因扩大经营规模或满足对外投资需要而产生的筹资动机。企业维持简单再生产所需要的资金是稳定的，通常不需要或很少追加筹资。一旦企业扩大再生产，扩张经营规模、开展对外投资，就需要大量追加筹资。具有良好发展前景处于成长期的企业，往往会产生扩张性筹资动机。

（4）调整性筹资动机。调整性筹资动机，是指企业因调整资本结构而产生的筹资动机。资本结构调整的目的在于降低资本成本，控制财务风险，提升企业价值。企业产生调整性筹资动机的具体原因大致有二：一是优化资本结构，合理利用财务杠杆效应；二是偿还到期债务，调整内部债务结构。

（5）混合性筹资动机。在实务中，企业筹资的目的可能不是单纯和唯一的，追加筹资，既满足了经营活动、投资活动的资金需要，又达到了调整资本结构的目的，这类筹资动机可以称为混合性筹资动机。如企业对外产权投资需要大额资金，其资金来源通过增加长期贷款或发行公司债券解决，这种情况既扩张了企业规模，又使得企业的资本结构有较大的变化。

二、筹资管理的内容

筹资活动是企业资金流转运动的起点，筹资管理要求解决企业为什么要筹资、需要筹集多少资金、从什么渠道筹集、以什么方式筹集，以及如何协调财务风险和资本成本、合理安排资本结构等问题。

1. 科学预计资金需要量

任何一个企业，为了形成生产经营能力、保证生产经营正常运行，必须持有一定数量的资金。在正常情况下，企业资金的需求来源于两个基本目的：满足经营运转的资金需要，满足投资发展的资金需要。企业创立时，要按照规划的生产经营规模，预计长期资本需要量和流动资金需要量；企业正常营运时，要根据年度经营计划和资金周转水平，预计维持营业活动的日常资金需要量；企业扩张发展时，要根据扩张规模或对外投资对大额资金的需求，安排专项的资金。

2. 合理安排筹资渠道、选择筹资方式

有了资金需求后，企业要解决的问题是资金从哪里来并以什么方式取得，这就是筹资渠道的安排和筹资方式的选择问题。

筹资渠道，是指企业筹集资金的来源方向与通道。一般来说，企业最基本的筹资渠道有两类：直接筹资和间接筹资。直接筹资，是企业通过与投资者签订协议或发行股票、债券等方式直接从社会取得资金；间接筹资，是企业通过银行等金融机构以信贷关系间接从社会取得资金。具体来说，企业的筹资渠道主要有：国家财政投资和财政补贴、银行与非银行金融机构信贷、资本市场筹集、其他法人单位与自然人投入、企业自身积累等。

对于上述渠道的资金，企业可以通过不同的筹资方式来取得。企业资金，总体来说是从企业外部和内部取得的，外部筹资是指从企业外部筹措资金，内部筹资主要依靠企业的利润留存积累。外部筹资主要有两种方式：股权筹资和债务筹资。

安排筹资渠道和选择筹资方式是重要的财务工作，直接关系到企业所能筹措资金的数量、成本和风险，因此，需要深刻认识各种筹资渠道和筹资方式的特征、性质以及与企业筹资要求的适应性。企业应在权衡不同性质资金的数量、成本和风险的基础上，按照不同的筹资渠道合理选择筹资方式，有效筹集资金。

3. 降低资本成本、控制财务风险

资本成本是企业筹集和使用资金所付出的代价，包括筹资费用和占用费用。在资金筹集过程中，要发生股票发行费、借款手续费、证券印刷费、公证费、律师费等费用，这些属于筹资费用。在企业生产经营和对外投资活动中，要发生利息支出、股利支出等费用，这些属于占用费用。

按不同方式取得的资金，其资本成本是不同的。一般来说，债务资金比股权资金的资本成本要低，而且其资本成本在签订债务合同时就已确定，与企业的经营业绩和盈亏状况无关。即使同是债务资金，由于借款、债券和租赁的性质不同，其资本成本也有差异。企业筹资的资本成本，需要通过资金使用所取得的收益与报酬来补偿，资本成本决定了企业资金使用的最低投资收益率要求。因此，企业在筹资管理中，要权衡债务清偿的财务风险，合理利用资本成本较低的资金种类，努力降低企业的资本成本率。

尽管债务资金的资本成本较低，但由于债务资金有固定合同还款期限，到期必须偿还，因此企业承担的财务风险比股权资金要大一些。财务风险，是指企业无法足额偿付到期债务的本金和利息的风险。由于无力清偿债权人的债务，可能会导致企业破产。企业筹集资金在降低资本成本的同时，要充分考虑财务风险，防范企业破产的财务危机。

三、筹资方式

筹资方式，是指企业筹集资金所采取的具体形式，它受到法律环境、经济体制、融资市场等筹资环境的制约，特别是受国家对金融市场和融资行为方面的法律法规制约。

一般来说，企业最基本的筹资方式有两种：股权筹资和债务筹资。股权筹资形成企业的股权资金，通过吸收直接投资、公开发行股票等方式取得；债务筹资形成企业的债务资金，通过向银行借款、发行公司债券、利用商业信用等方式取得。发行可转换债券、发行优先股股票筹集资金的方式，属于兼有股权筹资和债务筹资性质的混合筹资方式。

（1）吸收直接投资。吸收直接投资，是指企业以投资合同、协议等形式定向地吸收国家、法人单位、自然人等投资主体资金的筹资方式。这种筹资方式不以股票这种融资工具为载体，而是通过签订投资合同或投资协议规定双方的权利和义务，主要适用于非股份制公司筹集股权资本。吸收直接投资，是一种股权筹资方式。

（2）公开发行股票。公开发行股票，是指企业以发售股票的方式取得资金的筹资方式。股票是股份有限公司发行的，表明股东按其持有的股份享有权益和承担义务的可转让的书面投资凭证。只有股份有限公司才能发行股票，因此这种筹资方式只适用于股份有限公司，而且必须以股票作为载体。发行股票，是一种股权筹资方式。

（3）发行公司债券。发行公司债券，是指企业以发售公司债券的方式取得资金的筹资方式。公司债券是公司依照法定程序发行、约定还本付息期限、标明债权债务关系的有价证券。按照中国证监会颁布的《公司债券发行与交易管理办法》，除了地方政府融资平台公司以外，所有公司制法人，均可以发行公司债券。发行债券，是一种债务筹资方式。

（4）向金融机构借款。向金融机构借款，是指企业根据借款合同从银行或非银行金融机构取得资金的筹资方式。这种筹资方式广泛适用于各类企业，它既可以筹集长期资金，也可以用于短期融通资金，具有灵活、方便的特点。向金融机构借款，是一种债务筹资方式。

（5）租赁。租赁，是指在一定期间内，出租人将资产的使用权让与承租人以获取对价的合同。从承租方角度，租赁是指企业与出租人签订租赁合同，取得租赁物资产，通过对租赁物的占有、使用取得资金的筹资方式。租赁方式不直接取得货币性资金，通过租赁信用关系，直接取得实物资产，快速形成生产经营能力，然后通过向出租人分期交付租金方式偿还资产的价款。租赁，是一种债务筹资方式。

（6）商业信用。商业信用，是指企业之间在商品或劳务交易中，由于延期付款或延期交货所形成的借贷信用关系。商业信用是由于业务供销活动而形成的，它是企业短期资金的一种重要的和经常性的来源。商业信用，是一种债务筹资方式。

（7）留存收益。留存收益，是指企业从税后利润中提取的盈余公积以及从企业可供分配利润中留存的未分配利润。留存收益，是企业将当年利润转化为股东对企业追加投资的过程，是一种股权筹资方式。

（8）发行可转换债券。可转换债券，是指由发行公司发行并规定债券持有人在一定期间内依据约定条件可将其转换为发行公司股票的债券。发行可转换债券，是指企业以发售可转换债券的方式取得资金的筹资方式。《上市公司证券发行注册管理办法》规定，可转债自发行结束之日起 6 个月后方可转换为公司股票，转股期限由公司根据可转债的存续期限及公司财务状况确定。债券持有人对转股或者不转股有选择权，并于转股的次日成为上市公司股东。

（9）发行优先股股票。优先股股票，是指有优先权的股票，优先股的股东优先于普通股股东分配公司利润和剩余财产，但对公司事务无表决权。发行优先股股票，是指企业以发售优先股股票的方式取得资金的筹资方式。优先股的股息率通常事先固定，一般按面值的一定百分比来计算，有类似债券的特征。优先股股票筹资兼有股权筹资和债务筹资性质，是一种混合筹资方式。

四、筹资的分类

根据不同的分类标准，筹资可以分为不同的类别。

1. 股权筹资和债务筹资

按照资金的权益特性不同，筹资分为股权筹资和债务筹资。

股权筹资是指企业通过发行股票、吸收直接投资、内部积累等方式筹集资金。企业股权筹资一般不用还本，财务风险小，但付出的资金成本相对较高。

债务筹资是指企业通过发行债券、向金融机构借款、租赁等方式筹集资金。企业债务筹资要归还本金和支付利息，一般承担的风险较大，但相对而言，付出的资金成本较低。

2. 直接筹资和间接筹资

按照是否通过金融机构，筹资分为直接筹资和间接筹资。

直接筹资是指资金供求双方通过一定的金融工具直接形成债权债务关系或所有权关系的筹资形式。直接筹资的工具主要有商业票据、股票、债券等，如企业直接发行股票或债券就是一种直接筹资方式。

间接筹资是指资金供求双方通过金融中介机构间接实现资金融通的筹资形式。典型的间接筹资是向金融机构借款。

3. 短期筹资和长期筹资

按照所筹资金使用期限的长短，筹资分为短期筹资和长期筹资。

短期筹资是指企业筹集使用期限在一年以内（含一年）的资金。短期资金主要用于企业购置流动资产和资金日常周转，一般在短期内需要偿还。短期资金通常采取商业信用、短期借款等方式筹集。

长期筹资是指企业筹集使用期限在一年以上的资金。长期资金主要用于新产品的开发和推广、生产规模的扩大、厂房和设备的更新等。长期资金通常采用吸收直接投资、发行股票、发行债券、长期借款、租赁等方式筹集。

此外，按照资金的来源范围不同，筹资分为内部筹资和外部筹资；按照筹资的结果是否在资产负债表上反映，筹资还可以分为表内筹资和表外筹资等。

五、筹资管理的原则

企业筹资管理的基本要求，是在严格遵守国家法律法规的基础上，分析影响筹资的各种因素，权衡资金的性质、数量、成本和风险，合理选择筹资方式，提高筹资效果。

（1）筹措合法。筹措合法原则是指企业筹资要遵循国家法律法规，合法筹措资金。企业的筹资活动不仅为自身的生产经营提供了资金来源，也会影响投资者的经济利益和社会经济秩序。企业必须遵循国家的相关法律法规，合法合规筹资，维护各方的合法权益。

（2）规模适当。规模适当原则是指要根据生产经营及其发展的需要，合理安排资金需求。企业筹集资金，要合理预计资金需要量。筹资规模与资金需要量应当匹配一致，既要避免因筹资不足影响生产经营的正常进行，又要防止筹资过多造成资金闲置。

（3）取得及时。取得及时原则是指要合理安排筹资时间，适时取得资金。企业筹集资金，要根据资金需求的具体情况，合理安排资金的筹集到位时间，使筹资与用资在时间上相衔接。既避免过早筹集资金形成资金投放前的闲置，又防止取得资金的时间滞后，错过资金投放的最佳时间。

（4）来源经济。来源经济原则是指要充分利用各种筹资渠道，选择经济、可行的资金来源。不同筹资渠道和方式所取得的资金，其资本成本各有差异。企业应当在考虑筹资难易程度的基础上，针对不同来源资金的成本，认真选择筹资渠道，并选择经济、可行的筹资方式，力求降低筹资成本。

视野拓展

融资实例

（5）结构合理。结构合理原则是指筹资管理要综合考虑各种筹资方式，优化资本结构。企业筹资要综合考虑股权资本与债务资本的关系、长期资本与短期资本的关系，内部筹资与外部筹资的关系，合理安排资本结构，保持适当偿债能力，防范企业财务危机。

第二节　股权筹资

股权筹资形成企业的股权资金，是企业最基本的筹资方式之一。股权筹资的主要形式有吸收直接投资、发行普通股股票和留存收益。

一、吸收直接投资

吸收直接投资不以股票为媒介，适用于非股份制企业。它是非股份制企业筹措自有资本的一种基本方式。

1. 吸收直接投资的种类

吸收直接投资包括吸收国家投资、吸收法人投资、吸收社会公众投资和吸收外商投资。

（1）吸收国家投资。国家投资是指有权代表国家投资的政府部门或机构，以国有资产投入公司，这种情况下形成的资本叫国有资本。吸收国家投资一般具有以下特点：①产权归属国家；②资金的运用和处置受国家约束较大；③在国有公司中采用比较广泛。

（2）吸收法人投资。法人投资是指法人单位以其依法可支配的资产投入公司，这种情况下形成的资本叫法人资本。吸收法人投资一般具有以下特点：①发生在法人单位之间；②以参与公司利润分配或控制为目的；③出资方式灵活多样。

（3）吸收社会公众投资。社会公众投资是指社会个人或本公司职工以个人合法财产投入公司，这种情况下形成的资本称为个人资本。吸收社会公众投资一般具有以下特点：①参加投资的人员较多；②每人投资的数额相对较少；③以参与公司利润分配为目的。

（4）吸收外商投资。外商投资是指外国的自然人、企业或者其他组织（以下简称外国投资者）直接或间接在中国境内进行的投资。外商投资企业，是指全部或者部分由外国投资者投资，依照中国法律在中国境内登记注册设立的企业。

2. 吸收直接投资的出资方式

吸收直接投资的出资方式主要包括以下几种。

（1）以货币资产出资。以货币资产出资是企业吸收直接投资中最重要的出资方式。货币资产可用于购置资产、支付费用，比较灵活方便。

（2）以实物资产出资。以实物资产出资是指投资者以房屋、建筑物、设备等固定资产和材料、燃料、产品等流动资产作价出资。

（3）以土地使用权出资。以土地使用权出资是指土地经营者以依法取得的土地使用权（在一定期限内有进行建筑、生产经营或其他活动的权利）出资。

（4）以知识产权出资。以知识产权出资是指投资者以专有技术、商标权、专利权、非专利技术等无形资产作价出资。

3. 吸收直接投资的特点

（1）能够尽快形成生产能力。吸收直接投资不仅可以取得一部分货币资金，而且能够直接获得所需的先进设备和技术，尽快形成生产经营能力。

（2）容易进行信息沟通。吸收直接投资的投资者比较单一，股权没有社会化、分散化，投资者甚至直接担任公司管理层职务，公司与投资者易于沟通。

（3）资本成本较高。相对于股票筹资方式来说，吸收直接投资的资本成本较高。不过，吸收直接投资的手续相对比较简便，筹资费用较低。

（4）公司控制权集中，不利于公司治理。采用吸收直接投资方式筹资，投资者一般都要求获得与投资数额相适应的经营管理权。如果某个投资者的投资额比例较大，则该投资者对企业的经营管理就会有相当大的控制权，容易损害其他投资者的利益。

（5）不便于进行产权交易。吸收直接投资由于没有证券为媒介，不便于产权交易，难以进行产权转让。

二、发行普通股股票

股票，是股份有限公司发行的用以证明投资者的股东身份和权益，并据以获得股利的一种可转让的有价证券。

（一）股票的特征与分类

1. 股票的特征

（1）永久性。公司发行股票所筹集的资金属于公司的长期自有资金，没有期限，无须归还。换言之，股东在购买股票之后，一般情况下不能要求发行企业退还股金。

（2）流通性。股票作为一种有价证券，在资本市场上可以自由流通，也可以继承、赠送或作为抵押品。股票特别是上市公司发行的股票具有很强的变现能力，流动性很强。

（3）风险性。由于股票的永久性，股东成为企业风险的主要承担者。风险的表现形式有股票价格的波动性、红利的不确定性、破产清算时股东处于剩余财产分配的最后顺序等。

（4）参与性。股东作为股份有限公司的所有者，拥有参与公司管理的权利，包括重大决策权、经营者选择权、财务监控权、公司经营的建议和质询权等。此外，股东还有承担有限责任、遵守公司章程等义务。

2．股票的分类

根据不同标准，可以对股票进行不同的分类。

（1）按股东权利和义务的不同，可将股票分为普通股股票和优先股股票。普通股股票简称普通股，是公司发行的代表股东享有平等的权利和义务、不加特别限制、股利不固定的股票。普通股是最基本的股票，股份有限公司通常情况下只发行普通股。

优先股股票简称优先股，是公司发行的相对于普通股具有一定优先权的股票。其优先权主要体现在股利分配优先权和分取剩余财产优先权上。

（2）按股票票面有无记名，可将股票分为记名股票和无记名股票。记名股票是在股票票面上记载有股东姓名或将股东姓名记入公司股东名册的股票。无记名股票不登记股东姓名，公司只记载股票数量、编号及发行日期。

《公司法》规定，公司向发起人、法人发行的股票，应为记名股票；向社会公众发行的股票，可以为记名股票，也可为无记名股票。

（3）按发行对象和上市地区，股票分为 A 股、B 股、H 股、N 股和 S 股等。A 股是在我国境内发行和交易，以人民币标明票面金额并以人民币认购和交易的股票；B 股是在我国境内发行和交易，以人民币标明票面金额但以外币认购和交易的股票；H 股是注册地在内地，在香港上市的中资企业股票；N 股是在纽约上市的股票；S 股是在新加坡上市的股票。

（二）股票的发行与上市

1．股票的发行

《上市公司证券发行注册管理办法》规定，上市公司申请发行证券，董事会应当依法就下列事项作出决议，并提请股东大会批准：①本次证券发行的方案；②本次发行方案的论证分析报告；③本次募集资金使用的可行性报告；④其他必须明确的事项。

2．股票的上市

股票上市，指股份有限公司公开发行的股票经批准在证券交易所挂牌交易。

（1）股票上市的有利影响。股票上市的有利影响如下。①有助于改善财务状况。公司一旦上市，就可以有更多的机会从证券市场上筹集资金，改善公司的财务状况。②利用股票市场客观评价公司。对于已上市的公司来说，每日每时的股市行情都是对公司客观的市场评价。③提高公司知名度。股票上市，公司为社会所知，并被认为是经营优良的，这会给公司带来良好的声誉，从而吸引更多的客户，扩大公司的销售。

（2）股票上市的不利影响。股票上市的不利影响如下。①使公司失去隐私权。国家证券管理机构要求上市公司将关键的经营情况向社会公众公开，上市后公司会失去隐私权。②限制经理人员操作的自由度。公司上市后，股东们通常以公司盈利、分红、股价等来判断经理人员的业绩，这些压力往往使得企业经理人员只注重短期效益而忽略长期效益。③公开上市需要很高的费用。公司上市时需要花费很高的费用，如资产评估费、股票承销费、律师费、注册会计师费、材料费等。

（三）发行普通股筹资的特点

（1）两权分离，有利于公司自主经营管理。公司通过对外发行股票筹资，公司的所有权与经营权相分离，分散了公司控制权，有利于公司自主管理、自主经营。普通股筹资的股东众多，公司日常经营管理事务主要由公司的董事会和经理层负责。但公司的控制权分散，公司也容易被经理人控制。

（2）资本成本较高。由于股票投资的风险较大，收益具有不确定性，投资者就会要求较高的风险补偿。因此，股票筹资的资本成本较高。

（3）能提升公司的社会声誉，促进股权流通和转让。普通股筹资，股东的大众化，为公司带来了广泛的社会影响。特别是上市公司，其股票的流通性强，有利于市场确认公司的价值。普通股筹资以股票作为媒介，便于股权的流通和转让，吸收新的投资者。但是，流通性强的股票，也容易在资本市场上被恶意收购。

（4）不易及时形成生产能力。普通股筹资吸收的一般都是货币资金，还需要通过购置和建造形成生产经营能力，相对吸收直接投资方式来说，不易及时形成生产能力。

三、留存收益

1. 留存收益的筹资途径

留存收益的筹资途径有两个：一是提取盈余公积，二是未分配利润。

（1）提取盈余公积。盈余公积是从当期净利润中提取的积累资金，其提取基数是抵减年初累计亏损后的本年度净利润，主要用于企业未来的经营发展，经投资者审议后也可以用于转增股本或弥补公司经营亏损。

（2）未分配利润。未分配利润是未指定用途的留存净利润，可用于企业未来的经营发展、转增资本、弥补以前年度亏损和留待以后年度进行利润分配。

2. 利用留存收益筹资的特点

（1）不用发生筹资费用。与普通股筹资相比较，留存收益筹资不需要发生筹资费用，资本成本较低。

（2）维持企业的控制权分布。利用留存收益筹资，不用对外发行新股或吸收新投资者，由此增加的权益资本不会改变企业的股权结构，不会稀释原有股东的控制权。

（3）筹资数额有限。当期留存收益的最大数额是当期的净利润，不如外部筹资一次性可以筹集大量资金。如果企业发生亏损，当年没有利润留存。另外，股东和投资者从自身期望出发，往往希望企业每年发放一定股利，保持一定的利润分配比例。

四、股权筹资的优缺点

股权筹资有以下几个优点。

（1）股权资本是企业稳定的资本基础。股权资本没有固定的到期日，无须偿还，是企业的永久性资本，企业清算时才有可能予以偿还。这对于保障企业对资本的最低需求、促进企业长期持续稳定经营具有重要意义。

（2）股权资本是企业良好的信誉基础。股权资本作为企业最基本的资本，代表了企业的资本实力，是企业与其他单位组织开展经营业务、进行业务活动的信誉基础。同时，股权资本也是其他方式筹资的基础，尤其可为债务筹资，包括银行借款、发行公司债券等提供信用保障。

（3）股权资本的财务风险较小。股权资本不用在企业正常营运期内偿还，没有还本付息的财务压力。相对于债务资本而言，股权资本筹资限制少，资本使用上也无特别限制。另外，企业可以根据其经营状况和业绩的好坏，决定向投资者支付报酬的多少。

股权筹资有以下几个缺点。

（1）资本成本较高。一般而言，股权筹资的资本成本要高于债务筹资。这主要是由于投资者投资于股权特别是投资于股票的风险较高，投资者或股东相应要求得到较高的收益率。从企业成本开支的角度来看，股利、红利从税后利润中支付，而使用债务资金的资本成本允许税前扣除。此外，普通股的发行、上市等方面的费用也十分庞大。

（2）控制权变更可能影响企业长期稳定发展。利用股权筹资，由于引进了新的投资者或出售了新的股票，必然会导致企业控制权结构的改变，而控制权变更过于频繁，又势必要影响企业管理层的人事变动和决策效率，影响企业的正常经营。

（3）信息沟通与披露成本较大。投资者或股东作为企业的所有者，有了解企业经营业务、财务状况、经营成果等的权利。企业需要通过各种渠道和方式加强与投资者的关系管理，保障投资者的权益。特别是上市公司，其股东众多而分散，股东只能通过公司的公开信息披露了解公司状况，这就需要公司花更多的精力，有些公司还需要设置专门的部门，进行公司的信息披露和投资者关系管理。

第三节　债务筹资

债务筹资形成企业的债务资金。债务筹资的主要形式有银行借款、发行公司债券、租赁和商业信用。

一、银行借款

银行借款是指企业向银行或其他非银行金融机构借入的需要还本付息的款项。

（一）银行借款的种类

1. 按借款条件，银行借款分为信用借款和担保借款

信用借款是指以借款人的信誉或保证人的信用为依据而获得的借款。企业取得这种借款，无须以财产做抵押。对于这种借款，由于风险较高，银行通常要收取较高的利息，往往还附加一定的限制条件。

担保借款是指由借款人或第三方依法提供担保而获得的借款。担保包括保证、抵押、质押，由此，担保借款包括保证借款、抵押借款和质押借款三种基本类型。

2. 按提供借款的机构，银行借款分为政策性银行借款、商业银行借款和其他金融机构借款

政策性银行借款是指向执行国家政策性贷款业务的银行（如国家开发银行、中国农业发展银行等）借入的借款，通常为长期借款。

商业银行借款是指向各商业银行（如中国工商银行、中国建设银行等）借入的借款，这类借款的目的主要是满足企业生产经营的资金需要。

其他金融机构借款是指向信托投资公司、财务公司等非银行金融机构借入的各种借款。

（二）银行借款的程序

（1）企业提出申请。企业根据筹资需求向银行提出书面申请，按银行要求的条件和内容

填报借款申请书。

（2）银行进行审批。银行按照有关政策和贷款条件，对借款企业进行信用审查，核准企业申请的借款金额和用款计划。

（3）签订借款合同。借款申请获批准后，银行与企业进一步协商贷款的具体条件，签订正式的借款合同，规定贷款的数额、利率、期限和一些约束性条款。

（4）企业取得借款。借款合同签订后，企业在核定的贷款指标范围内，根据用款计划和实际需要，一次或分次将贷款转入企业的存款结算户，以便使用。

（三）银行借款的信用条件

银行发放贷款，往往要附加一些信用条件，主要有信贷额度、周转信贷协定、补偿性余额、借款抵押、偿还条件及其他承诺等。

1. 信贷额度

信贷额度是借款人与银行在协议中规定的借款最高限额。信贷额度的有效期限通常为 1 年，在信贷额度内，企业可随时按需要向银行申请借款。但如果企业信誉恶化，即使银行曾经同意按信贷额度提供贷款，企业也可能得不到贷款，这时银行不会承担法律责任。

2. 周转信贷协定

周转信贷协定是银行从法律上承诺向企业提供不超过某一最高限额的贷款协定。在协定的有效期内，只要企业借款总额未超过最高限额，银行必须满足企业任何时候提出的借款要求。企业享有周转信贷协定，通常要对贷款限额的未使用部分付给银行一笔承诺费。

【例 3.1】 某企业与银行商定的周转信贷额度为 4 000 万元，承诺费率为 0.5%，借款企业年度内使用了 3 000 万元，余额为 1 000 万元。则借款企业应向银行支付承诺费的金额为

$$承诺费=1\,000×0.5\%=5（万元）$$

周转信贷协定的有效期通常超过 1 年，但实际上贷款每几个月发放一次，所以这种信贷具有短期借款和长期借款的双重特点。

3. 补偿性余额

补偿性余额是银行要求借款企业将借款限额或实际借用额按一定比例（通常为 10%～20%）留存银行，作为最低存款余额。对于银行来说，补偿性余额有助于降低贷款风险，以便补偿其可能的损失。对于借款企业来说，补偿性余额则提高了借款的实际利率，加重了企业的利息负担。补偿性余额贷款实际利率的计算公式为

$$补偿性余额贷款实际利率 = \frac{名义利率}{1-补偿性余额比率}×100\%$$

【例 3.2】 某公司向银行借款 100 万元，银行要求保留 10% 的补偿性余额，企业实际可以动用的借款只有 90 万元，如果名义利率为 9%，则补偿性余额贷款实际利率为

$$补偿性余额贷款实际利率 = \frac{9\%}{1-10\%}×100\%=10\%$$

4. 借款抵押

银行在发放贷款时，为降低信贷风险，可向借款企业索取抵押品担保。作为借款的抵押

品，通常有应收账款、应收票据、存货、固定资产以及有价证券等。银行将根据抵押品的账面价值决定贷款金额，一般为抵押品账面价值的 30%～90%，这一比率的高低取决于抵押品的变现能力和银行的风险偏好。

5. 偿还条件

贷款的偿还有到期一次性偿还和在贷款期内定期等额偿还两种方式。一般来讲，企业不希望采用后一种偿还方式，因为这会提高借款的实际年利率；而银行不希望采用前一种偿还方式，因为这会加重企业的财务负担，增加拒付风险，同时会降低实际贷款利率。

6. 其他承诺

银行有时会要求企业为取得贷款而做出其他承诺，如及时提供财务报表、保持适当的财务水平（如特定的流动比率）等。如果企业违背承诺，银行可要求企业立即偿还全部贷款。

（四）银行借款利息的支付方式

1. 收款法

收款法是在借款到期时向银行支付利息的方法。采用这种方法，借款的名义利率（即约定利率）等于其实际利率。

2. 贴现法

贴现法是银行向企业发放贷款时，先从本金中扣除利息部分，到期时借款企业再偿还全部本金的一种计息方法。采用这种方法，企业可利用的贷款额只有本金扣除利息后的差额部分，因此，贴现贷款实际利率高于名义利率。贴现贷款实际利率的计算公式为

$$贴现贷款实际利率 = \frac{利息}{贷款金额-利息} \times 100\%$$

或

$$贴现贷款实际利率 = \frac{名义利率}{1-名义利率} \times 100\%$$

【例 3.3】 某企业向银行借款 100 万元，期限为 1 年，名义利率为 10%，按贴现法付息，企业实际可动用的借款为 90 万元，该借款的实际利率为

$$贴现贷款实际利率 = \frac{10}{100-10} \times 100\% = \frac{10\%}{1-10\%} \times 100\% = 11.11\%$$

3. 加息法

加息法是银行发放分期等额偿还贷款时采用的利息收取方法。在分期等额偿还贷款情况下，银行将根据名义利率计算的利息加到贷款本金上，计算出贷款的本息和，要求企业在贷款期内分期偿还本息和。由于贷款本金分期均衡偿还，借款企业实际上只平均使用了贷款本金的一半，却支付了全额利息，所以企业所负担的实际利率便要高于名义利率大约 1 倍。

【例 3.4】 某企业向银行借款 2 万元，期限为 1 年，名义利率为 12%，分 12 个月等额偿还本息，该借款的实际利率为

$$实际利率 = (本金×名义利率)÷(本金÷2)=名义利率×2=12\%×2=24\%$$

（五）银行借款筹资的特点

（1）筹资速度快。与发行公司债券、租赁等其他债务筹资方式相比，银行借款的程序相对简单，所花时间较短，公司可以迅速获得所需资金。

（2）资本成本较低。利用银行借款筹资，一般都比发行公司债券和租赁的利息负担要低，而且无须支付证券发行费用、租赁手续费用等筹资费用。

（3）资本弹性较大。在借款之前，公司根据当时的资本需求与银行等贷款机构直接商定贷款的时间、数量和条件，在借款期间，若公司的财务状况发生某些变化，也可与债权人再协商，变更借款数量、时间和条件，或提前偿还本息。因此，银行借款筹资对公司具有较大的灵活性。

（4）限制条款多。与发行公司债券相比较，银行借款合同对借款用途有明确规定，通过借款的保护性条款，对公司资本支出额度、再筹资、股利支付等行为有严格的约束，以后公司的生产经营活动和财务政策必将受到一定程度的影响。

（5）筹资数额有限。银行供款的数额往往受到贷款机构资本实力的制约，难以像发行公司债券、股票那样一次筹集到大笔资金，无法满足公司大规模筹资的需要。

二、发行公司债券

（一）公司债券的种类

1. 按是否记名划分

按是否记名，公司债券分为记名公司债券与无记名公司债券。记名公司债券，应当在公司债券存根簿上载明债券持有人的姓名及住所、债券持有人取得债券的日期及债券的编号、债券总额、票面金额、利率、还本付息的期限和方式、债券的发行日期等信息。记名公司债券，由债券持有人以背书方式或者法律、行政法规规定的其他方式转让；转让后由公司将受让人的姓名或者名称及住所记载于公司债券存根簿。

无记名公司债券，应当在公司债券存根簿上载明债券总额、利率、偿还期限和方式、发行日期及债券的编号。无记名公司债券的转让，由债券持有人将该债券交付给受让人后即发生转让的效力。

2. 按有无特定财产担保划分

按有无特定财产担保，公司债券分为信用债券和担保债券。信用债券，是指仅凭债券发行者的信用发行的、没有抵押品做抵押担保的债券。只有信誉较好、财务能力较强的企业才发行这种债券。

担保债券，是指以抵押方式担保发行人按期还本付息的债券。

此外，按能否转换成公司股票，公司债券分为可转换债券和不可转换债券；按是否公开发行，公司债券分为公开发行债券和非公开发行债券等。

（二）发行公司债券的程序

发行公司债券的基本程序如下：①做出发行债券的决议；②提出发债申请；③制定并公告债券募集办法；④委托证券经营机构发售；⑤交付债券，收缴债券款。

（三）公司债券的发行价格

公司债券的发行价格通常有三种：等价发行、溢价发行和折价发行。等价发行又称按面值发行，是指按债券的票面金额发行债券；溢价发行是指按高于债券面额的价格发行债券；折价发行是指按低于债券面额的价格发行债券。溢价或折价发行债券，主要是由于债券的票面利率与市场利率不一致造成的。债券的票面利率在债券发行前已参照市场利率确定下来，并在债券票面上标明，无法改变，但市场利率经常发生变动。在债券发售时，如果票面利率与市场利率不一致，就需要调整发行价格，以调节债券购销双方的利益。

债券的发行价格具体计算公式如下：

$$债券发行价格 = \frac{票面金额}{(1+市场利率)^n} + \sum_{t=1}^{n} \frac{票面金额 \times 票面利率}{(1+市场利率)^t}$$

式中，n 为债券期限；t 为付息期数；市场利率指债券发售时的市场利率。

从货币时间价值的角度来看，按上列公式确定的债券发行价格由两部分构成：一部分是债券各期利息的现值之和，另一部分是债券到期偿还的本金按市场利率折现的金额。

【例 3.5】 某公司发行面额为 10 000 元，票面利率为 10%，期限为 10 年的债券，每年年末付息一次。发行债券时，如果市场利率发生变化，就要调整债券的发行价格。下面分三种情况来分析计算（计算结果保留整数）。

（1）当市场利率为 10%，与票面利率一致时，可等价发行。其发行价格为

债券发行价格=10 000×10%×(P/A，10%，10)+10 000×(P/F，10%，10)=10 000（元）

当市场利率等于票面利率时，等价发行债券，投资者可获得与市场利率相等的报酬率。

（2）当市场利率为 8%，低于票面利率时，可溢价发行。其发行价格为

债券发行价格=10 000×10%×(P/A，8%，10)+10 000×(P/F，8%，10)=11 342（元）

当市场利率小于票面利率时，溢价发行债券，投资者可获得与市场利率相等的报酬率。

（3）当市场利率为 12%，高于票面利率时，可折价发行。其发行价格为

债券发行价格=10 000×10%×(P/A，12%，10)+10 000×(P/F，12%，10)=8 870（元）

当市场利率大于票面利率时，折价发行债券，投资者可获得与市场利率相等的报酬率。

如果企业发行不计复利、到期一次还本付息的债券，则其发行价格的计算公式为

债券发行价格=票面金额×(1+票面利率×n) ×复利现值系数

【例 3.6】 某公司发行面值为 1 000 元，票面利率为 6%（不计复利），期限为 10 年，到期一次还本付息的债券。已知目前市场利率为 8%。请计算该债券的发行价格。

债券发行价格=1 000×(1+6%×10) ×(P/F，8%，10)=741.12（元）

（四）发行公司债券筹资的特点

（1）一次筹资数额大。公司利用发行公司债券筹资，能够筹集大额的资金，满足公司大规模筹资的需要。这是与银行借款、租赁等债务筹资方式相比，公司选择发行公司债券筹资的主要原因，大额筹资能够适应大型公司经营规模的需要。

（2）筹资使用限制少。与银行借款相比，发行公司债券募集的资金在使用上具有相对的灵活性和自主性。特别是发行公司债券所筹集的大额资金，能够用于流动性较差的公司长期资产上。

（3）资本成本较高。相对于银行借款筹资，发行公司债券的利息负担和筹资费用都比较高，而且债券不能像银行借款一样进行债务展期，加上大额的本金和较高的利息，在固定的到期日，将会对公司现金流量产生巨大的财务压力。

（4）可提高公司的社会声誉。公司债券的发行主体，有严格的资格限制。发行公司债券，往往是有实力的股份有限公司和有限责任公司所为。公司通过发行公司债券，一方面筹集了大量资金，另一方面也扩大了公司的社会影响。

三、租赁

租赁，是指通过签订资产出让合同的方式，使用资产的一方（承租方）通过支付租金，

向出让资产的一方（出租方）取得资产使用权的一种交易行为。在这项交易中，承租方通过得到所需资产的使用权，完成了筹集资金的行为。

2018年12月7日，财政部修订发布了《企业会计准则第21号——租赁》。根据该准则，承租人应当将短期租赁和低价值资产租赁的租赁付款额，在租赁期内各个期间按照直线法或其他系统合理的方法计入相关资产成本或当期损益。除此以外，对其他所有租赁均确认使用权资产和租赁负债。

使用权资产，是指承租人可在租赁期内使用租赁资产的权利。使用权资产应当按照成本进行初始计量。租赁负债应当按照租赁期开始日尚未支付的租赁付款额的现值进行初始计量。

（一）租赁的特点

（1）所有权与使用权相分离。租赁资产的所有权与使用权分离是租赁的主要特点之一。银行借款虽然也是所有权与使用权相分离，但载体是货币资金，租赁则是资金与实物相结合基础上的分离。

（2）融资与融物相结合。租赁是以商品形态与货币形态相结合提供的信用活动，出租人在向企业出租资产的同时，满足了企业的资金需求，具有信用和贸易双重性质。它不同于一般的借钱还钱、借物还物的信用形式，而是借物还钱，并以分期支付租金的方式来体现。租赁的这一特点使银行信贷和财产信贷融合在一起，成为企业融资的一种特定形式。

（3）租金的分期支付。在租金的偿还方式上，租金与银行借款到期还本不一样，它采取的是分期支付方式。出租方的资金一次投入，分期收回。对于承租方而言，通过租赁可以提前获得资产的使用价值，分期支付租金便于分期规划未来的现金流出量。

（二）租赁的形式

租赁按其业务的不同特点，可分为以下三种基本形式。

（1）直接租赁。直接租赁是租赁的主要形式，承租方提出租赁申请时，出租方按照承租方的要求选购设备，然后再出租给承租方。

（2）售后回租。售后回租是指承租方由于急需资金等各种原因，将自己的资产售给出租方，然后以租赁的形式从出租方原封不动地租回资产的使用权。

（3）杠杆租赁。杠杆租赁是指涉及承租人、出租人和资金出借人三方的租赁业务。一般来说，当所涉及的资产价值昂贵时，出租方自己只投入部分资金，通常为资产价值的20%～40%，其余资金则通过将该资产抵押担保的方式，向第三方（通常为银行）申请贷款解决。然后，出租人将购进的设备出租给承租方，用收取的租金偿还贷款，该资产的所有权属于出租方。出租人既是债权人也是债务人，既要收取租金又要偿还债务。

（三）租赁的程序

租赁的程序是：①选择租赁公司，提出委托申请；②签订购货协议；③签订租赁合同；④交货验收；⑤定期支付租金；⑥租赁期满处理设备。

（四）租赁的租金

在租赁筹资的方式下，承租企业需按合同规定支付租金。租金的数额和支付方式对承租企业未来的财务状况具有直接的影响，因此是租赁筹资决策的重要依据。

1. 租金的构成

租赁每期租金的多少，取决于以下几项因素。①设备原价及预计残值，包括设备买价、运输费、安装调试费、保险费等，以及设备租赁期满后出售可得的收入。②利息，指租赁公司为购买租赁设备垫付资金应支付的利息。③租赁手续费和利润，其中，手续费是指租赁公司承办租赁设备的营业费用，包括业务人员工资、办公费、差旅费等。

2. 租金的支付方式

租金通常采用分次支付的方式，具体有以下几种类型：①按支付间隔期长短，分为年付、半年付、季付和月付等方式；②按期初还是期末支付，分为先付租金和后付租金；③按每次是否等额支付，分为等额支付和不等额支付。实务中，承租企业与租赁公司商定的租金支付方式，大多为后付等额年金。

3. 租金的计算

我国租赁实务中，租金的计算一般采用等额年金法。等额年金法是运用年金现值的计算原理计算每期应付租金的方法，适用于按复利计算租金的情况。在这种方法下，通常要根据利率和手续费率确定一个租费率，将其作为贴现率。

【例3.7】 某企业于2023年1月1日从租赁公司租入一套设备，价值60万元，租期6年，租赁期满时预计残值5万元，归租赁公司。年利率8%，租赁手续费率每年2%。租金每年年末支付一次，则：

$$每年租金=[600\ 000-50\ 000\times(P/F，10\%，6)]\div(P/A，10\%，6)=131\ 283（元）$$

（五）租赁筹资的特点

（1）无须大量资金就能迅速获得资产。在资金缺乏的情况下，租赁能迅速获得所需资产。租赁集"融资"与"融物"于一身，租赁使企业在资金短缺的情况下引进设备成为可能。特别是针对中小企业、新创企业而言，租赁是一条重要的融资途径。大型企业的大型设备、工具等固定资产，也经常通过租赁方式获得，如商业航空公司的飞机，大多是通过租赁取得的。

（2）财务风险小，财务优势明显。租赁与购买相比，能够避免一次性支付的负担，而且租金支出是未来的、分期的，企业无须一次筹集大量资金偿还。还款时，租金可以通过项目本身产生的收益来支付，是一种基于未来的"借鸡生蛋、卖蛋还钱"的筹资方式。

（3）筹资的限制条件较少。企业运用股票、债券、长期借款等筹资方式，都受到相当多的资格条件的限制，如足够的抵押品、银行贷款的信用标准、发行公司债券的政府管制等。相比之下，租赁筹资的限制条件很少。

（4）能延长资金融通的期限。通常为购置设备而贷款的借款期限比该资产的物理寿命要短得多，而租赁的融资期限却可接近其全部使用寿命期限；并且其金额随设备价款金额而定，无融资额度的限制。

（5）资本成本较高。租赁的租金通常比银行借款或发行公司债券所负担的利息高得多，租金总额通常要比设备价值高出30%。尽管与银行借款方式比，租赁能够避免到期一次性集中偿还的财务压力，但高额的固定租金也给各期的经营带来了负担。

> **视野拓展**
>
> 融资租赁：为中小企业"解渴"

四、商业信用

商业信用是指商品交易中以延期付款或预收货款方式进行购销活动而形成的借贷关系，是企业之间的一种直接信用行为。商业信用形式多种多样，适用范围很广，是企业筹集短期资金的重要方式。

（一）商业信用的形式

企业利用商业信用筹资主要有以下几种形式。

（1）应付账款。应付账款是一种最典型、最常见的商业信用形式。在此种情况下，买卖双方发生商品交易，买方收到商品后并不立即支付款项，也不出具借据，而是形成"欠账"，延迟一定时间后才付款。

（2）预收货款。预收货款是指销货企业按照合同或协议约定，在交付货物之前向购货企业预先收取部分或全部货物价款的信用形式。这等于供货方向购买方先借一笔款项，然后用货物抵偿，是另外一种典型的商业信用形式。

（3）应付票据。应付票据是指企业在商品购销活动和对工程价款进行结算中，因采用商业汇票结算方式而产生的商业信用。商业汇票是指由付款人或存款人（或承兑申请人）签发，由承兑人承兑，并于到期日向收款人或被背书人支付款项的一种票据，包括商业承兑汇票和银行承兑汇票。应付票据可以带息，也可以不带息，其利率一般低于银行贷款利率。

（4）应计未付款。应计未付款是指企业在生产经营和利润分配过程中已经计提但尚未以货币支付的款项，主要包括应付职工薪酬、应交税费、应付利润或应付股利等。

（二）商业信用条件

商业信用条件简称信用条件，是销货人对付款时间和现金折扣所做的具体规定。如"2/10，$n/30$"等，便属于一种信用条件。信用条件主要有以下几种形式。

1. 延期付款但不涉及现金折扣

企业购买商品时，供货方允许购货方在交易发生后一定时间内按发票金额支付货款，如"$n/40$"，是指在 40 天内按发票金额付款。这种条件下的信用期间一般为 30～60 天，在这种情况下，供销双方存在商业信用，购货方可因延期付款而短时间内占有购货款。

2. 延期付款但提前付款可取得现金折扣

在这种条件下，购货方若提前付款，可得到一定的现金折扣，若不享受现金折扣，在规定的时间内付清货款即可。如"$3/10$，$n/30$"，即购货方如于 10 天内付款，可以享受 3%的购货折扣；如于 10 天后至 30 天内付款，则无法享受这笔折扣，购货方必须支付全额货款，允许延期支付货款的最长期限为 30 天。现金折扣一般为发票金额的 1%～5%。供货方使用现金折扣的目的主要是加速货款的收回。

在这种信用条件下，购货方若在折扣期内付款，不仅可以获得短期的资金占有权，并且还可以得到现金折扣；若放弃现金折扣，则可在稍长的时间内占有购货款。

（三）放弃现金折扣的信用成本与决策

在采用商业信用形式销售产品时，为鼓励购买单位尽早付款，销货单位往往会规定一些信用条件，这主要包括现金折扣和付款期间两部分内容。如果销货单位提供现金折扣，购买单位应

尽量争取获得此项折扣,因为丧失现金折扣的机会成本很高。放弃现金折扣的成本计算公式如下:

$$放弃现金折扣的成本 = \frac{现金折扣的百分比}{1-现金折扣的百分比} \times \frac{360}{信用期-折扣期} \times 100\%$$

【例3.8】 某企业购买一批原材料,信用条件为"3/10, *n*/30"。这一信用条件意味着如果该企业在10天内付款,则可获得3%的现金折扣;如果放弃这笔折扣,在30天内付清货款。放弃现金折扣的成本为

$$放弃现金折扣的成本 = \frac{3\%}{1-3\%} \times \frac{360}{30-10} \times 100\% = 55.67\%$$

这表明,只要企业筹资成本不超过55.67%,或投资收益不超过55.67%,应尽量争取享受现金折扣,在10天内付款;否则可以放弃现金折扣。

(四)商业信用筹资的特点

(1)商业信用容易获得。商业信用的载体是商品购销行为,企业总有一批既有供需关系又有相互信用基础的客户,所以对大多数企业而言,应付账款和预收账款是自然的、持续的信贷形式。商业信用的提供方一般不会对企业的经营状况和风险做严格的考量,企业无须办理像银行借款那样复杂的手续便可取得商业信用。

(2)企业有较大的机动权。企业能够根据需要,决定筹资的金额大小和期限长短,同样要比银行借款等其他方式灵活得多,甚至如果在期限内不能付款或交货时,一般还可以通过与客户协商,请求延长时限。

(3)企业一般不用提供担保。通常,商业信用筹资不需要第三方担保,也不会要求筹资企业用资产进行抵押。这样,在出现逾期付款或交货的情况时,可以避免像银行借款那样面临抵押资产被处置的风险,企业的生产经营能力在相当长的一段时间内不会受到限制。

(4)商业信用筹资成本高。在附有现金折扣条件的应付账款融资方式下,其筹资成本与银行借款相比较高。

(5)容易降低企业的信用水平。商业信用的期限短,还款压力大,对企业现金流量管理的要求很高。如果长期和经常性地拖欠账款,会造成企业的信誉降低。

(6)受外部环境影响较大。商业信用筹资受外部环境影响较大,稳定性较差,即使不考虑机会成本,也是不能无限利用的。一是受商品市场的影响,如当求大于供时,卖方可能停止提供信用。二是受资金市场的影响,当市场资金供应紧张或有更好的投资方向时,商业信用筹资就可能遇到障碍。

五、债务筹资的优缺点

1. 债务筹资的优点

(1)筹资速度较快。与股票筹资相比,债务筹资不需要经过复杂的审批手续和证券发行程序,如银行借款、租赁等,可以迅速地获得资金。

(2)筹资弹性较大。发行股票等股权筹资,一方面需要经过严格的政府审批;另一方面从企业的角度出发,由于股权不能退还,股权资本在未来永久性地给企业带来了资本成本的负担。利用债务筹资,企业可以根据经营情况和财务状况,灵活地控制筹资数量,安排取得资金的时间。

(3)资本成本较低。一般来说,债务筹资的资本成本要低于股权筹资。其一是取得资金的手续费用等筹资费用较低;其二是利息、租金等用资费用比股权资本要低;其三是利息等

资本成本可以在税前扣除。

（4）可以利用财务杠杆。债权人从企业那里只能获得固定的利息或租金，不能参加企业剩余收益的分配。当企业的资本收益率（息税前利润率）高于债务利率时，会增加普通股股东的每股收益，提高净资产收益率，提升企业价值。

（5）稳定企业的控制权。债权人无权参加企业的经营管理，债务筹资不会改变和分散股东对企业的控制权。在信息沟通与披露等公司治理方面，债务筹资的代理成本也较低。

2. 债务筹资的缺点

（1）不能形成企业稳定的资本基础。债务资本有固定的到期日，到期需要偿还，只能作为企业的补充性资本来源。取得债务资本往往需要进行信用评级，没有信用基础的企业，往往难以取得足额的债务资本。现有债务资本在企业的资本结构中达到一定比例后，企业往往由于财务风险而不容易再取得新的债务资本。

（2）财务风险较大。债务资本有固定的到期日、固定的债息负担，以抵押、质押等担保方式取得的债务，在资本使用上可能会有特别的限制。这些都要求企业必须保证有一定的偿债能力，要保持资产流动性及资产收益水平，作为债务清偿的保障，否则会带来企业的财务危机，甚至导致企业破产。

（3）筹资数额有限。债务筹资的数额往往受到贷款机构资本实力的制约，除发行债券方式外，一般难以像发行股票那样一次筹集到大笔资金，无法满足企业大规模筹资的需求。

同步训练

一、单项选择题

1. 下列各项中，不属于商业信用筹资内容的是（　　　）。

A. 赊购商品　　　B. 预收货款　　　C. 应收票据贴现　　　D. 用商业汇票购货

2. 下列筹资方式按一般情况而言，企业所承担的财务风险由大到小排列为（　　　）。

A. 发行股票、融资租赁、发行公司债券

B. 融资租赁、发行公司债券、发行公司股票

C. 发行公司债券、融资租赁、发行股票

D. 融资租赁、发行股票、发行公司债券

3. 吸收直接投资有利于降低财务风险，原因在于（　　　）。

A. 直接投资主要来源于国家投资

B. 向投资者支付的报酬可以根据企业的经营状况决定，比较灵活

C. 投资者承担无限责任

D. 主要是用现金投资

4. 某公司拟发行 5 年期债券进行筹资，债券票面金额为 100 元，票面利率为 12%，每年年末付息一次，到期还本，当时市场利率为 10%，那么，该公司债券发行价格应为（　　　）元。

A. 93.22　　　B. 95.40　　　C. 107.58　　　D. 108.60

5. 下列各项中，企业可以获得债务筹资的是（　　　）。

A. 发行股票　　　B. 吸收直接投资　　　C. 发行债券　　　D. 内部留存收益

6. 下列各项中，属于商业信用筹资内容的是（　　　）。

  A. 发行股票 B. 融资租赁 C. 应付票据 D. 应收票据贴现

7. 相对于股票筹资而言，银行借款的缺点是（　　　）。

  A. 筹资数额有限 B. 借款弹性差 C. 筹资成本高 D. 筹资速度慢

8. 假定甲企业的信用等级高于乙企业，则下列表述正确的是（　　　）。

  A. 甲企业筹资风险比乙企业大   B. 甲企业的筹资能力比乙企业强

  C. 甲企业的债务负担比乙企业重   D. 甲企业的筹资成本比乙企业高

9. 下列不属于直接筹资的是（　　　）。

  A. 利用商业票据 B. 发行股票 C. 发行债券 D. 向银行借款

10. 下列各项中，企业可以获得股权筹资的是（　　　）。

  A. 赊购商品 B. 预收货款 C. 内部留存收益 D. 发行债券

二、多项选择题

1. 目前我国企业的筹资渠道主要包括（　　　）。

  A. 银行信贷资金和其他金融机构资金 B. 其他企业资金

  C. 居民个人资金   D. 企业自留资金

2. 影响债券发行价格的因素包括（　　　）。

  A. 债券面额 B. 票面利率 C. 市场利率 D. 债券期限

3. 与普通股筹资相比，负债筹资的特点有（　　　）。

  A. 筹集的资金需到期偿还   B. 不论经营好坏，需支付固定债务利息

  C. 不会分散企业的控制权   D. 可参与公司经营管理

4. 债务筹资的主要形式有（　　　）。

  A. 银行借款 B. 发行公司债券 C. 租赁 D. 商业信用

5. 商业信用条件的主要形式包括（　　　）。

  A. 延期付款，不涉及现金折扣   B. 延期付款，早付款可以享受现金折扣

  C. 预收货款   D. 预付账款

6. 对企业而言，发行股票筹资的优点有（　　　）。

  A. 降低企业资金成本   B. 资金使用不受约束

  C. 提高企业信用价值   D. 降低企业风险

7. 关于公司债券筹资与普通股筹资相比较，表述正确的有（　　　）。

  A. 普通股筹资的风险相对较低

  B. 普通股股东在公司清算时的求偿权要滞后于债券投资者

  C. 公司债券利息可以于税前列支，而普通股股利必须于税后支付

  D. 公司债券可利用财务杠杆作用

8. 股票上市可以为公司带来的好处有（　　　）。

  A. 有助于改善财务状况   B. 利用股票市场客观评价企业

  C. 提高公司的知名度   D. 利用股票收购其他公司

9. 债券发行价格的高低，取决于（　　　）。

  A. 债券面值 B. 债券票面利率 C. 发行时的市场利率 D. 债券发行期限

10. 对企业而言，发行股票筹资的缺点有（　　　）。

A. 筹资成本较高　　　　　　　　　B. 加大了公司被收购的风险

C. 股利负担沉重　　　　　　　　　D. 增发新股会稀释原股东的控制权

三、判断题

1. 在市场利率大于票面利率的情况下，债券的发行价格低于其面值。（　　　）

2. 一般地，当债券的票面利率高于市场利率时，债券可折价发行；而当债券的票面利率低于市场利率时，债券可溢价发行。（　　　）

3. 筹资按照资金的来源渠道不同，可分为权益筹资和负债筹资。（　　　）

4. 我国租赁实务中，租金的计算一般采用等额年金法。（　　　）

5. 杠杆租赁是指涉及承租人、出租人和资金出借人三方的租赁业务。（　　　）

6. 由于银行借款的利息是固定的，所以相对而言，这一筹资方式的弹性较小。（　　　）

7. 发行股票筹资，可以不付利息，因此其成本比借款筹资的成本低。（　　　）

8. 通过应付账款可筹集长期资金。（　　　）

9. 某企业计划购入原材料，供应商给出的付款条件为"1/20，$n/50$"。若银行短期借款利率为10%，则企业应在折扣期内支付货款。（　　　）

10. 租赁的租金包括设备价款和租息两部分。（　　　）

第四章 筹资管理（下）

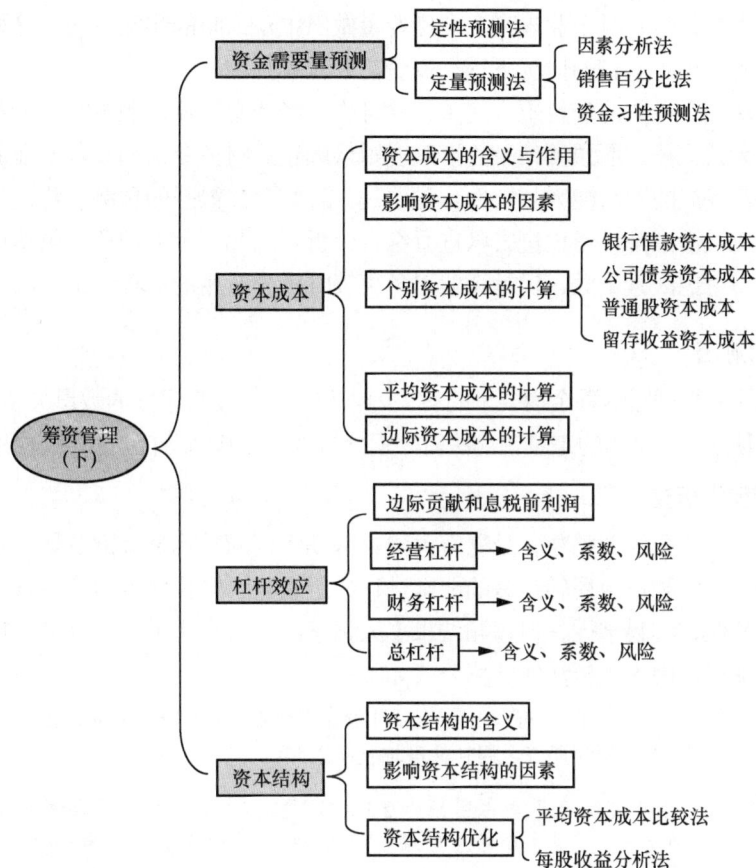

兴也杠杆，衰也杠杆：华夏幸福经营的兴衰

华夏幸福基业股份有限公司（股票代码：600340）（以下简称"华夏幸福"）创立于 1998 年，是产业新城服务商。华夏幸福自 2011 年上市以来通过高杠杆经营一路高歌猛进迅速冲进中国房地产行业前十行列，市值由上市日的 116 亿元快速增长至最高的 1 357 亿元，2022 年又降至 117 亿元。华夏幸福的辉煌得益于其上市后紧抓政策机遇，并凭借高经营杠杆的资产经营和高财务杠杆的资本经营模式，高速腾飞。然而，面对市场和政策的调整，华夏幸福仍然坚持杠杆经营，导致大量项目堆积、资金占用成本飙升，杠杆风险成倍增加，最终面临巨额亏损，陷入债务危机，曾经助其腾飞的高杠杆也成为其衰退的根源。

什么是杠杆？杠杆和资金成本有何关系？华夏幸福自 2011 年上市以来杠杆经营的兴衰历程给我们什么启示呢？带着这些问题开启本章的学习。

第一节　资金需要量预测

企业筹集的资金既要满足生产经营的需要，又不能出现多余而闲置，因此必须科学合理地预测资金需要量。预测资金需要量的方法主要有两种：一种是定性预测法，另一种是定量预测法。

一、定性预测法

定性预测法是根据现有的历史资料，充分分析企业未来经营影响资金需要量的有关因素，依靠预测者个人的经验，对企业未来资金需要量做出主观判断的预测方法。这种方法适用于企业在缺乏完备的历史资料的情况下进行资金需要量的预测。

定性预测法由于有关的资料不太完备，并且也未经严密计算，预测时只能对企业未来资金需要量做出大致推算，而预测结果的准确度则依赖企业财务专家和经营管理者的经验以及对企业未来经营发展的判断能力。定性预测法是一种综合性很强的预测方法，凡是影响企业资金需要量的有关因素都可考虑进去以进行综合分析。因此，定性预测法虽然用于估计资金需要量，但由于考虑因素全面，仍是企业财务决策时十分有用的一种预测方法。

二、定量预测法

定量预测法是根据影响资金需要量的有关因素与资金需要量之间的数量关系，分析预算资金需要量的一种方法。常用的定量预测法有因素分析法、销售百分比法和资金习性预测法等。

（一）因素分析法

因素分析法又称分析调整法，是以有关项目基期年度的平均资金需要量为基础，根据预测期的生产经营任务和资金周转加速的要求进行分析调整，来预测资金需要量的一种方法。这种方法计算简便，容易掌握，但预测结果不太精确。它通常用于品种繁多、规格复杂、资金用量较小的项目。因素分析法的计算公式如下：

资金需要量=（基期资金平均占用额-不合理资金占用额）×（1+预测期销售增长率）
÷（1+预测期资金周转速度增长率）

【例 4.1】某企业上年度资金平均占用额为 2 100 万元，经分析，其中不合理部分为 100 万元，预计本年度销售增长率为 5%，资金周转速度增长率为 2%。请预测该企业本年度的资金需要量。

预测本年度资金需要量=(2 100-100)×(1+5%)÷(1+2%)=2 058.82（万元）

（二）销售百分比法

1. 基本原理

销售百分比法，是假设某些资产和负债与销售额存在稳定的百分比关系，根据这个假设预计外部资金需要量的方法。企业的销售规模扩大时，要相应增加流动资产；如果销售规模增加很多，还必须增加长期资产。为取得扩大销售所需增加的资产，企业需要筹措资金。这些资金，一部分来自随销售收入同比例增加的流动负债，还有一部分来自预测期的收益留存，另一部分通过外部筹资取得。

2. 基本步骤

（1）确定随销售额变动而变动的资产和负债项目及各项目与销售额的稳定比例关系。随着销售额的增长，经营性资产项目将占用更多的资金。同时，随着经营性资产的增加，相应的经营性短期债务也会增加，如存货增加会导致应付账款增加，此类债务称为"自动性债务"，可以为企业提供暂时性资金。经营性资产与经营性负债的差额通常与销售额保持稳定的比例关系。这里，经营性资产项目包括库存现金、应收账款、存货等项目；而经营性负债项目包括应付票据、应付账款等项目，不包括短期借款、短期融资券、长期负债等筹资性负债。

如果企业资金周转的营运效率保持不变，经营性资产项目与经营性负债项目将会随销售额的变动而呈正比例变动，保持稳定的百分比关系。企业应当根据历史资料和同业情况，剔除不合理的资金占用，寻找经营性资产项目和经营性负债项目与销售额的稳定百分比关系。

（2）确定需要增加的筹资数量。根据有关项目与销售额的稳定比例关系，预计由于销售增长而需要的资金需求增长额。

（3）确定对外筹资数量。需要增加的筹资数量，扣除利润留存后，即为所需的外部筹资需要量。即有：

$$外部筹资需要量 = \frac{A}{S_1} \times \Delta S - \frac{B}{S_1} \times \Delta S - S_2 \times P \times E$$

式中，A 表示随销售额变化而变化的敏感性资产；B 表示随销售额变化而变化的敏感性负债；S_1 表示基期销售额；S_2 表示预测期销售额；ΔS 表示销售变动额；P 表示销售净利率；E 表示利润留存率；A/S_1 表示敏感性资产与基期销售额的关系百分比；B/S_1 表示敏感性负债与基期销售额的关系百分比。

需要说明的是，如果非敏感性资产增加，则外部筹资需要量也应相应增加。

【例 4.2】 大华公司 20×7 年 12 月 31 日的资产负债表如表 4.1 所示。

该企业 20×7 年的实际销售收入为 200 000 万元，企业目前仍有剩余生产能力，为充分利用企业的剩余生产能力，通过市场调查，20×8 年销售收入可增加到 240 000 万元。20×7 年该企业的销售净利率为 10%，20×8 年销售净利率保持不变，预计留存收益率为 20%。要求预测该企业 20×8 年需要增加的资金数量。预测程序如下。

（1）确定随销售额变动而变动的资产和负债项目及各项目与销售额的稳定比例关系，如表 4.2 所示。表 4.2 中，不变动是指该项目不随销售额的变化而变化；各项目占销售收入百分比反映的是企业资本的密集度，是用表 4.1 中有关项目的数字除以 20×7 年的实际销售收入求得的，如货币资金：20 000÷200 000×100%=10%。

（2）确定需要增加的资金数额。从表 4.2 中可以看出，销售收入每增加 100 元，必须增加 75 元的资金占用，但同时增加 55 元的资金来源。从 75% 的资金需求中减去 55% 自动产生的资金来源，还剩下 20% 的资金需求。因此，每增加 100 元的销售收入，该公司必须取得 20 元的资金来源。本例中，销售收入从 200 000 万元增加到 240 000 万元，按 20% 比率可预测将增加 8 000 万元的资金需求。

表 4.1 大华公司资产负债表

20×7 年 12 月 31 日　　　　　　　　　　　　　　　（单位：万元）

资　产	金额	负债与所有者权益	金　额
货币资金	20 000	应付账款	40 000
应收账款	40 000	短期借款	20 000
预付账款	25 000	预收账款	10 000
应收票据	25 000	应交税费	40 000
存　货	40 000	应付债券	20 000
固定资产	210 000	实收资本	200 000
无形资产	40 000	留存收益	70 000
合　计	400 000	合　计	400 000

表 4.2 大华公司销售额比率表

资　产	占销售收入百分比（%）	负债与所有者权益	占销售收入百分比（%）
货币资金	10	应付账款	20
应收账款	20	短期借款	10
预付账款	12.5	预收账款	5
应收票据	12.5	应交税费	20
存　货	20	应付债券	不变动
固定资产	不变动	实收资本	不变动
无形资产	不变动	留存收益	不变动
合　计	75	合　计	55

（3）确定对外筹资数额。根据上述资料可求得大华公司 20×8 年对外筹资需要量为

$$\text{对外筹资需要量}=\frac{A}{S_1}\times\Delta S-\frac{B}{S_1}\times\Delta S-S_2\times P\times E$$

$$=75\%\times40\ 000-55\%\times40\ 000-240\ 000\times10\%\times20\%=8\ 000-4\ 800=3\ 200\ （万元）$$

即 8 000 万元的资金需求减去 4 800 万元的留存收益，还有 3 200 万元必须向外部筹集。

需要说明的是，销售百分比法是建立在以下假定基础之上的：①企业的部分资产和负债与销售额同比例变化；②企业各项资产、负债与所有者权益结构已达到最优。

★提示★

在销售百分比法的假定基础与实际不吻合的情况下，预测结果可能不够准确。

【学中做】 如例 4.2 中销售收入增加到 300 000 万元，其他条件不变，试计算对外筹资的需要量。（答案：14 000 万元）

（三）资金习性预测法

资金习性预测法是指根据资金习性预测未来资金需要量的方法。所谓资金习性是指资金的变动与产销量变动之间的依存关系。按照资金与产销量之间的依存关系，可以把资金分为不变资金、变动资金和半变动资金。

不变资金是指在一定的产销量范围内，不受产销量变动的影响而保持固定不变的那部分资金，包括为维持营业而占用的最低数额的现金、原材料的保险储备占用的资金、固定资产占用的资金等。

变动资金是指随产销量的变动而同比例变动的那部分资金，包括直接构成产品实体的原材料占用的资金、最低储备以外的现金、应收账款等。

半变动资金是指虽然受产销量变化的影响，但不呈同比例变动的资金，如一些辅助材料占用的资金。半变动资金可采用一定的方法划分为不变资金和变动资金两部分。

资金占用额同产销量之间的关系可用公式表示如下：

$$y=a+bx$$

式中，y 为资金占用额；a 为不变资金；b 为单位产销量所需变动资金，其数值可采用高低点法或回归直线分析法求得；x 为产销量。

【例 4.3】 某企业 20×2—20×7 年资金占有总额和产销量见表 4.3。

表 4.3 某企业 20×2—20×7 年资金占用总额和产销量

年　份	20×2	20×3	20×4	20×5	20×6	20×7
产销量（万件）	260	240	280	300	330	340
资金占用总额（万元）	240	230	250	260	300	320

假设 20×8 年的产销量为 600 万件，要求预测 20×8 年的资金需要量（用高低点法求 b）。

高低点法是选用最高收入期和最低收入期的资金占用总额之差，同这两个收入期的产销量之差进行对比，先求出 b 的值，再代入关系式求出 a 的值，确定关系式，进而预测资金需要量的方法。

根据 $y=a+bx$ 的关系式，a、b 可计算如下：

b=最高和最低点资金占用总额之差÷最高和最低点产销量之差

a=最高（低）点的资金占用总额-b×最高（低）点的产销量

将本例的资料代入上述公式，则

$$b=(320-230)\div(340-240)=0.9$$

$$a=320-0.9\times340=14$$

或

$$a=230-0.9\times240=14$$

据此，可确定反映产销量与资金需要量之间的关系式为

$$y=14+0.9x$$

那么，20×8 年的资金需要量为

$$y=14+0.9×600=554（万元）$$

运用资金习性预测法必须注意以下几个问题：①资金需要量与营业业务量之间线性关系的假定应符合实际情况；②确定 a、b 数值，应利用连续若干年的历史资料，一般要有 3 年以上的资料；③应考虑价格等因素的变动情况。

第二节　资　本　成　本

一、资本成本的含义与作用

资本成本是衡量资本结构优化程度的标准，也是对投资获得经济效益的最低要求，通常用资本成本率表示。企业所筹得的资本付诸使用以后，只有项目的投资收益率高于资本成本率，才能表明所筹集的资本取得了较好的经济效益。

（一）资本成本的含义

资本成本是指企业为筹集和使用资本而付出的代价，包括筹集费用和占用费用两部分。资本成本可以用绝对数表示，也可以用相对数表示。用绝对数表示的资本成本，主要由以下两个部分构成。

1．筹集费

筹集费是指企业在资本筹集过程中支付的各项费用，如借款手续费、股票或债券的发行费等。筹集费通常是在筹集资本时一次性支付的，因此，在计算资本成本时可作为筹资金额的一项扣除。

2．占用费

占用费是指企业在生产经营、投资过程中因占用资本而付出的代价，如向股东支付的股利、向债权人支付的利息等。占用费是筹资企业经常发生的，是资本成本的主要内容。

（二）资本成本的作用

1．资本成本是企业选择筹资方式的主要依据

企业可以利用的筹资方式多种多样，在选用筹资方式时需要考虑的因素很多，而资本成本是其中的重要因素。在其他条件相同时，应选择资本成本最低的筹资方式。

2．资本成本是确定最优资本结构的主要参数

不同的资本结构会给企业带来不同的风险和成本，在确定最优资本结构时，考虑的因素主要有资本成本和财务风险。

3．资本成本是企业评价投资项目可行性、选择投资方案的重要标准

只有投资项目预期的投资报酬率大于该项目使用资金的资本成本率，该项目在经济上才是可行的。因此，国际上通常将资本成本率视为投资项目的"最低收益率"或是否采用投资项目的取舍率。

4．资本成本可以作为衡量企业经营成果的尺度

当企业经营利润率大于资本成本率时，说明经营业绩较好，否则表明业绩欠佳。

二、影响资本成本的因素

1. 总体经济环境

一个国家或地区的总体经济环境状况，表现在国民经济发展水平、预期的通货膨胀等方面，这些都会对企业筹资的资本成本产生影响。如果国民经济保持健康、稳定、持续增长，整个社会经济的资金供给和需求相对均衡且通货膨胀水平低，资金所有者投资的风险小，预期收益率低，筹资的资本成本率相应就比较低。相反，如果经济过热，通货膨胀率持续居高不下，投资者投资的风险大，预期收益率高，筹资的资本成本率就高。

2. 资本市场条件

资本市场条件包括资本市场的效率和风险。如果资本市场缺乏效率，证券的市场流动性低，投资者投资风险大，要求的预期收益率高，那么通过资本市场融通的资本，其成本水平就比较高。

3. 企业经营状况和融资状况

企业的经营风险和财务风险共同构成企业总体风险。如果企业经营风险高，财务风险大，则企业总体风险水平高，投资者要求的预期收益率高，企业筹资的资本成本相应就大。

4. 企业对筹资规模和时限的需求

在一定时期内，国民经济体系中资金供给总量是一定的，资本是一种稀缺资源。因此企业一次性需要筹集的资金规模大、占用资金时限长，资本成本就高。当然，筹资规模、时限与资本成本的正向相关性并非线性关系。一般来说，筹资规模在一定限度内，并不会引起资本成本的明显变化，当筹资规模突破一定限度时，才会引起资本成本的明显变化。

三、个别资本成本的计算

个别资本成本是指单一筹资方式的资本成本，主要包括银行借款资本成本、公司债券资本成本、普通股资本成本和留存收益资本成本等，其中前两种为债务资本成本，后两种为权益资本成本。

（一）个别资本成本的计算模式

个别资本成本的高低可用相对数即资本成本率表示。

1. 一般模式

为了便于分析比较，资本成本通常用不考虑货币时间价值的一般模式计算。计算时，将初期的筹资费用作为筹资额的一项扣除，扣除筹资费用后的筹资额称为筹资净额，一般模式的计算公式为

$$\text{资本成本率} = \frac{\text{年资金占用费}}{\text{筹资总额} - \text{筹资费用}} \times 100\% = \frac{\text{年资金占用费}}{\text{筹资总额} \times (1 - \text{筹资费用率})} \times 100\%$$

2. 贴现模式

对于金额大、时间超过 1 年的长期资本，更为准确一些的资本成本计算方式是采用贴现模式，即将债务未来还本付息或股权未来股利分红的贴现值与目前筹资净额相等时的贴现率作为资本成本率。即由

$$\text{筹资净额现值} - \text{未来资本清偿额现金流量现值} = 0$$

得 　　　　　　　　　资本成本率=所采用的贴现率

（二）银行借款资本成本

银行借款资本成本包括借款利息和筹资费用。借款利息在税前扣除，具有减税作用，一般计算税后资本成本率，以便与权益资本成本率具有可比性。银行借款的资本成本率按一般模式计算为

$$银行借款资本成本率 = \frac{年利率 \times (1 - 所得税税率)}{1 - 筹资费用率} \times 100\%$$

对于长期借款，考虑货币时间价值，还可以用贴现模式计算资本成本率。

【例4.4】 某企业从银行取得长期借款100万元，年利率6%，期限3年，每年年末付息一次，到期一次性还本，筹资费用率为1%，企业所得税税率为25%，该项借款的资本成本率为

$$银行借款资本成本率 = \frac{6\% \times (1 - 25\%)}{1 - 1\%} \times 100\% = 4.55\%$$

考虑货币时间价值，该项长期借款的资本成本率计算如下：

$$100 \times (1 - 1\%) - 100 \times 6\% \times (1 - 25\%) \times (P/A, i, 3) - 100 \times (P/F, i, 3) = 0$$

$i=4\%$时，

$$100 \times (1 - 1\%) - 100 \times 6\% \times (1 - 25\%) \times (P/A, 4\%, 3) - 100 \times (P/F, 4\%, 3) < 0$$

$i=5\%$时，

$$100 \times (1 - 1\%) - 100 \times 6\% \times (1 - 25\%) \times (P/A, 5\%, 3) - 100 \times (P/F, 5\%, 3) > 0$$

用内插法计算：

$$\frac{i - 4\%}{5\% - 4\%} = \frac{101.388\,0 - 99}{101.388\,0 - 98.634\,4}$$

$$i = 4.87\%$$

【学中做】 假定例4.4中的企业从银行取得长期借款100万元，年利率6%，期限3年，每年年末付息一次，筹资费用率为0.5%，企业所得税税率为25%，筹资费忽略不计，请用一般模式计算该借款的资本成本率。（答案：4.52%）

（三）公司债券资本成本

公司债券资本成本包括债券利息和筹资费用。公司债券资本成本中的利息在税前扣除，具有减税作用。债券的筹资费用主要包括申请发行债券的手续费、债券注册费、印刷费、上市费以及推销费用等。公司债券资本成本率按一般模式计算为

$$公司债券资本成本率 = \frac{年利息 \times (1 - 所得税税率)}{债券筹资总额 \times (1 - 筹资费用率)} \times 100\%$$

对于公司债券，考虑货币时间价值，还可以用贴现模式计算资本成本率。

【例4.5】 某公司发行一笔期限为5年的债券，债券面值为500万元，票面利率为10%，每年付一次利息，发行费率为3%，债券按面值发行，企业所得税税率为25%。该债券的资本成本率为

$$公司债券资本成本率 = \frac{500 \times 10\% \times (1 - 25\%)}{500 \times (1 - 3\%)} \times 100\% = 7.73\%$$

考虑货币时间价值，该项公司债券的资本成本率计算如下：

$$500 \times (1 - 3\%) = 500 \times 10\% \times (1 - 25\%) \times (P/A, i, 5) + 500 \times (P/F, i, 5)$$

用内插法计算，$i=8.27\%$。

【学中做】 假定例4.5中的企业发行一笔期限为5年的债券，债券面值为500万元，票面利率为10%，每年付一次利息，发行费率为3%，债券溢价发行，发行价格为600万元，企业所得税税率为25%。请用一般模式计算该债券的资本成本率。（答案：6.44%）

（四）普通股资本成本

普通股资本成本主要是向股东支付的各期股利。由于各期股利不固定，普通股的资本成本只能按贴现模式计算。计算方法主要包括股利折现模型法、资本资产定价模型法和无风险利率加风险溢价法。

1. 股利折现模型法

股利折现模型法是利用普通股价值的计算公式来计算普通股资本成本的一种方法。在理论上，普通股价值可定义为预期未来现金股利按股东要求的收益率贴现后的现值之和，股东要求的收益率即为普通股资本成本。由于股票没有到期日，普通股价值的计算公式为

$$V_0 = \sum_{i=1}^{\infty} \frac{D_i}{(1+K_s)^i}$$

式中，V_0 为普通股价值，按发行价格扣除发行费用计算；D_i 为第 i 期支付的股利；K_s 为普通股资本成本率。

许多公司的股利都是不断增长的，假设年增长率为 g，则普通股资本成本率的计算公式为

$$普通股资本成本率 = \frac{第一年预期股利}{普通股筹资金额 \times (1 - 普通筹资费用率)} \times 100\% + 股利年增长率（g）$$

【例4.6】 某公司以每股 10 元的价格发行普通股 5 000 万股，筹资费用率为 5%，第一年年末预计每股股利 2 元，以后每年增长 3%，则普通股资本成本率为

$$K_s = \frac{2 \times 5\ 000}{10 \times 5\ 000 \times (1 - 5\%)} \times 100\% + 3\% = 24.05\%$$

2. 资本资产定价模型法

资本资产定价模型法是利用资本资产定价模型来估计普通股资本成本的一种方法，其计算公式为

$$K_s = R_f + \beta(R_m - R_f)$$

式中，R_f 为无风险报酬率；β 为股票的贝塔系数；R_m 为市场平均风险股票必要报酬率。

【例4.7】 某股票的 β 系数为 1.5，市场平均风险股票必要报酬率为 14%，无风险报酬率为 10%，则该普通股资本成本率为

$$K_s = 10\% + 1.5 \times (14\% - 10\%) = 16\%$$

3. 无风险利率加风险溢价法

无风险利率加风险溢价法的基本思路是：根据"风险越大，要求的报酬率越高"的原理，普通股股东对企业的投资风险大于债券投资者对企业的投资风险，因而股票持有人就必然要求获得一定的风险补偿。一般情况下，通过一段时间的数据统计，可以测算出某公司普通股股票的风险溢价。无风险利率一般用同期国库券收益率表示。依照这一方法，普通股资本成本率的计算公式为

$$K_s = R_f + R_p$$

式中，R_f 为无风险利率；R_p 为普通股股东要求的风险溢价。

【例4.8】 某公司现准备发行一批股票，经分析其风险溢价为 4%，无风险利率为 8%，该普通股资本成本率为

$$K_s = 8\% + 4\% = 12\%$$

【学中做】 某企业发行普通股筹资，每股发行价格 10 元，筹资费用率 5%，预计第一年每股

现金股利 1.5 元，以后每年股利增长 2.5%，计算该普通股资本成本率。（答案：18.29%）

（五）留存收益资本成本

一般企业不会把全部收益以股利的形式分给股东，所以，留存收益是企业资金的重要来源。企业的留存收益等于股东对企业追加的投资，股东的这部分投资与以前缴给企业的股本一样，也要求有一定的报酬，所以，留存收益也要计算成本。但留存收益并不像其他筹资方式取得的资金那样从市场取得，而是将内部利润进行再投资，因而不产生筹资费用。留存收益资本成本的计算与普通股资本成本的计算基本相同，只是不考虑筹资费用。其计算公式为

$$留存收益资本成本率=\frac{第一年预期股利}{普通股筹资金额}\times100\%+股利年增长率$$

【例 4.9】　某公司普通股目前股价为每股 10 元，刚支付的每股股利为 2 元，预计以后每年增长 2%，该公司的留存收益资本成本率为

$$留存收益资本成本率=\frac{2\times(1+2\%)}{10}\times100\%+2\%=22.4\%$$

四、平均资本成本的计算

平均资本成本是指多元化筹资方式下的综合资本成本。由于受多种因素的制约，企业的筹资方式不可能是单一的。企业往往从多种渠道、用多种方式来筹集资金，而不同渠道、不同方式筹集到的资金，其成本是不一样的。为了正确进行筹资和投资决策，就必须计算企业的平均资本成本。平均资本成本是以各种资本占全部资本的比重为权数，对个别资本成本进行加权平均计算出来的，故也称为加权平均资本成本。平均资本成本率的计算公式为

$$平均资本成本率=\sum 某种资本的成本率\times该种资本占总资本的比重$$

平均资本成本率的计算，存在着权数价值的选择问题，即各项个别资本按什么价值来确定资本比重。通常，可供选择的价值形式有账面价值、市场价值、目标价值等。

【例 4.10】　某企业共有资本 100 万元，其中债券 20 万元，借款 10 万元，普通股 50 万元，留存收益 20 万元，其资本成本率分别为 8%、10%、15% 和 14%。试计算该企业的平均资本成本率。

（1）计算各种资金占全部资本的比重：

$$债券占总资本的比重=\frac{20}{100}\times100\%=20\%$$

$$借款占总资本的比重=\frac{10}{100}\times100\%=10\%$$

$$普通股占总资本的比重=\frac{50}{100}\times100\%=50\%$$

$$留存收益占总资本的比重=\frac{20}{100}\times100\%=20\%$$

（2）计算平均资本成本率：

$$平均资本成本率=8\%\times20\%+10\%\times10\%+15\%\times50\%+14\%\times20\%=12.9\%$$

五、边际资本成本的计算

边际资本成本是企业追加筹资的成本。企业的个别资本成本和平均资本成本，是企业过去筹集的单项资本的成本或目前使用全部资本的成本。然而，企业在追加筹资时，不能仅仅考虑目前所使用资本的成本，还要考虑新筹集资金的成本，即边际资本成本。边际资本成本，是企业进行追加筹资的决策依据。筹资方案组合中，边际资本成本的权数采用目标价值权数。

【例4.11】某公司设定的目标资本结构为：银行借款20%、公司债券15%、股东权益65%。现拟追加筹资300万元，按此资本结构来筹资。个别资本成本率预计分别为：银行借款7%、公司债券12%、股东权益15%。计算追加筹资300万元的边际资本成本。

边际资本成本=7%×20%+12%×15%+15%×65%=12.95%

追加筹资300万元的边际总成本=300×12.95%=38.85（万元）

第三节　杠 杆 效 应

自然界中的杠杆效应，是指人们利用杠杆，可以用较小的力量移动较重的物体。财务管理中也存在类似的杠杆效应，其表现为：由于特定费用（如固定生产经营费用或固定财务费用）的存在而导致的，当某一财务变量以较小的幅度变动时，另一相关变量会以较大幅度变动。了解这些杠杆效应，有助于企业合理地规避风险，提高财务管理水平。

财务管理中的杠杆效应有三种形式，即经营杠杆、财务杠杆和总杠杆。要了解这些杠杆效应，需要首先了解边际贡献和息税前利润等相关术语的含义。

一、边际贡献和息税前利润

1. 边际贡献

边际贡献是指销售收入减去变动成本后的余额，这是一个十分有用的价值指标。其计算公式为

边际贡献 = 销售收入 − 变动成本

= （销售单价 − 单位变动成本）× 产销量

= 单位边际贡献 × 产销量

2. 息税前利润

息税前利润是指企业支付利息和缴纳所得税之前的利润。其计算公式为

息税前利润 = 销售收入总额 − 变动成本总额 − 固定成本

= 边际贡献总额 − 固定成本

息税前利润也可以用利润总额加上利息费用求得。

> ★提炼点睛★
>
> 边际贡献的另一计算公式：边际贡献=销售收入×（1−变动成本率）。

二、经营杠杆

1. 经营杠杆含义

在其他条件不变的情况下，产销业务量的增加虽然不会改变固定成本总额，但会降低单位固定成本，从而提高单位利润，使息税前利润的增长率大于产销业务量的增长率。反之，产销业务量的减少会提高单位固定成本，降低单位利润，使息税前利润下降率大于产销业务量下降率。如果不存在固定成本，所有成本都是变动的，这时息税前利润变动率就同产销业务量变动率完全一致。这种由于固定成本的存在而导致息税前利润变动大于产销业务量变动的杠杆效应，称为经营杠杆。

2. 经营杠杆系数

只要企业存在固定成本，就存在经营杠杆效应。但不同企业或同一企业在不同产销业务量基础上的经营杠杆效应的大小是不完全一致的，为此，需要对经营杠杆进行计量。对经营杠杆进行计量最常用的指标是经营杠杆系数（DOL）。所谓经营杠杆系数，是指息税前利润变动率相当于产销业务量变动率的倍数。其计算公式为

$$\text{DOL} = \frac{\text{息税前利润变动率}}{\text{产销业务量变动率}} = \frac{\Delta \text{EBIT} / \text{EBIT}}{\Delta Q / Q}$$

式中，EBIT 为息税前利润；ΔEBIT 为息税前利润变动额；Q 为产销业务量；ΔQ 为产销业务量变动额。

上述公式是计算经营杠杆系数的理论公式，但利用该公式必须已知变动前后的相关资料，比较麻烦，而且无法预测未来的经营杠杆系数。经营杠杆系数还可以按以下简化公式（推导过程略）计算：

$$\text{DOL} = \frac{\text{基期边际贡献}}{\text{基期息税前利润}} = \frac{M}{M - F} = \frac{\text{EBIT} + F}{\text{EBIT}} = 1 + \frac{F}{\text{EBIT}}$$

式中，M 为基期边际贡献；F 为固定成本。显然，只要企业存在固定成本，经营杠杆系数就总是大于 1 的。

【例 4.12】某公司有关资料见表 4.4，试计算该公司 20×7 年的经营杠杆系数。

根据理论公式，求得该公司 20×7 年的经营杠杆系数：

$$\text{DOL} = \frac{8\,000 / 20\,000}{20\,000 / 100\,000} = \frac{40\%}{20\%} = 2$$

根据简化公式，求得该公司 20×7 年的经营杠杆系数：

$$\text{DOL} = \frac{40\,000}{20\,000} = 2$$

表 4.4　经营杠杆系数计算分析表

（金额单位：元）

项　目	20×6 年	20×7 年	变动额	变动率
销售额	100 000	120 000	20 000	20%
变动成本	60 000	72 000	12 000	20%
边际贡献	40 000	48 000	8 000	20%
固定成本	20 000	20 000	0	0
息税前利润	20 000	28 000	8 000	40%

计算结果表明，两个公式计算出的结果完全相同。同理，可按 20×7 年的资料求得 20×8 年的经营杠杆系数：

$$\text{DOL} = \frac{48\,000}{28\,000} = 1.71$$

【学中做】例 4.12 中，若该公司 20×6 年的固定成本为 30 000 元，其他条件不变，计算 20×7 年的经营杠杆系数，看看有何变化。（答案：经营杠杆系数变为 4）

3. 经营杠杆与经营风险的关系

经营风险是指由于经营上的原因导致的风险，即未来的息税前利润的不确定性。引起企业经营风险的主要原因是销售和成本等因素的不确定性，经营杠杆本身并不是利润不稳定的根源。但是根据经营杠杆系数的理论公式，产销业务量增加时，息税前利润将以经营杠杆系数倍的幅度增加；而产销业务量减少时，息税前利润又将以经营杠杆系数倍的幅度减少。根据经营杠杆系数的简化公式，有

$$DOL = 1 + 固定成本/基期息税前利润$$

上式表明，在息税前利润为正的前提下，只要企业存在固定成本，经营杠杆系数总是大于1。

可见，经营杠杆放大了销售和成本等不确定因素对利润变动的影响。而且经营杠杆系数越高，利润变动越剧烈，企业的经营风险就越大。所以，企业经营风险的大小和经营杠杆有重要关系。一般来说，在其他因素不变的情况下，固定成本越高，经营杠杆系数越大，经营风险越大。

由于经营杠杆系数影响着企业的息税前利润，从而也就制约着企业的筹资能力和资金结构，因此，经营杠杆系数是资金结构决策的一个重要因素。

> ★提炼点睛★
>
> 在其他因素不变的情况下，固定成本越高，经营杠杆系数越大，经营风险越大。

三、财务杠杆

1. 财务杠杆含义

不论企业营业利润多少，其债务的利息通常都是固定不变的。当息税前利润增大时，每1元利润所负担的固定财务费用就会相对减少，这能给普通股股东带来更多的收益；反之，当息税前利润减少时，每1元利润所负担的固定财务费用就会相对增加，这就会大幅度减少普通股股东的收益。这种由于债务的存在而导致的普通股每股收益变动大于息税前利润变动的杠杆效应，称作财务杠杆。

2. 财务杠杆系数

只要在企业的筹资方式中有固定财务费用支出的债务，就会存在财务杠杆效应。但不同企业财务杠杆的作用程度不完全一样，为此，就需要对财务杠杆进行计量。对财务杠杆进行计量最常用的指标是财务杠杆系数（DFL）。财务杠杆系数越大，财务杠杆的作用程度越大。财务杠杆系数是指普通股每股收益的变动率相当于息税前利润变动率的倍数。其计算公式为

$$DFL = \frac{普通股每股收益变动率}{息税前利润变动率} = \frac{\Delta EPS / EPS}{\Delta EBIT / EBIT}$$

式中，EPS为每股收益；ΔEPS为每股收益变动额。

上述公式是计算财务杠杆系数的理论公式，必须已知变动前后的相关资料，比较麻烦，而且无法预测未来的财务杠杆系数。实际工作中，可以简化如下：

$$DFL = \frac{基期息税前利润}{基期息税前利润 - 基期利息} = \frac{EBIT}{EBIT - I}$$

式中，I为债务资本利息。显然，只要企业有债务资本成本，财务杠杆系数就总是大于1的，当企业没有债务时，则财务杠杆系数为1。

【例4.13】某公司资金总额为200万元，其中发行在外的普通股为10万股，每股面值为10元，负债为100万元，负债资金年利率为8%。该公司20×6、20×7年度有关指标如表4.5所示。

根据理论公式，求得该公司20×7年的财务杠杆系数：

$$DFL = \frac{(1.20 - 0.90) / 0.90}{(240\,000 - 200\,000) / 200\,000} = \frac{0.333}{0.2} = 1.67$$

根据简化公式，求得该公司20×7年的财务杠杆系数：

$$DFL = \frac{200\,000}{200\,000 - 80\,000} = 1.67$$

表4.5 某公司有关指标

（单位：元）

项 目	20×6年	20×7年
息税前利润	200 000	240 000
债务利息	80 000	80 000
税前利润	120 000	160 000
所得税（税率25%）	30 000	40 000
税后利润	90 000	120 000
每股收益	0.90	1.20

计算结果表明，两个公式计算出的结果完全相同。同理，根据20×7年的资料可求得20×8年的财务杠杆系数：

$$DFL = \frac{240\,000}{240\,000 - 80\,000} = 1.5$$

【学中做】 若例 4.13 中的公司发行在外的普通股为 8 万股,每股面值为 10 元,负债为 120 万元,其他条件不变,计算 20×7 年的财务杠杆系数,看看有何变化。(答案:财务杠杆系数变为 1.92)

3. 财务杠杆利益与财务风险

财务杠杆利益是指企业利用财务杠杆给所有者带来的额外收益。当息税前利润率大于债务利息率时,负债经营能给企业所有者带来额外收益。企业增加财务杠杆利益的途径主要有两个:一是在原有资本结构下,增加息税前利润;二是维持息税前利润原有水平,调整资本结构,增加负债比例。

【例 4.14】 某企业资产总额为 100 万元,负债资金为 30 万元,自有资金为 70 万元,债务利息率为 10%,20×6 年企业息税前利润率为 15%,20×7 年企业息税前利润率增长到 20%,所得税税率为 25%,企业产生的财务杠杆利益如表 4.6 所示。

表 4.6　财务杠杆利益分析表 1　（金额单位:元）

年　　度	息税前利润	息税前利润增长率	债务利息	所得税	税后利润	税后利润增长率
20×6 年	150 000	—	30 000	30 000	90 000	—
20×7 年	200 000	33%	30 000	42 500	127 500	41.67%

由表 4.6 可以看出,当息税前利润率大于债务利息率时,在资本结构一定时,若息税前利润增加,则所有者的收益（税后利润）会以更快的速度增加。

【例 4.15】 某企业资产总额为 100 万元,息税前利润率为 20%,债务利息率为 10%,所得税税率为 25%。资本结构不同时,其净资产收益率也不同。计算结果如表 4.7 所示。

由表 4.7 可以看出,当息税前利润率大于债务利息率时,加大负债比例会使净资产收益率大幅度提高。

表 4.7　财务杠杆利益分析表 2　（金额单位:元）

资产负债率	息税前利润	债务利息	所得税	税后利润	净资产收益率
40%	200 000	40 000	40 000	120 000	20%
70%	200 000	70 000	32 500	97 500	32.50%

财务风险是指企业为取得财务杠杆利益而利用负债资金时,导致破产机会的增加和每股收益大幅度变动所带来的风险。企业为取得财务杠杆利益,就要增加负债,要负担较多的债务成本,相应地要经受财务杠杆作用所引起的普通股收益变动较大的冲击。一旦企业息税前利润下降,企业的普通股收益就会下降得更快,当息税前利润不足以支付固定利息支出时,就会出现亏损,如果不能及时扭亏为盈,可能会导致破产。

表 4.8　甲、乙、丙公司的资本结构与财务风险

（金额单位:元）

项　　目	甲公司	乙公司	丙公司
普通股股本	2 000 000	1 000 000	500 000
公司债券（利息率 8%）	0	1 000 000	1 500 000
资本总额	2 000 000	2 000 000	2 000 000
计划息税前利润	200 000	200 000	200 000
实际息税前利润	60 000	60 000	60 000
债务利息	0	80 000	120 000
税前利润	60 000	-20 000	-60 000
所得税（25%）	15 000	0	0
税后利润	45 000	-20 000	-60 000
净资产收益率	2.25%	-2%	-12%

【例 4.16】 甲、乙、丙三家公司的资本总额均为 200 万元,甲公司没有负债,乙公司负债 100 万元,丙公司负债 150 万元。当息税前利润下降时,甲、乙、丙三家公司的财务风险比较如表 4.8 所示。

从表 4.8 中可以看出,甲公司没有负债,就没有财务风险;乙公司有负债,当息税前利润比计划减少,不足以支付债务利息时,就有了财务风险;丙公司负债比

重更大，当息税前利润比计划减少，不足以支付债务利息时，就有了更大的财务风险。由此可见，企业负债比重越大，财务杠杆效应越强，财务风险越大。

　　以上分析表明，财务杠杆是一把双刃剑，利用财务杠杆，可能产生好的效果，也可能产生坏的效果。当息税前利润率大于债务利息率时，能取得财务杠杆利益；当息税前利润率小于债务利息率时，会产生财务风险。企业财务管理人员可以通过合理安排资本结构，适度负债，来取得财务杠杆利益，控制财务风险。

四、总杠杆

1. 总杠杆含义

　　如前所述，由于存在固定的生产经营成本而产生经营杠杆效应，导致息税前利润的变动率大于产销业务量的变动率；由于存在固定的财务费用而产生财务杠杆效应，导致企业每股收益的变动率大于息税前利润的变动率。如果两种杠杆共同起作用，那么销售额稍有变动，每股收益就会发生更大的变动。这种由于固定生产经营成本和固定财务费用的共同存在而导致的每股收益变动大于产销业务量变动的杠杆效应，称为总杠杆，也称为复合杠杆或联合杠杆。

2. 总杠杆系数

　　只要企业存在固定的生产经营成本和固定的财务费用，就会存在总杠杆。但不同企业总杠杆作用的程度是不完全一样的，为此，需要对总杠杆进行计量。对总杠杆进行计量最常用的指标是总杠杆系数（DCL）。总杠杆系数是指每股收益变动率相当于产销业务量变动率的倍数。其理论公式为

$$DCL = \frac{每股收益变动率}{产销业务量变动率}$$

总杠杆系数与经营杠杆系数、财务杠杆系数的关系为

$$DCL = 经营杠杆系数 \times 财务杠杆系数$$

如果没有优先股，总杠杆系数的简化计算公式为

$$DCL = \frac{边际贡献}{息税前利润} \times \frac{息税前利润}{息税前利润 - 债务利息}$$
$$= \frac{边际贡献}{息税前利润 - 债务利息}$$

式中，总杠杆系数为报告期值，其余均为基期值。

表 4.9　总杠杆系数计算分析表

（金额单位：元）

项　目	20×6 年	20×7 年
销售收入	10 000	12 000
变动成本	4 000	4 800
边际贡献	6 000	7 200
固定成本	4 000	4 000
息税前利润	2 000	3 200
债务利息	800	800
所得税（25%）	300	600
税后利润	900	1 800
发行在外的普通股股数（股）	1 000	1 000
每股收益	0.9	1.8

【例 4.17】某企业有关资料如表 4.9 所示，计算其总杠杆系数。

　　根据表 4.9 中的数据和理论公式，可求出该企业 20×7 年的总杠杆系数：

$$DCL = \frac{(1.8 - 0.9)/0.9}{(12\ 000 - 10\ 000)/10\ 000} = \frac{1}{0.2} = 5$$

根据简化公式，求得该企业 20×7 年的总杠杆系数：

$$DCL = \frac{6\ 000}{2\ 000 - 800} = 5$$

计算结果表明，两个公式计算出的结果完全相同。同理，可根据 20×7 年的资料求得 20×8 年的总杠杆系数：

$$DCL = \frac{7\ 200}{3\ 200 - 800} = 3$$

3. 总杠杆与企业总风险的关系

在总杠杆的作用下，当企业经济效益好时，每股收益大幅度上升；当企业经济效益差时，每股收益大幅度下降。企业总杠杆系数越大，每股收益的波动幅度越大。由于总杠杆作用而使每股收益大幅度波动而造成的风险，称为总风险。在其他因素不变的情况下，总杠杆系数越大，总风险越大；总杠杆系数越小，总风险越小。

由于总杠杆系数是经营杠杆系数与财务杠杆系数的乘积，所以经营杠杆与财务杠杆可以按许多方式联合，以得到一个理想的总杠杆系数和总风险。例如，经营杠杆较高的公司可以在较低的程度上使用财务杠杆，经营杠杆较低的公司可以在较高的程度上使用财务杠杆等。

第四节　资　本　结　构

资本结构及其管理是企业筹资管理的核心问题。如果企业现有的资本结构不合理，应通过筹资活动优化资本结构，使其趋于科学合理。

一、资本结构的含义

资本结构是指企业资本总额中各种资本的构成及其比例关系。企业资本结构是由企业采用各种筹资方式筹集资金而形成的。各种筹资方式的不同组合类型决定着企业资本结构及其变化。企业筹资方式虽然很多，但总的来看分为债务筹资和股权筹资两类。因此，资本结构问题总的来说是债务资本的比例问题，即债务资本在企业全部资本中所占的比重。

筹资管理中，资本结构有广义和狭义之分。广义的资本结构是指全部债务与股东权益的构成比例，狭义的资本结构则是指长期负债与股东权益的构成比例。本书所指的资本结构是指狭义的资本结构。

不同的资本结构会给企业带来不同的后果。企业利用债务资本进行举债经营具有双重作用，既可以发挥财务杠杆效应，也可能带来财务风险。因此企业必须权衡财务风险和资本成本的关系，确定最佳的资本结构。

二、影响资本结构的因素

资本结构，是一个产权结构问题，是社会资本在企业经济组织形式中的资源配置结果。资本结构的变化，将直接影响社会资本所有者的利益。影响资本结构的基本因素主要有以下几个方面。

1. 企业经营状况的稳定性和成长率

企业产销业务量的稳定程度对资本结构有重要影响。如果企业的产销业务量稳定，使用具有固定财务费用的债务筹资，就会扩大普通股的每股收益；如果企业的产销业务量有波动性，则负担固定的财务费用将冒较大的财务风险。如果产销业务量能够以较高的水平增长，企业可以采用高负债的资本结构，以提高权益资本的报酬。

2. 企业的财务状况和信用等级

企业财务状况良好，信用等级高，债权人愿意向企业提供信用，企业容易获得债务资金。相反，如果企业财务状况欠佳，信用等级不高，债权人投资风险大，这样会降低企业获得信用的能力，加大债务资本成本。

3. 企业的资产结构

企业的资产结构会影响企业的资本结构。拥有大量固定资产的企业主要通过长期负债和发行股票筹集资金；拥有较多流动资产的企业，更多依赖流动负债来筹集资金；资产适用于抵押贷款的企业（如房地产公司等）负债较多；以技术研究开发为主的公司则负债很少。

4. 企业所有者和管理人员的态度

如果企业的股票被众多投资者持有，谁也没有绝对的控制权，可能会更多地采用发行股票的方式筹集资金，因为企业所有者并不担心控制权旁落。反之，如果企业被少数股东控制，为了保证其绝对的控制权，一般会尽量避免普通股筹资，而是采用优先股或负债方式筹资。管理人员对待风险的态度，也是影响资本结构的重要因素。喜欢冒险的管理人员可能会安排比较多的负债，稳健的管理人员则会安排较少的债务。

5. 行业特征和企业发展周期

不同行业的资本结构有很大差别。财务经理必须考虑本企业所处的行业，以便考虑最佳的资本结构。同一企业不同发展阶段，资本结构安排不同。企业初创阶段，经营风险高，应控制负债比例；企业发展成熟阶段，产销业务量稳定，经营风险低，可适度增加负债比例；企业收缩阶段，经营风险逐步加大，应逐步降低债务资金比重。

6. 经济环境的税务政策与货币政策

政府调控经济的手段包括财政税收政策和货币金融政策。企业利用负债可以获得减税利益，所得税税率越高，负债经营的好处就越多；反之，如果税率很低，负债的减税利益就不十分明显。利率水平的变动趋势也会影响企业的资本结构。如果利率暂时较低，预计不久的将来有可能上升，可以大量发行长期债券，从而在若干年内把利率固定在较低的水平。

三、资本结构优化

从上述分析可知，负债资金具有双重作用：适当利用负债，可以降低企业资本成本和产生财务杠杆利益；但当企业负债比率太高时，会带来较大的财务风险。为此，企业必须权衡利弊，确定最佳的资本结构。所谓最佳资本结构，是指在一定条件下使企业加权平均资本成本最低、企业价值最大的资本结构。

从理论上讲，最佳资本结构是存在的，但由于企业内部条件和外部环境经常发生变化，寻找最佳资本结构十分困难。下面我们探讨有关资本结构优化的决策方法，常用的决策方法主要有平均资本成本比较法和每股收益分析法。

1. 平均资本成本比较法

平均资本成本比较法是指企业在做出筹资决策之前，先拟定若干个筹资方案，分别计算不同筹资方案的加权平均资本成本，并根据加权平均资本成本的高低来确定资本结构的方法。

【例4.18】 某企业拟筹资建设一新项目，投资总额为500万元，拟定了三个筹资方案，其资本结构如下：

甲方案，长期借款 100 万元，债券 100 万元，普通股 300 万元；

乙方案，长期借款 100 万元，债券 150 万元，普通股 250 万元；

丙方案，长期借款 150 万元，债券 150 万元，普通股 200 万元。

甲、乙、丙三种筹资方案所对应的资本成本分别为长期借款 6%、债券 10%、普通股 12%。试分析选择资本结构最佳的方案。

各方案的平均资本成本计算如下：

$$甲方案的平均资本成本 = \frac{100}{500} \times 6\% + \frac{100}{500} \times 10\% + \frac{300}{500} \times 12\% = 10.4\%$$

$$乙方案的平均资本成本 = \frac{100}{500} \times 6\% + \frac{150}{500} \times 10\% + \frac{250}{500} \times 12\% = 10.2\%$$

$$丙方案的平均资本成本 = \frac{150}{500} \times 6\% + \frac{150}{500} \times 10\% + \frac{200}{500} \times 12\% = 9.6\%$$

根据计算结果，丙方案的平均资本成本最低，所以丙方案为资本结构最佳的方案。

平均资本成本比较法通俗易懂，是确定资本结构的一种常用方法。但因所拟定的方案数量有限，故有可能把最优方案漏掉。

2. 每股收益分析法

资本结构是否合理可以通过分析每股收益（EPS）的变化来衡量，能提高每股收益的资本结构是合理的，反之则不够合理。每股收益的大小不仅受资本结构的影响，还受息税前利润（EBIT）的影响。因此，将每股收益和息税前利润作为分析确定企业资本结构的两大要素。处理资本结构、每股收益和息税前利润三者之间的关系，可以运用每股收益分析法。每股收益分析法是将每股收益和息税前利润这两大要素结合起来，分析资本结构与每股收益之间的关系，进而确定最佳资本结构的方法。

一般地，当企业实现的息税前利润足够大时，企业多负债有助于提高每股收益；反之则会导致每股收益下降。那么，究竟息税前利润为多大时负债有利，息税前利润为多小时发行普通股有利呢？为此，我们就要求得每股收益的无差别点，即每股收益不受筹资方式影响的息税前利润。其计算公式为

$$\frac{(EBIT - I_1) \times (1 - T)}{N_1} = \frac{(EBIT - I_2) \times (1 - T)}{N_2}$$

式中，EBIT 为每股收益无差别点的息税前利润；I_1、I_2 为两种筹资方式下的年利息；N_1、N_2 为两种筹资方式下的流通在外的普通股股数；T 为所得税税率。

每股收益无差别点的息税前利润计算出来以后，可与预期的息税前利润进行比较，据以选择筹资方式。当预期的息税前利润大于每股收益无差别点的息税前利润时，应采用负债筹资方式；当预期的息税前利润小于每股收益无差别点的息税前利润时，应采用普通股筹资方式。由于这种方法需要计算每股收益无差别点，因此又称每股收益无差别点法。

【例 4.19】某公司现有资产总额 2 000 万元，负债比率为 40%，年利率为 8%，普通股为 100 万股。现拟筹集 400 万元扩大生产规模。新增资金可以利用发行普通股筹集，也可以利用发行债券筹集。若发行普通股，则计划以每股 10 元的价格发行 40 万股；若发行债券，则以 10% 的年利率发行 400 万元。假定增加资金后预期息税前利润为 500 万元，所得税税率为 25%，采用每股收益分析法计算分析应选择何种筹资方式。

首先计算每股收益无差别点，根据资料计算如下：

$$\frac{(EBIT-64)\times(1-25\%)}{100+40}=\frac{(EBIT-64-40)\times(1-25\%)}{100}$$

$$EBIT=204（万元）$$

此时的每股收益为

$$EPS=\frac{(204-64)\times(1-25\%)}{100+40}=0.75（元）$$

当息税前利润等于 204 万元时，采用负债方式和发行股票方式筹资都是一样的；当息税前利润大于 204 万元时，采用负债方式筹资更有利；当息税前利润小于 204 万元时，采用发行股票方式筹资更有利。该公司增加资金后预期息税前利润为 500 万元，大于无差别点的息税前利润 204 万元，故应采用发行债券的筹资方式。

上述结论可通过绘制分析图加以证明，如图 4.1 所示。

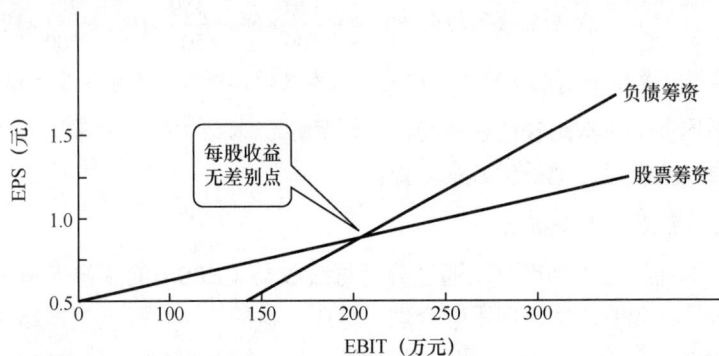

视野拓展

资本结构实例

图 4.1　EBIT-EPS 分析图

由图 4.1 可以看出，当息税前利润为 204 万元时，两种筹资方式的每股收益相等，两种筹资方式均可；当息税前利润大于 204 万元时，采用负债筹资方式的每股收益大于普通股筹资方式的每股收益，故应采用负债筹资方式；当息税前利润小于 204 万元时，采用普通股筹资方式的每股收益大于负债筹资方式的每股收益，故应采用普通股筹资方式。

每股收益分析法以每股收益最大为分析起点，直接将资本结构与企业财务目标、企业市场价值等相关因素结合起来，是企业在追加筹资时经常采用的一种决策方法。但这种分析方法只考虑了资本结构对每股收益的影响，并假定每股收益最大，股票价格也就最高，没有考虑资本结构对风险的影响，是不全面的。因为随着负债的增加，投资者的风险加大，股票价格和企业价值也会有下降的趋势，所以单纯使用每股收益分析法有时会做出错误的决策。因此，企业在进行资本结构决策时，要权衡利弊，统筹安排。

★ 提炼点睛 ★

当预期的息税前利润大于每股收益无差别点的息税前利润时，应采用负债筹资方式；当预期的息税前利润小于每股收益无差别点的息税前利润时，应采用普通股筹资方式。

上述资本结构的决策方法可以有效地帮助财务管理人员确定合理的资本结构，但这些方法并不能当作绝对的判断标准，应用这些方法时，还应结合影响资本结构的各种因素综合分析，以便合理地确定资本结构。

同步训练

一、单项选择题

1. 预测资金需要量常用的定量预测法不包括（　　　　）。

A. 因素分析法　　B. 销售百分比法　　C. 资金习性预测法　　D. 定性预测法

2. 经营杠杆给企业带来的风险是指（　　）。

    A. 成本上升的风险

    B. 利润下降的风险

    C. 业务量变动导致息税前利润更大变动的风险

    D. 业务量变动导致息税前利润同比例变动的风险

3. 财务杠杆说明（　　）。

    A. 息税前利润变动对每股收益的影响　　B. 企业经营风险的大小

    C. 销售收入的增加对每股收益的影响　　D. 可通过扩大销售影响息税前利润

4. 调整企业资本结构并不能（　　）。

    A. 降低财务风险　　B. 降低经营风险　　C. 降低资本成本　　D. 增强融资弹性

5. 财务杠杆系数同企业资本结构密切相关，支付固定性资本成本的债务资产所占比重越大，企业的财务杠杆系数（　　）。

    A. 越小　　　　B. 越大　　　　C. 不变　　　　D. 反比例变化

6. 债券成本一般要低于普通股成本，这主要是因为（　　）。

    A. 债券的发行量小　　　　　　　　B. 债券的筹资费用少

    C. 债券的利息固定　　　　　　　　D. 债券风险小，且利息具有抵税效应

7. 某公司销售收入为 500 万元，变动成本率为 40%，经营杠杆系数为 1.5，财务杠杆系数为 2。如果固定成本增加 50 万元，那么总杠杆系数将变为（　　）。

    A. 8　　　　　　B. 4　　　　　　C. 3　　　　　　D. 6

8. 每股收益无差别点是指两种筹资方案下，普通股每股收益相等时的（　　）。

    A. 成本总额　　B. 筹资总额　　C. 资本结构　　D. 息税前利润

9. 对企业财务杠杆进行计量最常用的指标是（　　）。

    A. 息税前利润变动率　　　　　　　B. 普通股每股利润变动率

    C. 财务杠杆系数　　　　　　　　　D. 财务杠杆

10. 最佳资本结构是指在一定条件下使（　　）的资本结构。

    A. 企业加权平均资金成本最低、企业价值最大

    B. 企业加权平均资金成本最低、企业价值最小

    C. 企业加权平均资金成本最高、企业价值最大

    D. 企业加权平均资金成本最高、企业价值最小

二、多项选择题

1. 企业资金需要量预测的方法有（　　）。

    A. 因素分析法　　B. 销售百分比法　　C. 资金习性预测　　D. 定性预测法

2. 边际贡献可按以下公式计算（　　）。

    A. 销售收入-变动成本　　　　　　B. 销售收入-变动成本-固定成本

    C.（销售单价-单位变动成本）×产销量　　D. 单位边际贡献×产销量

3. 复合杠杆系数（　　）。

    A. 指每股收益变动率相当于业务量变动率的倍数

B. 等于经营杠杆系数与财务杠杆系数之积

C. 反映息税前利润随业务量变动的剧烈程度

D. 反映每股收益随息税前利润变动的剧烈程度

4. 关于经营杠杆系数，下列说法正确的有（   ）。

A. 其他因素不变时，固定成本越大，经营杠杆系数越大

B. 当固定成本趋于 0 时，经营杠杆系数趋于 1

C. 在其他因素一定的条件下，产销量越大，经营杠杆系数越大

D. 经营杠杆系数同固定成本成反比

5. 影响财务杠杆系数的因素有（   ）。

A. 息税前利润　　B. 固定成本　　　　C. 利息　　　　　　D. 所得税税率

6. 影响企业加权平均资本成本的因素有（   ）。

A. 资本结构　　　B. 个别资本成本高低　C. 筹资资本总额　　D. 筹资期限长短

7. 固定成本的特点是在相关范围内（   ）。

A. 总额固定　　　　　　　　　　　B. 单位额固定

C. 总额随业务量反比例变动　　　　D. 单位额随业务量反比例变动

8. 下列项目中，属于资本成本中筹资费用内容的有（   ）。

A. 借款手续费　　B. 债券利息　　　　C. 债券发行费　　　D. 股利

9. 在个别资金成本中，须考虑所得税因素的有（   ）。

A. 债券成本　　　B. 银行借款成本　　C. 留存收益成本　　D. 普通股成本

10. 将息税前利润同每股收益联系起来，分析资本结构与每股收益之间的关系，从而确定合理的资本结构的方法，称为（   ）。

A. 对比分析法　　　　　　　　　　B. 因素分析法

C. 每股收益分析法　　　　　　　　D. 每股收益无差别点法

三、判断题

1. 资本成本包括筹资费用和用资费用两部分，其中筹资费用是资本成本的主要内容。

（　　）

2. 当预计息税前利润小于每股收益无差别点利润时，采取负债筹资对企业有利，这样可降低资本成本。（　　）

3. 当经营杠杆系数和财务杠杆系数都为 1.5 时，总杠杆系数为 3。（　　）

4. 资本结构的变动不会引起资金总额的变动。（　　）

5. 在财务杠杆、经营杠杆、复合杠杆三项杠杆中，作用力最强、效用最大的是复合杠杆。

（　　）

6. 最佳的资本结构是使企业筹资能力最强、财务风险最小的资本结构。（　　）

7. 在个别资本成本一定的情况下，企业综合资本成本的高低取决于资金总额。（　　）

8. 在一定的业务量范围内，固定成本总额不随业务量的增减而变动。（　　）

9. 财务杠杆系数是由企业资本结构决定的，财务杠杆系数越大，财务风险越大。（　　）

10. 由于存在固定的生产经营成本，所以产生经营杠杆作用；由于存在固定的财务成本，所以产生财务杠杆作用。（　　）

四、计算分析题

（一）练习资金需要量的预测

【资料】大众公司 20×7 年 12 月 31 日的资产负债表如表 4.10 所示。该公司 20×7 年的销售收入为 100 000 元，销售净利率为 12%，现在还有剩余生产能力，即增加收入不需要进行固定资产投资，此外，流动负债中的应付费用、应付账款均随销售收入的增加而增加。20×8 年企业预计销售收入为 150 000 元，股利支付率为 60%，其他条件不变。

【要求】预测 20×8 年企业需要从外部筹集的资金。

表 4.10　资产负债表

20×7 年 12 月 31 日 （单位：元）

资　产	金额	负债及所有者权益	金额
货币资金	3 000	短期借款	5 000
应收账款	36 000	应付账款	16 000
存　货	24 000	短期借款	15 000
固定资产	46 000	公司债券	23 000
		实收资本	40 000
		留存收益	10 000
合　计	109 000	合　计	109 000

（二）练习资本成本的计算

【资料】某公司拟筹资 500 万元，其中按面值发行债券 200 万元，票面利率为 10%，筹资费用率为 2%；发行普通股 300 万股，筹资费用率为 5%，预计第一年股利支付率为 12%，以后每年按 4% 递增，所得税税率为 25%。

【要求】1．计算债券资本成本；

2．计算普通股资本成本；

3．计算综合资本成本。

（三）练习财务杠杆的计算

【资料】某企业只生产一种产品，产量为 20 000 件，单价为 10 元，固定成本为 40 000 元，单位变动成本为 6 元。负债利息费用为 10 000 元。所得税税率 25%。

【要求】1．计算单位边际贡献、边际贡献总额；

2．计算该公司的经营杠杆系数、财务杠杆系数和总杠杆系数；

3．若今年销售收入增加 10%，计算息税前利润和净利润的增长率。

五、综合分析题

【资料】某公司目前发行在外的普通股为 100 万股，每股面值为 1 元，公司债券为 400 万元，利率为 10%。该公司打算为一个新项目筹资 500 万元，新项目投产后预计每年的息税前利润为 200 万元。现有两个方案可供选择：方案一，按 12% 的利率发行债券 500 万元；方案二，按每股 20 元的价格发行新股。公司的所得税税率 25%。

【要求】1．计算两个方案的每股收益；

2．计算两个方案的每股收益无差别点；

3．计算两个方案的财务杠杆系数；

4．判断哪个方案最优。

第五章 投资管理

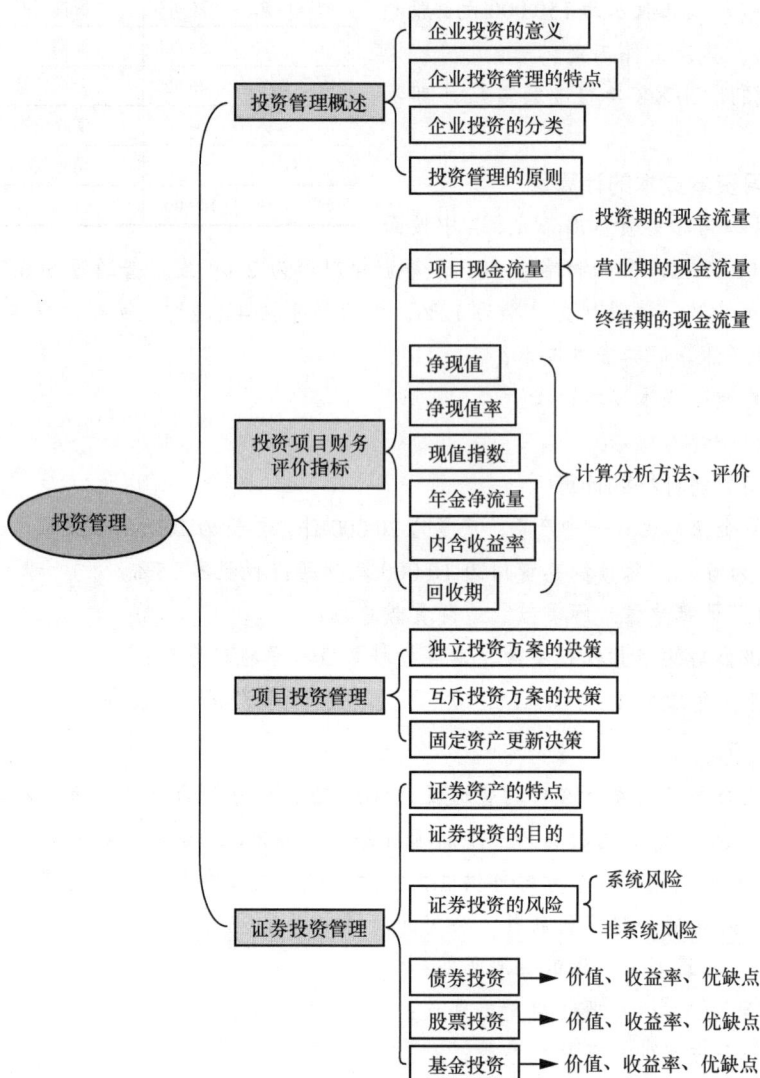

投资管理概述
- 企业投资的意义
- 企业投资管理的特点
- 企业投资的分类
- 投资管理的原则

项目现金流量
- 投资期的现金流量
- 营业期的现金流量
- 终结期的现金流量

投资项目财务评价指标
- 净现值
- 净现值率
- 现值指数
- 年金净流量
- 内含收益率
- 回收期

计算分析方法、评价

项目投资管理
- 独立投资方案的决策
- 互斥投资方案的决策
- 固定资产更新决策

证券投资管理
- 证券资产的特点
- 证券投资的目的
- 证券投资的风险
  - 系统风险
  - 非系统风险
- 债券投资 → 价值、收益率、优缺点
- 股票投资 → 价值、收益率、优缺点
- 基金投资 → 价值、收益率、优缺点

引导案例

无锡尚德光伏产业投资案例

无锡尚德太阳能电力有限公司（以下简称"无锡尚德"）由施正荣博士于 2001 年 1 月建立，是一家集研发、生产、销售于一体的外商独资高新技术光伏企业，主要从事晶体硅太阳电池、组件、光伏系统工程、光伏应用产品的研究、制造和销售，业务遍布全球。2002 年 9 月，无锡尚德第一条年产 10

兆瓦的太阳能电池生产线正式投入生产，产能相当于此前中国光伏电池产量 4 年的总和，将中国与国际光伏产业的差距缩短了整整 15 年。2004 年，无锡尚德被评为全球前十位太阳能电池制造商。无锡尚德于 2005 年 12 月上市，成为第一家在纽约股票交易市场成功上市的中国民营企业。2006 年 12 月，无锡尚德年产能力达到 300 兆瓦，跻身全球光伏电池制造企业前三强。然而 2011 年以后，无锡尚德的形势急转直下，资产负债率已高达 81.8%。2013 年 3 月 18 日，无锡尚德的债权银行联合向无锡市中级人民法院递交无锡尚德破产重整申请。经法院审查，鉴于无锡尚德无法归还到期债务，无锡市中级人民法院依据《中华人民共和国企业破产法》相关规定，于 2013 年 3 月 20 日正式裁定对无锡尚德实施破产重整。

纵观无锡尚德的投资过程，初始依靠风险投资实现了超常规发展，然而投资过程中也有失误。一是 2006 年无锡尚德与 MEMC 签订期限 10 年、总金额 60 多亿美元的采购合同，后来多晶硅价格暴跌，无锡尚德不得不以 2.12 亿美元的代价，终止与 MEMC 的合约。二是在薄膜光伏领域双线作战，且投资目的反复改变。一方面，在碲化镉薄膜电池项目上投资数亿元进行研发；另一方面，以 3 亿美元的投资在上海建造传统薄膜电池工厂。然而，工厂建好后，却又以市场需求变化为由，将其改建为晶硅电池工厂，这般反复导致损失数亿元投资。三是在薄膜电池研发方面成效不佳，导致研发投资灰飞烟灭。

由于过度扩张和数项投资失误，加上 2011 年、2012 年光伏市场陷入低谷，无锡尚德资金链断裂，只得破产重组，2014 年被顺风光电并购。

投资是一项复杂的工程，长期稳定的成功投资并非一日之功。在本章中，我们先学习投资的基本知识，为将来的实践打好基础。

第一节　投资管理概述

广义上，投资是指特定经济主体（包括政府、企业和个人）以本金回收并获利为基本目的，将货币、实物资产等作为资本投放于某一具体对象，以在未来期间内获取预期经济利益的经济行为。从企业角度看，投资是企业为获取未来收益而向一定对象投放资金的经济行为。

一、企业投资的意义

企业需要通过投资配置资产，从而形成生产能力，取得未来的经济利益。

1. 投资是企业生存与发展的基本前提

通过投资，企业购建流动资产和长期资产，形成生产条件和生产能力。通过投资，可以确立企业经营方向，配置各类资产，并将它们有机地结合起来，形成企业的综合生产经营能力。如果企业想要进军一个新兴行业，或者开发一种新产品，都需要先进行投资。因此，投资决策的正确与否，直接关系到企业的兴衰成败。

2. 投资是企业获取利润的基本前提

通过投资形成生产经营能力，企业可以开展具体的经营活动，获取经营利润。那些以购买股票、债券等有价证券方式对其他单位的投资，可以通过取得股利或债息来获取投资收益，也可以通过转让证券来获取资本利得；除购买股票、债券外，企业也可通过购买基金的方式获得基金收益。

3. 投资是企业风险控制的重要手段

企业经营面临着各种风险，有来自市场竞争的风险，有资金周转的风险，还有原材料涨价等成本风险。通过投资，可以将资金投向企业生产经营的薄弱环节，使企业的生产经营能力配套、平衡、协调。通过投资，可以实现多元化经营，将资金投放于与经营相关程度较低的不同产品或不同行业，分散风险，增强资产的安全性。

二、企业投资管理的特点

企业的投资活动与经营活动是不同的，投资活动对企业经济利益有长期影响。企业投资涉及的资金多、经历的时间长，对企业未来的财务状况和经营活动都有较大的影响。与日常经营活动相比，企业投资的主要特点表现如下。

1. 属于企业的战略性决策

企业的投资活动一般涉及企业未来的经营发展方向、生产能力与规模等问题，如厂房设备的新建与更新、新产品的研制与开发、对其他企业的股权控制等。这些投资活动，直接影响企业未来的经营发展规模和方向。企业的投资活动往往需要一次性投入大量的资金，并在一段较长的时期内发挥作用，对企业经营活动的方向产生重大影响。

2. 属于企业的非程序化管理

企业有些经济活动往往不会经常性地重复出现，如新产品开发、设备更新、企业兼并等，称为非例行性活动。非例行性活动只能针对具体问题，按特定的影响因素、相关条件和具体要求来进行审查和抉择。对这类非重复性特定经济活动进行的管理，称为非程序化管理，而企业投资活动往往属于非程序化管理，体现为涉及资金数额较大、投资项目影响的时间较长、涉及企业的未来经营发展方向和规模等重大问题。

3. 投资价值的波动性大

由于投资标的物资产的形态不断转换，使得投资活动未来收益的获得具有较强的不确定性，加之外部因素如市场利率、物价等的变化，使其价值具有较强的波动性。因此，企业进行投资管理决策时，要充分考虑投资项目的时间价值和风险价值。

三、企业投资的分类

将企业投资进行科学分类，有利于分清投资的性质，按不同的特点和要求进行投资决策，加强投资管理。

1. 直接投资和间接投资

按投资活动与企业生产经营活动的关系，企业投资可分为直接投资和间接投资。

直接投资是指将资金直接投放于形成生产经营能力的实体性资产，直接谋取经营利润的企业投资。

间接投资是指将资金投放于股票、债券等资产上的企业投资。发行方筹集到资金后，把资金投放于形成生产经营能力的实体性资产，获取经营利润；而间接投资方不直接介入具体生产经营过程，而是通过获取股利或利息，分享经营利润。

2. 项目投资和证券投资

按投资对象的存在形态和性质，企业投资可分为项目投资和证券投资。

项目投资是指企业购买具有实质内涵的经营资产，开展实质性的生产经营活动，谋取经营利润的投资。项目投资属于直接投资。

证券投资是指企业购买证券资产，间接控制被投资企业的生产经营活动，获取投资收益的投资。证券投资属于间接投资。

直接投资和间接投资、项目投资和证券投资，两种投资分类方式的内涵和范围是一致的，只是分类角度不同。

3. 对内投资和对外投资

按资金投出的方向，企业投资可分为对内投资和对外投资。

对内投资是指在本企业范围内部的资金投放，用于购买和配置各种生产经营所需的经营性资产。

对外投资是指向本企业范围以外的其他单位的资金投放，通过购买有价证券或其他金融产品，或以货币资金、实物资产、无形资产等形式，向其他单位投放资金。

4. 独立投资和互斥投资

按投资项目之间的相互关联关系，企业投资可以分为独立投资和互斥投资。

独立投资是指各个投资项目之间互不关联、互不影响，可以同时存在的投资。如建造一个饮料厂和建造一个纺织厂，它们之间并不冲突，可以同时进行。

互斥投资是指各个投资项目之间相互关联、相互替代，不能同时存在的投资。如对企业现有设备进行更新，购买新设备就必须处置旧设备，它们之间是互斥的。

5. 发展性投资与维持性投资

按投资活动对企业未来生产经营前景的影响，企业投资可以划分为发展性投资和维持性投资。

发展性投资是指对企业未来的生产经营发展全局有重大影响的企业投资。发展性投资也可以称为战略性投资，如企业间兼并合并的投资、转换新行业和开发新产品投资、大幅度扩大生产规模的投资等。

维持性投资是为了维持企业现有的生产经营正常顺利进行、不会改变企业未来生产经营发展全局的企业投资。维持性投资也可以称为战术性投资，如更新替换旧设备的投资、配套流动资产投资等。

四、投资管理的原则

投资管理程序包括投资计划制订、可行性分析、过程控制、投资后评价等。为了适应投资项目的特点和要求，实现投资管理的目标，做出合理的投资决策，需要制定投资管理的基本原则，据以保证投资活动的顺利进行。

1. 可行性分析原则

投资项目的金额大，资金占用时间长，一旦投资后具有不可逆转性，对企业的财务状况和经营前景影响重大。因此，在投资决策之时，必须进行科学的可行性分析，其主要任务是对投资项目实施的可行性进行科学的论证，主要包括环境可行性、技术可行性、市场可行性、财务可行性等方面。对项目实施后未来的运行和发展前景进行预测，并进行定性分析和定量分析来比较项目的优劣，可以为投资决策提供参考。

2. 结构平衡原则

由于投资往往是一个综合性项目，不仅涉及固定资产的购建，还涉及流动资产的配置。同时，由于受资金来源的限制，投资也常常会遇到资金需求超过资金供应的矛盾。如何合理配置资源，使有限的资金发挥最大的效用，是投资管理中资金投放所面临的重要问题。只有遵循结构平衡原则，投资项目实施后才能正常顺利地运行，才能避免资源的闲置和浪费。

3. 动态监控原则

投资的动态监控，是指对投资项目实施过程中的进程控制。建设性投资项目应当按工程进度，对分项工程、分步工程、单位工程的完成情况，逐步进行资金拨付和资金结算，控制工程的资金耗费，防止资金浪费。金融资产投资项目则要广泛收集投资对象和资本市场的相关信息，全面了解被投资单位的财务状况和经营成果，动态地估算投资价值，保护自身的投资权益。

第二节　投资项目财务评价指标

投资项目决策的分析评价，需要采用一些专门的评价指标和方法。常用的财务可行性评价指标有净现值、净现值率、现值指数、年金净流量、内含收益率和回收期等，围绕这些指标进行投资项目财务评价就产生了净现值法、内含收益率法、回收期法等评价方法。同时，按照是否考虑了货币时间价值来分类，这些评价指标可以分为静态评价指标和动态评价指标。考虑了货币时间价值因素的称为动态评价指标，没有考虑货币时间价值因素的称为静态评价指标。

一、项目现金流量

现金流量是投资项目财务可行性分析的主要分析对象，净现值、内含收益率、回收期等财务评价指标，均是以现金流量为对象进行可行性评价的。利润只是期间财务报告的结果，对于投资方案财务可行性来说，项目的现金流量状况比会计期间盈亏状况更为重要。一个投资项目能否顺利进行，有无经济效益，不一定取决于有无会计期间利润，而在于能否带来正现金流量，即整个项目能否获得超过项目投资的现金回收。

由一项长期投资方案所引起的在未来一定期间所发生的现金收支，叫作现金流量。其中，现金收入称为现金流入量，现金支出称为现金流出量，现金流入量与现金流出量相抵后的金额，称为现金净流量。

在一般情况下，投资决策中的现金流量通常指现金净流量（NCF）。这里所谓的现金，既指库存现金、银行存款等货币性资产，也可以指相关非货币性资产（如原材料、设备等）的变现价值。

投资项目从整个经济生命周期来看，大致可以分为三个阶段：投资期、营业期、终结期，现金流量的各个项目也可归到各个阶段之中。

（一）投资期的现金流量

投资阶段的现金流量主要是现金流出量，即在该投资项目上的原始投资，包括在长期资产上的投资和垫支的营运资金。

1. 长期资产投资

长期资产投资包括在固定资产、无形资产、递延资产等长期资产上的购入、建造、运输、安装、试运行等方面所需的现金支出，如购置成本、运输费、安抚费等。

2. 营运资金垫支

营运资金垫支是指投资项目形成了生产能力，需要在流动资产上追加的投资。由于扩大了企业生产能力，原材料、在产品、产成品等流动资产规模也随之扩大，所以需要追加投入日常营运资金。同时，企业营业规模扩大后，应付账款等结算性流动负债也随之增加，自动补充了一部分日常营运需要的资金。因此，为该投资垫支的营运资金是流动资产扩大量与结算性流动负债扩大量的净差额。

（二）营业期的现金流量

营业阶段是投资项目的主要阶段，该阶段既有现金流入量，也有现金流出量。现金流入量主要是营运各年的营业收入，现金流出量主要是营运各年的付现营运成本。

在正常营业阶段，营运各年的营业收入和付现营运成本数额比较稳定，如不考虑所得税因素，营业阶段各年现金净流量（NCF）一般为

$$NCF=营业收入-付现成本$$
$$=营业利润+非付现成本$$

式中，非付现成本主要是固定资产年折旧费用、长期资产摊销费用（如跨年的大修理支出摊销费用、改良工程折旧摊销费用、筹建费摊销费用等）、资产减值损失等。

所得税是投资项目的现金支出，即现金流出量。考虑所得税对投资项目现金流量的影响，投资项目正常营运阶段所获得的营业现金净流量，可按下列公式进行测算：

$$NCF=营业收入-付现成本-所得税$$
$$=税后营业利润+非付现成本$$
$$=收入\times（1-所得税税率）-付现成本\times（1-所得税税率）+非付现成本\times所得税税率$$

（三）终结期的现金流量

终结阶段的现金流量主要是现金流入量，包括固定资产变价净收入、固定资产变现净损益对现金净流量的影响和垫支营运资金的收回。

1. 固定资产变价净收入

投资项目在终结阶段，原有固定资产将退出生产经营，企业对固定资产进行清理处置。固定资产变价净收入，是指固定资产出售或报废时的出售价款或残值收入扣除清理费用后的净额。

2. 固定资产变现净损益对现金净流量的影响

固定资产变现净损益对现金净流量的影响用公式表示如下：

固定资产变现净损益对现金净流量的影响=（账面价值-变价净收入）×所得税税率

式中，账面价值指的是固定资产账面原值与变现时按照税法规定计提的累计折旧的差额。如果变现时，按照税法的规定，折旧已经全部计提，则变现时固定资产账面价值等于税法规定的净残值；如果变现时，按照税法的规定，折旧没有全部计提，则变现时固定资产账面价值等于税法规定的净残值与剩余的未计提折旧之和。

如果（账面价值-变价净收入）>0，则意味着发生了变现净损失，可以抵税，减少现金流出，增加现金净流量。如果（账面价值-变价净收入）<0，则意味着实现了变现净收益，应该纳税，增加现金流出，减少现金净流量。

3. 垫支营运资金的收回

伴随着固定资产的出售或报废，投资项目的经济寿命结束，企业将与该项目相关的存货出售，应收账款收回，应付账款也随之偿付，营运资金恢复到原有水平，在项目开始时垫支的营运资金在项目结束时得到回收。

在实务中，对某一投资项目在不同时点上现金流量数额的测算，通常通过编制"投资项目现金流量表"进行。由于所得税的影响，需要在所得税基础上考虑税后收入、税后付现成

本以及非付现成本抵税对营业现金流量的影响。

【例 5.1】 某公司计划增添一条生产线，现有甲、乙两个方案可供选择。甲方案需要投资 50 万元，预计使用寿命为 5 年，折旧采用直线法，预计残值为 2 万元，预计年销售收入为 100 万元，第 1 年付现成本为 66 万元，以后在此基础上每年增加维修费 1 万元。项目投入运营时，需垫支营运资金 20 万元。企业所得税税率为 25%。

根据以上资料，甲方案的现金流量计算如表 5.1 和表 5.2 所示。表 5.1 列示的是甲方案营业期间现金流量的具体测算过程，表 5.2 列示的是甲方案投资项目每年的现金流量。

表 5.1   甲方案营业期现金流量计算表   （单位：万元）

项　　目	第 1 年	第 2 年	第 3 年	第 4 年	第 5 年
销售收入（1）	100	100	100	100	100
付现成本（2）	66	67	68	69	70
折旧（3）	9.60	9.60	9.60	9.60	9.60
营业利润（4）=（1）－（2）－（3）	24.40	23.40	22.40	21.40	20.40
所得税（5）=（4）×25%	6.10	5.85	5.60	5.35	5.10
税后营业利润（6）=（4）－（5）	18.30	17.55	16.80	16.05	15.30
营业现金净流量（7）=（6）+（3）	27.90	27.15	26.40	25.65	24.90

表 5.2   甲方案投资项目现金流量计算表   （单位：万元）

项　　目	第 0 年	第 1 年	第 2 年	第 3 年	第 4 年	第 5 年
固定资产投资	（50）					
营运资金垫支	（20）					
营业现金流量		27.90	27.15	26.40	25.65	24.90
固定资产残值						2
营运资金回收						20
现金流量合计	（70）	27.90	27.15	26.40	25.65	46.90

注：带有括号的为现金流出量，表示负值；没有带括号的为现金流入量，表示正值。下同。

【例 5.2】 某公司计划增添一条生产线，现有甲、乙两个方案可供选择。乙方案需要投资 75 万元，预计使用寿命为 5 年，折旧采用直线法，预计残值为 3 万元，预计年销售收入为 140 万元，年付现成本为 105 万元。项目投入运营时，需垫支营运资金 25 万元。企业所得税税率为 25%。

根据以上资料，乙方案营业期间的现金流量可以用公式直接计算。乙方案投资项目每年的现金流量计算如表 5.3 所示。

乙方案非付现成本=乙方案年折旧额=(75−3)÷5=14.4（万元）

乙方案营业现金净流量=税后营业利润+非付现成本

=(140−105−14.4)×(1−25%)+14.4=29.85（万元）

表 5.3   乙方案投资项目现金流量计算表   （单位：万元）

项　　目	第 0 年	第 1 年	第 2 年	第 3 年	第 4 年	第 5 年
固定资产投资	（75）					
营运资金垫支	（25）					
营业现金流量		29.85	29.85	29.85	29.85	29.85
固定资产残值						3
营运资金回收						25
现金流量合计	（100）	29.85	29.85	29.85	29.85	57.85

通过编制“投资项目现金流量表”，能测算出投资项目相关现金流量的时间和数额，以便进一步进行投资项目可行性分析。

二、净现值

净现值（NPV）是指投资项目未来现金净流量现值与原始投资额现值之间的差额。

1. 计算分析方法

净现值的计算公式为

$$净现值 = 未来现金净流量现值 - 原始投资额现值$$

计算净现值时，要按预定的贴现率对投资项目的未来现金流量和原始投资额进行贴现。预定贴现率是投资者所期望的最低投资收益率。净现值为正，说明方案的实际收益率高于所要求的收益率，方案可行；净现值为负，说明方案的实际收益率低于所要求的收益率，方案不可行；当净现值为零时，说明方案的投资收益刚好达到所要求的投资收益，方案也可行。

采用净现值法评价投资方案，一般步骤如下。

第一，测定投资方案各年的现金流量，包括现金流出量和现金流入量。

第二，设定投资方案采用的贴现率。

第三，按设定的贴现率，分别将各年的现金流出量和现金流入量折算成现值。

第四，将未来的现金净流量现值与投资额现值进行比较：若前者大于或等于后者，说明方案的实际收益率高于或等于所要求的收益率，方案可行；若前者小于后者，说明方案的实际收益率低于所要求的收益率，方案不可行。

【例 5.3】 接例 5.1 和例 5.2 的资料，假设贴现率为 10%，则

$$
\begin{aligned}
甲方案的净现值 &= 46.90 \times (P/F,10\%,5) + 25.65 \times (P/F,10\%,4) + 26.40 \times (P/F,10\%,3) \\
&\quad + 27.15 \times (P/F,10\%,2) + 27.90 \times (P/F,10\%,1) - 70 \\
&= 46.90 \times 0.620\ 9 + 25.65 \times 0.683\ 0 + 26.40 \times 0.751\ 3 + 27.15 \times 0.826\ 4 + 27.90 \times 0.909\ 1 - 70 \\
&= 114.27 - 70 = 44.27\ （万元）
\end{aligned}
$$

由于甲方案的净现值大于 0，所以甲方案可行。

$$
\begin{aligned}
乙方案的净现值 &= 57.85 \times (P/F,10\%,5) + 29.85 \times (P/A,10\%,4) - 100 \\
&= 57.85 \times 0.620\ 9 + 29.85 \times 3.169\ 9 - 100 \\
&= 130.54 - 100 = 30.54\ （万元）
\end{aligned}
$$

由于乙方案的净现值大于 0，所以乙方案也可行。

净现值的经济含义是投资方案收益超过基本收益后的剩余收益。其他条件相同时，净现值越大，方案越好。

2. 评价

净现值法简便易行，其主要优点有以下四点：第一，考虑了货币时间价值，增强了投资评价的经济实用性；第二，运用了项目计算期的全部现金净流量，体现了流动性和收益性的统一；第三，考虑了投资风险，项目投资风险可以通过提高贴现率加以控制；第四，适用性强，能基本满足项目年限相同的互斥投资方案决策。

净现值法也具有明显的缺陷，主要表现在以下三方面：第一，所采用的贴现率不易确定；第二，不能揭示各个投资方案本身可能达到的实际报酬率，当多个备选方案的投资额不相等时，如果只根据各个投资项目净现值的绝对额进行决策，往往难以准确判断；第三，不能直

接用于对寿命期不同的互斥投资方案进行决策。

三、净现值率

净现值率（NPVR）是指投资项目的净现值占原始投资额现值总和的百分比，也可理解为单位原始投资的现值所创造的净现值。

1. 计算分析方法

净现值率的计算公式为

$$净现值率=净现值÷原始投资额现值总和×100\%$$

【例5.4】 接例5.3的资料，计算甲、乙两个投资方案的净现值率。

例5.3已计算出甲方案的净现值为44.27万元，乙方案的净现值为30.54万元，则两方案的净现值率分别为

$$甲方案的净现值率=44.27÷70×100\%=63.24\%$$
$$乙方案的净现值率=30.54÷100×100\%=30.54\%$$

只有净现值率指标大于或等于零的投资项目才具有财务可行性。其他条件相同时，净现值率越大，方案越好。

2. 评价

净现值率是一个动态的相对数评价指标，净现值率法是净现值法的辅助方法。其优点是可以动态反映投资项目的资金投入和净产出之间的关系，可用于投资额不同但期限相同的多个方案间的比较；其缺点是不能直接反映投资项目的实际收益率，且必须以已知净现值为前提。

四、现值指数

现值指数（PVI）是投资项目的未来现金净流量现值与原始投资额现值之比，又叫获利指数。

1. 计算分析方法

现值指数的计算公式如下：

$$PVI=未来现金净流量现值÷原始投资额现值$$

从净现值率和现值指数的含义可知，二者存在以下关系：

$$PVI=1+净现值率$$

★提示★

PVI = 1 + 净现值率

【例5.5】 接例5.3的资料，计算甲、乙两个投资方案的现值指数。

例5.3已计算出甲方案的未来现金净流量现值为114.27万元，乙方案的未来现金净流量现值为130.54万元，则两方案的现值指数分别为

$$甲方案的PVI=114.27÷70=1.632\,4$$
$$乙方案的PVI=130.54÷100=1.305\,4$$

从现值指数的计算公式可见，现值指数的计算结果有三种：大于1、等于1、小于1。若现值指数大于或等于1，说明方案实施后的投资收益率高于或等于必要收益率，方案可行；若现值指数小于1，说明方案实施后的投资收益率低于必要收益率，方案不可行。现值指数越大，方案越好。

2. 评价

现值指数也是一个动态的相对数评价指标，现值指数法也是净现值法的辅助方法。其优点是可以动态反映投资项目的资金投入与总产出之间的关系，可用于投资额不同但期限相同的多个方案间的比较。其缺点是不能直接反映投资项目的实际收益率，计算口径与净现值率也不一致，容易混淆。

在实务中通常不要求直接计算现值指数，如果需要考核这个指标，可在求得净现值率的基础上推算出来。

五、年金净流量

年金净流量（ANCF）是指项目期间内全部现金净流量的总现值或总终值折算为等额年金的平均现金净流量。

1. 计算分析方法

年金净流量的计算公式为

ANCF＝现金净流量总现值÷年金现值系数＝现金净流量总终值÷年金终值系数

式中，现金净流量总现值即为净现值（NPV）。与净现值指标一样，年金净流量指标大于零，说明每年平均的现金流入能抵补现金流出，投资项目的净现值（或净终值）大于零，方案的收益率大于所要求的收益率，方案可行。在比较两个以上寿命期不同的投资方案时，年金净流量越大，方案越好。

【例5.6】甲、乙两个投资方案，甲方案需一次性投资10 000元，可用8年，残值2 000元，每年取得税后营业利润3 500元；乙方案需一次性投资10 000元，可用5年，无残值，第1年取得税后营业利润3 000元，以后每年递增10%。如果资本成本率为10%，应采用哪种方案？

两个方案使用年限不同，净现值不可比，应考虑它们的年金净流量。

甲方案营业期每年NCF＝3 500＋（10 000−2 000）÷8＝4 500（元）

乙方案营业期各年现金净流量：

第1年NCF＝3 000＋10 000÷5＝5 000（元）

第2年NCF＝3 000×(1+10%)＋10 000÷5＝5 300（元）

第3年NCF＝3 000×$(1+10\%)^2$＋10 000÷5＝5 630（元）

第4年NCF＝3 000×$(1+10\%)^3$＋10 000÷5＝5 993（元）

第5年NCF＝3 000×$(1+10\%)^4$＋10 000÷5＝6 392.30(元)

甲方案净现值＝4 500×(P/A，10%，8)＋2 000×(P/F，10%，8)−10 000

    ＝4 500×5.334 9＋2 000×0.466 5−10 000＝14 940.05（元）

乙方案净现值＝5 000×(P/F，10%，1)＋5 300×(P/F，10%，2)＋5 630×(P/F，10%，3)

    ＋5 993×(P/F，10%，4)＋6 392.30×(P/F，10%，5)−10 000

    ＝5 000×0.909 1＋5 300×0.826 4＋5 630×0.751 3＋5 993×0.683 0

    ＋6 392.30×0.620 9−10 000

    ＝11 217.44（元）

甲方案ANCF＝14 940.05÷(P/A，10%，8)＝2 800.44（元）

乙方案ANCF＝11 217.44÷(P/A，10%，5)＝2 959.12（元）

尽管甲方案净现值大于乙方案，但它是8年内取得的，而乙方案年金净流量高于甲方案，如果按8年计算，可取得净现值2 959.12×(P/A，10%，8)＝15 786.61（元），高于甲方案。因此，乙方案优于甲方案。

从投资收益的角度来看，甲方案投资额为 10 000 元，扣除残值现值 933（2 000×0.466 5）元，按 8 年的年金现值系数计算，每年应回收 1 699.56（9 067÷5.334 9）元。这样，营业期每年现金净流量 4 500 元中，扣除投资回收 1 699.56 元，投资收益为 2 800.44 元。按同样的方法计算，乙方案年投资收益为 2 959.12 元。因此，乙方案优于甲方案。从本质上看，年金净流量是各年现金流量中的超额投资收益。

2. 评价

年金净流量是净现值法的辅助方法，在各方案寿命期相同时，实质上就是净现值法。它的优点是适用于原始投资额相同但期限不同的投资方案决策。同时它也具有与净现值法相同的缺点，不便于对原始投资额不相等的独立投资方案进行决策。

六、内含收益率

内含收益率（IRR）是指项目投资实际可望达到的收益率，即能使投资项目的净现值等于零时的贴现率，又叫内部收益率、内含报酬率或内部报酬率。

根据内含收益率的含义，它要满足下列等式：

$$NPV = \sum_{t=0}^{n} \frac{NCF_t}{(1+IRR)^t} = 0$$

（一）计算分析方法

内含收益率的计算分两种情况。

1. 未来每年现金净流量相等

未来每年现金净流量相等是一种普通年金的形式，这时可以直接利用年金现值系数计算内含收益率。具体步骤如下。

（1）计算年金现值系数。年金现值系数（P/A，IRR，n）=原始投资额现值÷未来每年现金净流量。

（2）查年金现值系数表，在相同的期数内，找出与上述年金现值系数相邻的较大和较小的两个数值及相应的两个贴现率。

（3）根据上述两个相邻的贴现率和已求得的年金现值系数，采用内插法计算出该投资方案的内含收益率。

2. 未来每年现金净流量不相等

未来每年现金净流量不相等时，采用逐步测试法计算内含收益率。具体步骤如下。

（1）估计一个贴现率，并按此贴现率计算净现值。如果计算出的净现值为正数，则表明估计的贴现率小于该项目的内含收益率，应提高贴现率，再进行测算；如果计算出的净现值为负数，则表明估计的贴现率大于该项目的内含收益率，应降低贴现率，再进行测算。经过反复测算，找到净现值由正到负并且比较接近于零的两个贴现率。

（2）根据上述两个相邻的贴现率采用内插法，计算出该方案的内含收益率。

【例 5.7】 企业面临甲、乙两个投资方案，甲方案的投资额为 10 000 元，乙方案的投资额为

15 000 元，两个方案的年度经营现金净流量如表 5.4 所示。

计算甲、乙两个投资方案的内含收益率。假定企业设定的贴现率为 10%。

甲方案每年的现金净流量相等，可采用以下方法计算内含收益率：

年金现值系数=10 000÷3 200=3.125 0

查年金现值系数表，期数为 5 与 3.125 0 相邻的年金现值系数分别为 3.127 2 和 2.990 6，相应的贴现率分别为 18%和 20%，用内插法计算甲方案的内含收益率如下：

$$\frac{x-18\%}{20\%-18\%}=\frac{3.125\ 0-3.127\ 2}{2.990\ 6-3.127\ 2}$$

$$x=18.03\%$$

即甲方案的内含收益率为 18.03%。

乙方案每年的现金净流量不相等，必须逐次进行测算。具体计算过程如表 5.5 所示。

通过以上两次测算，可知乙方案的内含收益率为 10%~14%，用内插法计算如下：

$$\frac{x-10\%}{14\%-10\%}=\frac{862.38-0}{862.38+790.45}$$

$$x=12.09\%$$

即乙方案的内含收益率为 12.09%。

表 5.4　两个方案的年度经营现金净流量

（单位：元）

年　　次	每年现金净流量	
	甲方案	乙方案
第 1 年	3 200	3 800
第 2 年	3 200	3 560
第 3 年	3 200	3 320
第 4 年	3 200	3 080
第 5 年	3 200	7 840

表 5.5　净现值计算表

（金额单位：元）

年　　次	每年的 NCF	测算（10%）		测算（14%）	
		复利现值系数	现　　值	复利现值系数	现　　值
第 0 年	−15 000	1.000 0	15 000	1.000 0	15 000
第 1 年	3 800	0.909 1	3 454.58	0.877 2	3 333.36
第 2 年	3 560	0.826 4	2 941.98	0.769 5	2 739.42
第 3 年	3 320	0.751 3	2 494.32	0.675 0	2 241
第 4 年	3 080	0.683 0	2 103.64	0.592 1	1 823.67
第 5 年	7 840	0.620 9	4 867.86	0.519 4	4 072.1
净现值			862.38		−790.45

只有内含收益率指标大于或等于基准收益率或资本成本率的投资项目才具有财务可行性。

（二）评价

内含收益率指标的优点是能从动态的角度直接反映投资项目的实际收益率，不受行业基准收益率或企业设定的贴现率高低的影响，比较客观。其缺点是计算过程比较复杂，不易直接考虑投资风险大小。

【学中做】　某投资方案，当贴现率为 24%时，其净现值为 39.317 7 元，当贴现率为 26%时，其净现值为−30.190 7 元。计算该方案的内含收益率。（答案：25.13%）

七、回收期

回收期（PP）是指投资项目的未来现金净流量与原始投资额相等时所经历的时间，即原始投资额通过未来现金流量回收所需要的时间。

（一）静态回收期

静态回收期是指在不考虑货币时间价值的情况下，收回原始投资额所需要的时间。该指标一般以年为单位表示。

1. 计算分析方法

未来每年现金净流量相等时，投资回收期可按以下公式计算：

静态回收期=原始投资额÷每年现金净流量

未来每年现金净流量不相等时，计算投资回收期要根据每年年末尚未收回的投资额加以确定。

表 5.6　两个方案的未来现金净流量

（单位：元）

年次	每年现金净流量		年末尚未收回的投资额	
	甲方案	乙方案	甲方案	乙方案
第 1 年	3 200	3 800	6 800	11 200
第 2 年	3 200	3 560	3 600	7 640
第 3 年	3 200	3 320	400	4 320
第 4 年	3 200	3 080	—	1 240
第 5 年	3 200	7 840	—	—

【例 5.8】　企业面临甲、乙两个投资方案，甲方案的投资额为 10 000 元，乙方案的投资额为 15 000 元，两个方案的未来现金净流量如表 5.6 所示。

由于甲方案的未来现金净流量相等，因此，可按以下公式计算：

甲方案的静态回收期=10 000÷3 200=3.125（年）
乙方案的静态回收期=4+1 240÷7 840=4.158（年）

只有静态回收期指标小于或等于基准投资回收期的投资项目才具有财务可行性。回收期越短，则说明投资所承担的风险越小。企业为了避免出现意外情况，就要考虑选择能在短期内收回投资的方案。

2. 评价

静态回收期的优点是能直观地反映原始投资的返本期限，便于理解，计算简便，是应用较广泛的传统评价指标；但由于它没有考虑货币时间价值因素，也没有考虑回收期满后继续发生的现金流量的变化情况，故存在一定弊端，单纯应用回收期作为投资项目的评价方法，很可能会形成错误决策。

【例 5.9】　假设有两个方案的预计现金净流量如表 5.7 所示，试计算回收期，比较优劣。

两个方案的回收期相同，都是 2 年，如果用回收期进行评价，似乎两者不相上下，但实际上 B 方案明显优于 A 方案，因为 B 方案收回投资后的现金净流量大于 A 方案收回投资后的现金净流量。

表 5.7　投资方案预计现金净流量 （单位：元）

年次	第 0 年	第 1 年	第 2 年	第 3 年	第 4 年	第 5 年
A 方案	−10 000	4 000	6 000	4 000	4 000	4 000
B 方案	−10 000	4 000	6 000	6 000	6 000	6 000

（二）动态回收期

计算动态回收期需要将投资引起的未来现金净流量进行折现，以未来现金净流量的现值等于原始投资额现值时所经历的时间为动态回收期。

1. 计算分析方法

未来每年现金净流量相等时，在这种年金形式下，假定动态回收期为 n 年，则

$(P/A，i，n)$=原始投资额现值÷每年现金净流量

计算出年金现值系数后，通过查年金现值系数表，利用内插法，即可推算出动态回收期 n。

未来每年现金净流量不相等时，在这种情况下，应把每年的现金净流量逐一贴现并加总，根据累计现金净流量现值来确定回收期。可依据以下公式进行计算（设 M 是收回原始投资额现值的前一年）：

动态回收期=M+第 M 年尚未收回的投资额的现值÷（M+1）年的现金净流量现值

【例 5.10】 接例 5.8 的资料，企业面临甲、乙两个投资方案，甲方案的投资额为 10 000 元，乙方案的投资额为 15 000 元，两个方案的未来现金净流量如表 5.8 所示。假定资本成本率为 9%，计算甲、乙方案的动态回收期。

表 5.8　两个方案的未来现金净流量 （单位：元）

年次	甲方案	乙方案		
	现金净流量	现金净流量	现金净流量现值	累计现值
第 1 年	3 200	3 800	3 486	3 486
第 2 年	3 200	3 560	2 996	6 482
第 3 年	3 200	3 320	2 564	9 046
第 4 年	3 200	3 080	2 182	11 228
第 5 年	3 200	7 840	5 095	16 323

甲方案的未来每年现金净流量相等，计算年金现值系数：

$$(P/A，9\%，5)=10\,000÷3\,200=3.125\,0$$

查年金现值系数表，i=9%时，第 3 年的年金现值系数为 2.531 3，第 4 年的年金现值系数为 3.239 7，用内插法：

$$\frac{n-3}{4-3}=\frac{3.125\,0-2.531\,3}{3.239\,7-2.531\,3}$$

动态回收期为

$$n=3.84$$

乙方案的未来每年现金净流量不相等，根据累计现金净流量现值来确定动态回收期：

$$n=4+(15\,000-11\,228)÷5\,095=4.74$$

2．评价

动态回收期计算简便，便于理解，考虑了货币时间价值因素，但和静态回收期有共同的局限性，即没有考虑回收期满后继续发生的现金流量的变化情况。

第三节　项目投资管理

微课堂

项目投资决策

项目投资，是指将资金直接投放于生产经营实体性资产，以形成生产能力，如购置设备、建造工厂、修建设施等，项目投资一般是企业的对内投资，也包括以实物性资产投资于其他企业的对外投资。

一、独立投资方案的决策

独立投资方案，是指两个或两个以上项目互不依赖，可以同时存在，各方案的决策也是独立的。独立投资方案的决策属于筛分决策，评价各方案本身是否可行，即方案本身是否达到某种要求的可行性标准。独立投资方案之间比较时，决策要解决的问题是如何确定各种可行方案的投资顺序，即各独立方案之间的优先次序。排序分析时，以各独立方案的获利程度作为评价标准，一般采用内含收益率法进行比较决策。

【例 5.11】 某企业有足够的资金准备投资于三个独立投资项目。A 项目原始投资额 10 000 元，期限 5 年；B 项目原始投资额 18 000 元，期限 5 年；C 项目原始投资额 18 000 元，期限 8 年。贴现率为 10%，其他有关资料如表 5.9 所示。如何安排投资顺序？

表 5.9　独立投资方案的可行性指标

（金额单位：元）

项　目	A 项目	B 项目	C 项目
原始投资额	10 000	18 000	18 000
每年现金净流量（NCF）	4 000	6 500	5 000
期限（年）	5	5	8
净现值（NPV）	5 164	6 642	8 675
现值指数（PVI）	1.52	1.37	1.48
年金净流量（ANCF）	1 362	1 752	1 626
内含收益率（IRR）	28.68%	23.61%	22.28%

将上述三个项目的投资情况及各种决策指标加以对比分析，可以得出以下结论。

（1）A 项目与 B 项目比较，两项目的原始投资额不同但期限相同，可用现值指数和内含收益率指标决策。A 项目的现值指数和内含收益率指标均大于 B 项目，因此应优先安排内含收益率和现值指数较高的 A 项目。

（2）B 项目与 C 项目比较，两项目的原始投资额相同但期限不同，可用年金净流量和内含收益率指标决策。B 项目的年金净流量和内含收益率指标均大于 C 项目，因此应优先安排内含收益率和年金净流量较高的 B 项目。

（3）A 项目与 C 项目比较，两项目的原始投资额和期限都不相同，只能用内含收益率指标决策。A 项目的内含收益率指标大于 C 项目，因此，从获利程度的角度看，A 项目是优先方案。

因此，三个项目应按 A、B、C 顺序实施投资。

综上所述，在独立投资方案比较决策时，内含收益率指标综合反映了各方案的获利程度，在各种情况下的决策结论都是正确的。另外，项目的原始投资额不同但期限相同，用现值指数指标决策，结论也是正确的；项目的原始投资额相同但期限不同，用年金净流量指标决策，结论也是正确的。

二、互斥投资方案的决策

所谓互斥投资方案，是指互相排斥的方案，即一组方案中的各个方案彼此可以相互代替，采纳方案组中的某一方案就会自动排斥这组方案组中的其他方案，因此决策的实质在于选择最优方案，属于选优决策。从选定经济效益最大的方案这一要求出发，互斥方案以方案的获利数额作为评价标准。因此，一般采用净现值法和年金净流量法进行选优决策。但由于净现值指标受投资项目寿命期的影响，因而年金净流量法是采取互斥方案进行决策时最恰当的方法。

【例 5.12】 接例 5.11 的资料，如果 A、B、C 三个项目是互斥投资方案，其他资料不变，如何进行投资决策？

（1）A 项目与 B 项目比较。两项目原始投资额不等，但寿命期相同。尽管 A 项目的内含收益率和现值指数都较高，但互斥方案应考虑获利数额，因此净现值高的 B 项目是最优方案。两项目的期限是相同的，年金净流量指标的决策结论与净现值指标的决策结论是一致的。

B 项目比 A 项目投资额多 8 000 元，按 10%的贴现率水平要求，分 5 年按年金形式回收，每年应多回收 2 110（8 000/3.790 8）元。但 B 项目每年现金净流量比 A 项目多取得 2 500 元，扣除增加的回收额 2 110 元后，每年还可以多获得投资收益 390 元。这个差额正是两项目年金净流量指标值的差额（1 752 元－1 362 元）。所以，在原始投资额不等、寿命期相同的情况下，净现值与年金净流量指标的决策结论一致，应采用年金净流量较大的 B 项目。

（2）B 项目与 C 项目比较。两项目原始投资额相等，但寿命期不同。尽管 C 项目净现值较大，但它是 8 年内取得的。按每年平均的获利数额来看，B 项目的年金净流量 1 752 元高于 C 项目的 1 626 元，如果 B 项目 5 年寿命期届满后，所收回的投资重新投入原有方案，达到与 C 项目同样的投资年限，取得的经济效益也高于 C 项目。因此 B 项目优于 C 项目。

因此，如果 A、B、C 三个项目是互斥投资方案，应选择 B 项目进行投资。

事实上，互斥方案的选优决策，各方案本身是可行的，均有正的净现值，表明各方案均收回了原始投资，并有超额收益。进一步在互斥方案中选优，方案的获利数额成为选优的评价标准。在项目的寿命期相等时，不论方案的原始投资额大小如何，能够获得更大的获利数额即净现值的，即为最优方案。在两个寿命期不等的互斥投资项目比较时，可采用年金净流量法。

综上所述，互斥投资方案的选优决策中，年金净流量全面反映了各方案的获利数额，是最佳的决策指标。在项目寿命期相同时可采用净现值法和年金净流量法，结论一致；在项目寿命期不同时主要采用年金净流量法。

三、固定资产更新决策

固定资产反映了企业的生产经营能力，固定资产更新决策是项目投资决策的重要组成部分。从决策性质上看，固定资产更新决策属于互斥投资方案的决策类型。因此，固定资产更新决策所采用的决策方法是净现值法和年金净流量法，一般不采用内含收益率法。

1. 寿命期相同的设备重置决策

一般来说，用新设备来替换旧设备，如果不改变企业的生产能力，就不会增加企业的营业收入，即使有少量的残值变价收入，也不是实质性收入增加。因此，大部分以旧换新设备重置都属于替换重置。在替换重置方案中，所发生的现金流量主要是现金流出量。如果购入的新设备性能提高，增强了企业的生产能力，这种设备重置属于扩建重置。

【例 5.13】A 公司现有一台旧机床是 3 年前购进的，目前准备用一台新机床替换，替换后营业收入不变。企业所得税税率为 25%，资本成本率为 10%，其他资料如表 5.10 所示。请分析是否替换。

两机床的尚可使用年限均为 6 年，可采用净现值法决策。将两个方案的有关现金流量资料整理后，列出分析表，见表 5.11 和表 5.12。

表 5.10　新旧设备资料

（金额单位：元）

项　　目	旧设备	新设备
原价	84 000	76 500
目前变现价值	40 000	76 500
税法残值	4 000	4 500
税法使用年限（年）	8	6
已使用年限（年）	3	0
尚可使用年限（年）	6	6
垫支营运资金	10 000	11 000
大修理支出	18 000（第 2 年末）	9 000（第 4 年末）
每年折旧（直线法）	10 000	12 000
每年营运成本	13 000	7 000
报废残值	5 500	6 000

表 5.11　保留旧机床方案

（金额单位：元）

项　　目	现金流量	年数	现值系数	现　　值
目前变价收入	(40 000)	0	1	(40 000)
变现净损失减税	(54 000−40 000)×25%=(3 500)	0	1	(3 500)
垫支营运资金	(10 000)	0	1	(10 000)
每年营运成本	13 000×(1−25%)=(9 750)	1~6	4.355 3	(42 464.18)
每年折旧抵税	10 000×25%=2 500	1~5	3.790 8	9 477
大修理费	18 000×(1−25%)=(13 500)	2	0.826 4	(11 156.4)
残值变价收入	5 500	6	0.564 5	3 104.75
残值净收益纳税	(5 500−4 000)×25%=(375)	6	0.564 5	(211.69)
垫支营运资金收回	10 000	6	0.564 5	5 645
净现值	—	—	—	(89 105.52)

表 5.12　购买新机床方案

表 5.12　购买新机床方案　　　　　　　　　　　　　　　　　　（金额单位：元）

项　　目	现金流量	年数	现值系数	现　　值
设备投资	(76 500)	0	1	(76 500)
垫支营运资金	(11 000)	0	1	(11 000)
每年营运成本	7 000×(1−25%)=(5 250)	1～6	4.355 3	(22 865.33)
每年折旧抵税	12 000×25%=3 000	1～6	4.355 3	13 065.9
大修理费	9 000×(1−25%)=(6 750)	4	0.683 0	(4 610.25)
残值变价收入	6 000	6	0.564 5	3 387
残值净收益纳税	(6 000−4 500)×25%=(375)	6	0.564 5	(211.69)
垫支营运资金收回	11 000	6	0.564 5	6 209.5
净现值	—	—	—	(92 524.87)

在两方案营业收入一致的情况下，新设备现金流出总现值为 92 524.87 元，旧设备现金流出总现值为 89 105.52 元。因此，继续使用旧设备比较经济。

在例 5.13 中，有以下几个特殊问题应注意。

（1）本例中两机床使用年限相等，可以用净现值法，如果年限不等，则不能用净现值法。

（2）本例中营运资金收回时，按存货等资产账面价值出售，无出售净收益，不存在纳税调整问题。如果营运资金收回时，存货等资产变价收入与账面价值不一致，需要进行纳税调整。

（3）本例中大修理支出在发生时计入当期损益，不影响固定资产后续期间账面价值。如果涉及固定资产的改扩建支出等需资本化的后续支出，则需考虑对固定资产后续期间账面价值的影响以及后续期间折旧抵税等相关现金流量的变化。

2. 寿命期不同的设备重置决策

寿命期不同的设备重置方案，用净现值指标可能无法得出正确决策结果，应当采用年金净流量法决策。寿命期不同的设备重置方案，在决策时有以下特点。

视野拓展

多元化投资失败财务分析实例

第一，扩建重置的设备更新后会引起营业现金流入与流出的变动，应考虑年金净流量最大的方案。替换重置的设备更新一般不改变生产能力，营业现金流入不会增加，只需比较各方案的年金流出量，年金流出量最小的方案最优。

第二，如果不考虑各方案的营业现金流入量变动，只比较各方案的现金流出量，我们把按年金净流量原理计算的等额年金流出量称为年金成本。替换重置方案的决策标准，是要求年金成本最低。扩建重置方案所增加或减少的营业现金流入也可以作为现金流出的抵减，并据此比较各方案的年金成本。

第三，设备重置方案运用年金成本方式决策时，应考虑的现金流量主要如下。①新旧设备目前市场价值。对于新设备而言，目前市场价值就是新设备的购价，即原始投资额；对于旧设备而言，目前市场价值就是旧设备的重置成本或变现价值。②新旧设备残值变价收入。残值变价收入应作为现金流出的抵减。原始投资额与残值变价收入现值的差额，称为投资净额。③新旧设备的年营运成本，即年付现成本。如果考虑每年的营业现金流入，应将其作为每年营运成本的抵减。

【例 5.14】 A 公司现有一台旧设备，由于节能减排的需要，准备更新，替换后营业收入不变。当期贴现率为 15%，企业所得税税率为 25%，其他资料如表 5.13 所示。

由于新旧设备的使用年限不同，应当采用年金净流量法决

表 5.13　新旧设备资料

（金额单位：元）

项　　目	旧设备	新设备
原价	35 000	36 000
目前变现价值	10 000	36 000
税法残值	5 000	4 000
预计使用年限（年）	10	10
已使用年限（年）	4	0
每年折旧（直线法）	3 000	3 200
每年营运成本	10 500	8 000
最终报废残值	3 500	4 200

策。因为替换后营业收入不变，只比较两方案的年金成本即可。将两个方案的有关现金流量资料整理后，列出年金成本分析表，见表 5.14。

表 5.14　新旧设备年金成本分析

（单位：元）

项　　目	旧　设　备	新　设　备
原始投资额（1）	10 000+（35 000-3 000×4-10 000）×25% =13 250	36 000
税后残值收入（2）	3 500+（5 000-3 500）×25%=3 875	4 200-（4 200-4 000）×25%=4 150
税后投资净额（3）=（1）-（2）×（P/F, 15%, n）	13 250-3 875×（P/F, 15%, 6） =11 574.84	36 000-4 150×（P/F, 15%, 10） =34 974.12
每年税后投资净额（4）=（3）/（P/A, 15%, n）	11 574.84/（P/A, 15%, 6）=3 058.49	34 974.12/（P/A, 15%, 10）=6 968.62
每年折旧抵税（5）	3 000×25%=750	3 200×25%=800
每年税后营运成本（6）	10 500×（1-25%）=7 875	8 000×（1-25%）=6 000
年金成本（7）=（4）-（5）+（6）	10 183.49	12 168.62

上述计算表明，继续使用旧设备的年金成本为 10 183.49 元，低于购买新设备的年金成本 12 168.62 元，应采用继续使用旧设备的方案。

第四节　证券投资管理

视野拓展

巴菲特的证券投资神话

1957 年，巴菲特成立非约束性的巴菲特投资俱乐部，掌管的资金达到 30 万美元，到年末升至 50 万美元。

1962 年，巴菲特担任合伙人的公司的资本达到了 720 万美元，其中有 100 万美元属于巴菲特个人。当时他将几个合伙人的企业合并成一个"巴菲特合伙人有限公司"，最小投资额扩大到 10 万美元。该公司的情况有点像我国的私募基金或私人投资公司。

1964 年，巴菲特的个人财富达到 400 万美元，而此时他掌管的资金已高达 2 200 万美元。

1966 年春，美国股市牛气冲天，巴菲特却坐立不安，尽管他的股票都在飞涨，却发现很难再找到符合他的标准的廉价股票了。

1967 年 10 月，巴菲特掌管的资金达到 6 500 万美元。

1968 年，巴菲特公司的股票取得了历史上最好的成绩——增长了 46%，而道·琼斯指数才增长了 9%。巴菲特掌管的资金上升至 1.04 亿美元，其中属于巴菲特的有 2 500 万美元。

1968 年 5 月，当股市一路高歌猛进的时候，巴菲特却通知合伙人，他要隐退了。随后，他逐渐清算了巴菲特合伙人有限公司几乎所有的股票。

1969 年 6 月，股市直下，渐渐演变成了股灾，到 1970 年 5 月，很多股票价格都要比上年年初下降 50%，甚至更多。

1970—1974 年，美国股市就像泄了气的皮球，没有一丝生气，持续的通货膨胀和低增长使美国经济进入了滞胀时期。然而，一度失落的巴菲特却暗自欣喜，因为他看到了财源即将滚滚而来——他发现了太多的便宜股票。

1972 年，巴菲特又盯上了报刊业，因为他发现拥有一家名牌报刊，就好似拥有一座收费桥梁，任何过客都必须留下"买路钱"。1973 年开始，他偷偷地在股市上蚕食《波士顿环球报》和《华盛顿邮报》，他的介入使《华盛顿邮报》利润大增，平均每年增长 35%。10 年之后，巴菲特投入的 1 000 万美元升值为 2 亿美元。

1980 年，巴菲特用 1.2 亿美元、以每股 10.96 美元的单价，买进可口可乐 7% 的股份。到 1985 年，可口可乐改变了经营策略，开始抽回资金，投入饮料生产。其股价已涨至 51.5 美元，将近原来的 5 倍。至于巴菲特赚了多少，其数目可以让全世界的投资家咋舌。

1992 年，巴菲特以 74 美元每股的价格购入 435 万股美国高技术国防工业公司——通用动力公司的股票，到年底股价上升到 113 美元。巴菲特在半年前拥有的 32 190 万美元的股票已值 49 155 万美元了。

1994 年年底，已发展成拥有 230 亿美元的伯克希尔公司早已不再是一家纺纱厂，它已变成巴菲特庞大的投资金融集团。

1965—2006 年，伯克希尔公司净资产的年均增长率达 21.46%，累计增长 361 156%；同期标准普尔 500 指数成分公司的年均增长率为 10.4%，累计增长幅度为 6 479%。

【请思考】

看了以上案例，谈谈你有何感受。假如某公司打算将 2 000 万元用于证券投资，让你负责制订投资方案，你会怎样做？

证券投资是指投资者将资金投资于股票、债券、基金等资产，从而获取收益的一种投资行为。证券投资和前面讲的项目投资不同。项目投资是购买固定资产等实物资产的投资，直接投资于生产活动，属于直接投资；证券投资是购买债券、股票等金融资产的投资，资金转移到发行方手中后再投入生产活动，属于间接投资。

一、证券资产的特点

1. 价值虚拟性

证券资产不能脱离实体资产而完全独立存在，但证券资产的价值不完全由实体资产的现实生产经营活动决定，而是取决于契约性权利所能带来的未来现金流量，是一种未来现金流量折现的资本化价值。如债券投资代表的是未来按合同规定收取债息和收回本金的权利，股票投资代表的是对发行股票企业的经营控制权、收益分配权等股东权利，基金投资则代表一种信托关系，是一种收益权等。

2. 可分割性

实体项目投资的经营资产一般具有整体性要求，如构建新的生产体系，往往是厂房、设备、配套流动资产的结合。证券资产可以分割为一个最小的投资单位，如一股股票、一份债券、一份基金，这就决定了证券资产投资的现金流量比较单一，往往由原始投资、未来收益或资本利得、本金回收所构成。

3. 持有目的多元性

实体项目投资的经营资产往往是为消耗而持有的，为流动资产的加工提供生产条件。证券资产的持有目的是多元的，既可能是为未来积累现金即为未来变现而持有的，也可能是为谋取资本利得即为销售而持有的，还有可能是为取得对其他企业的控制权而持有的。

4. 强流动性

证券资产具有很强的流动性，其流动性表现在以下两点。一是变现能力强。证券资产往往都是上市证券，一般都有活跃的交易市场可供及时转让。二是持有目的可以相互转换。当企业急需现金时，可以立即将为其他目的而持有的证券资产变现。

5. 高风险性

证券资产是一种虚拟资产，会受到公司风险和市场风险的双重影响，不仅发行证券资产的公司业绩影响着它的投资收益率，资本市场的市场平均收益率变化也会给证券资产带来直

财务管理（附微课）

接的市场风险。

二、证券投资的目的

企业进行证券投资，其目的主要有以下几个方面。

1. 利用闲置资金，增加企业收益

企业在生产经营过程中，有时会出现资金闲置、现金结余较多的情况，这些闲置的资金可以投资于股票、债券、基金等有价证券，谋取投资收益。在现金流出超过现金流入时，将有价证券售出，以增加现金。

2. 提高资产流动性，增强支付能力

除现金等货币资产外，有价证券投资是企业流动性最强的资产，在企业需要支付大量现金，而当前的现金储备又不足时，可卖出有价证券迅速取得大量现金，保证企业的及时支付。

3. 分散资金投向，降低投资风险

将企业的资金分成内部经营投资和对外证券投资两个部分，实现了企业投资的多元化。对外证券投资不受地域和经营范围的限制，投资选择面非常广，投资资金的退出和收回也比较容易，是多元化投资的主要方式。

4. 获得对相关企业的控制权

有些企业往往从战略上考虑要控制另外一些企业，这可以通过股票投资实现。例如，甲公司想要控制乙公司，这时便可动用一定的资金来购买乙公司的股票，直到其所拥有的股权能控制乙公司为止。

三、证券投资的风险

证券投资和其他投资一样是有风险的。证券投资的风险按其性质不同分为系统风险和非系统风险两大类别。

（一）系统风险

系统风险也称不可分散风险，是由于外部经济环境因素变化引起整个金融市场不确定性加强，从而对市场上所有证券都产生影响的共同性风险，主要包括以下几种。

1. 利率风险

利率风险是指由于利率变动引起证券价格波动而使投资者遭受损失的风险。证券价格会随利率变动而变动，一般而言，银行利率下降，则证券价格上升；银行利率上升，则证券价格下降。不同期限的证券，其利率风险不一样，期限越长，风险越大，但长期证券的利率一般比短期证券的利率高。减少利率风险的办法是分散证券的到期日。

2. 再投资风险

再投资风险是由于市场利率下降而造成的无法通过再投资而实现预期收益的风险。为了避免市场利率变动的利率风险，投资者可能会投资于短期证券，但短期证券又会面临市场利率下降的再投资风险，即无法按预定的收益率进行再投资而实现所要求的预期收益。

3. 购买力风险

购买力风险是指由于通货膨胀而使证券到期或出售时所获得的货币资金的购买力降低的

风险。在通货膨胀期间，购买力风险对投资者有重要影响。一般而言，预期收益率变动的资产，其购买力风险会低于预期收益率固定的资产的购买力风险。例如，在通货膨胀期间，房地产、普通股等投资受到的影响较小，而收益长期固定的债券受到的影响较大，前者更适合作为减少通货膨胀损失的避险工具。

（二）非系统风险

非系统风险也称可分散风险，是由于特定经营环境或特定事件变化引起的不确定性，从而对个别证券产生影响的特有风险，主要包括以下几种。

（1）违约风险。违约风险是指证券发行人无法按期支付利息或偿还本金的风险。财政部发行的国库券，由于有中央政府做担保，所以没有违约风险。除此之外，地方政府、金融机构和公司发行的证券则或多或少地有违约风险。因此，信用评估机构要对中央政府以外的部门发行的证券进行评价，以反映其违约风险。必要时，投资者也可以对发行方的偿债能力直接进行分析。避免违约风险的方法是不买质量差的证券。

（2）变现力风险。变现力风险是指投资者想出售证券获取现金时，无法在短期内以合理的价格来出售证券的风险。这就是说，如果投资者想出售证券，但在短期内找不到愿意出合理价格的买主，要把价格降得很低才能找到买主，或者要花很长时间才能找到买主，导致投资者蒙受降价损失或丧失新的投资机会。例如，购买小公司的证券，想立即出售比较困难，变现力风险较大；但若购买国库券，可以在极短的时间里以合理的价格将其出售，变现力风险较小。

（3）破产风险。破产风险是在证券发行者破产时，投资者无法收回应得权益的风险。当证券发行者由于各种原因难以持续经营时，他可能会申请破产保护。破产保护会导致债务清偿的豁免，使得投资者无法取得应得的投资收益，甚至无法收回投资的本金。

四、债券投资

企业的债券投资包括短期债券投资和长期债券投资。短期债券投资的目的主要是合理利用暂时闲置的资金，调节现金余额，获得收益。当企业现金余额太多时，便投资于债券，使现金余额降低；反之，当现金余额太少时，则出售原来投资的债券，收回现金，使现金余额提高。长期债券投资的目的主要是获得较高的稳定收益，或者满足未来的财务需求，如投资于某一项目或归还到期债务等。另外，债券投资也是为了分散证券投资的风险。因为债券投资风险小，在投资组合中加入一部分债券投资，会使投资风险下降。

（一）债券的价值

债券作为一种投资，现金流出是其购买价格，现金流入是利息和归还的本金，或者出售时得到的现金。债券未来现金流入的现值，称为债券的价值或债券的内在价值。只有债券的价值大于购买价格时，才值得购买。债券价值是债券投资决策时使用的主要指标之一。企业进行债券投资，必须知道债券价值的计算方法。现介绍几种常见的债券价值计算模型。

1. 一般情况下的债券价值计算模型

一般情况下，债券利率是固定的，每年计算并支付利息、到期归还本金。按照这种模式，债券价值计算的基本模型是

$$V = \sum_{t=1}^{n} \frac{I}{(1+i)^t} + \frac{M}{(1+i)^n} = I \times (P/A,\ i,\ n) + M \times (P/F,\ i,\ n)$$

式中，V 为债券价值；I 为每年的利息；M 为到期的本金；i 为市场利率或投资人要求的最低报酬率；n 为债券到期前的年数。

【例 5.15】 某债券面值为 100 元，票面利率为 10%，期限为 5 年，每年计算并支付一次利息，到期归还本金。某企业要对这种债券进行投资，当前的市场利率为 12%。问：债券价格为多少时才能进行投资？

根据上述公式，可得

$$V=100×10\%×(P/A，12\%，5)+100×(P/F，12\%，5)$$
$$=10×3.604\ 8+100×0.567\ 4=92.788（元）$$

即这种债券的价格低于 92.788 元时，该企业才能购买。

2. 一次还本付息且不计复利的债券价值计算模型

我国很多债券属于一次还本付息且不计复利的债券，其价值计算模型为

$$V = \frac{M + I \times n}{(1+i)^n} = (M + I \times n) \times (P/F，i，n)$$

公式中符号含义同前式。

【例 5.16】 某企业拟购买另一家企业发行的一次还本付息且不计复利的债券，该债券面值为 100 元，期限为 5 年，票面利率为 10%，当前的市场利率为 8%。该债券发行价格为多少时，企业才可以购买？

根据上述公式，可得

$$V=(100+100×10\%×5)×(P/F，8\%，5)$$
$$=150×0.680\ 6=102.09（元）$$

即债券价格低于 102.09 元时，企业才能购买。

3. 零票面利率债券的价值计算模型

有些债券以折现方式发行，没有票面利率，到期按面值偿还。这些债券的价值计算模型为

$$V = \frac{M}{(1+i)^n} = M \times (P/F，i，n)$$

公式中的符号含义同前式。

【例 5.17】 某债券面值为 100 元，期限为 5 年，以折现方式发行，期内不计利息，到期按面值偿还，当时市场利率为 8%。其价格为多少时，企业才能购买？

由上述公式可得

$$V=100×(P/F，8\%，5)$$
$$=100×0.680\ 6=68.06（元）$$

该债券的价格低于 68.06 元时，企业才能购买。

（二）债券投资的收益率

企业进行债券投资的目的主要是获得投资收益。债券的投资收益包括两个方面内容：一是债券的利息收入；二是资本损益，即债券买入价与卖出价或偿还额之间的差额。衡量债券收益水平的尺度为债券收益率，即在一定时期内所得收益与投入本金的比率。为便于比较，债券收益率一般以年为计算单位。决定债券收益率的因素主要有债券票面利率、期限、面值、持有时间、购买价格和出售价格。

债券收益率是指债券持有人在持有期间得到的收益率，它能综合反映债券持有期间的利息收入情况和资本损益水平。其中，债券的持有期是指从购入债券至出售债券或债券到期清

第五章 投资管理

偿的期间，通常以年为单位表示。根据债券持有期长短和计息方式不同，债券持有期收益率的计算公式存在差异。由于利息率、收益率等指标多数以年利率的形式出现，债券持有期收益率可以根据具体情况换算为年均收益率。

1. 短期债券持有期收益率

如果债券的持有时间不超过一年，直接按债券持有时间的收益额除以买入价计算持有期收益率。

$$持有期收益率 = \frac{债券持有期间的利息收入 + （卖出价 - 买入价）}{债券买入价} \times 100\%$$

$$持有期年均收益率 = \frac{持有期收益率}{持有年限}$$

式中，持有年限等于实际持有天数除以 360，也可以用持有月数除以 12 表示。

【例 5.18】某企业于 20×8 年 8 月 1 日以每张 900 元的价格购入 100 张面值 1 000 元的债券，票面利率为 9%，每年年末付息一次，并于 20×9 年 1 月 1 日以每张 990 元的价格全部出售。则该债券的持有期收益率为

$$持有期收益率 = \frac{1\,000 \times 9\% + (990 - 900)}{900} \times 100\% = 20\%$$

$$持有期年均收益率 = 20\% \times \frac{12}{5} = 48\%$$

2. 长期债券持有期收益率

如果债券的持有时间超过一年，应按每年复利一次计算持有期年均收益率，即计算债券的内含收益率。具体包括以下两种情况。

（1）到期一次还本付息债券。到期一次还本付息债券的持有期年均收益率是使债券到期兑付的金额或提前出售时的卖出价的现值等于债券买入价的贴现率。其计算方法是求解以下含有贴现率的方程：

$$P = M \times (P/F,\ i,\ n)$$

式中，P 为债券的买入价；M 为债券到期兑付的金额或提前出售时的卖出价；i 为债券的持有期年均收益率；n 为债券实际持有期限（年）。

【例 5.19】某公司 20×2 年 1 月 1 日按面值购买了同日发行的面值 1 000 元、票面利率 10%、到期一次还本付息的 5 年期债券，持有至到期，计算其持有期年均收益率。

$$1\,000 = 1\,000 \times (1 + 10\% \times 5) \times (P/F,\ i,\ 5)$$

$$(P/F,\ i,\ 5) = 0.666\,7$$

查复利现值系数表，当 $i = 8\%$ 时，$(P/F,\ 8\%,\ 5) = 0.680\,6$；当 $i = 9\%$ 时，$(P/F,\ 9\%,\ 5) = 0.649\,9$。用内插法进行计算，$i = 8.45\%$。

（2）每年年末支付利息的债券。每年年末支付利息的债券一般每年能获得固定的利息，其持有期年均收益率是使持有期现金流入现值等于债券买入价的贴现率。其计算方法是求解以下含有贴现率的方程：

$$P = I \times (P/A,\ i,\ n) + M \times (P/F,\ i,\ n)$$

式中，P 为债券的买入价；I 为每年的固定利息；M 为债券到期兑付的金额或提前出售时的卖出价；i 为债券的持有期年均收益率；n 为债券实际持有期限（年）。

【例 5.20】某投资者以 1 105 元的价格买入面值为 1 000 元的债券，其票面利率为 8%，期限

为 5 年，每年年末支付一次利息，到期后归还本金。该投资者持有债券至到期日，计算其持有期年均收益率。

求解以下方程：

$$1\,105=1\,000\times8\%\times(P/A,\ i,\ 5)+1\,000\times(P/F,\ i,\ 5)$$

用 $i=6\%$ 试算为

$$80\times(P/A,\ 6\%,\ 5)+1\,000\times(P/F,\ 6\%,\ 5)=1\,084.29\text{（元）}$$

由于贴现结果小于 1 105 元，应进一步降低贴现率。

用 $i=4\%$ 试算为

$$80\times(P/A,\ 4\%,\ 5)+1\,000\times(P/F,\ 4\%,\ 5)=1\,178.04\text{（元）}$$

贴现结果高于 1 105 元，由此可以判断，收益率高于 4%，低于 6%。

用内插法计算近似值为

$$\frac{i-4\%}{6\%-4\%}=\frac{1\,105-1\,178.04}{1\,084.29-1\,178.04}$$

$$i=5.56\%$$

以上试误法比较麻烦，可用下面的简便算法求得近似结果：

$$I=\frac{I+(M-P)\div N}{(M+P)\div 2}\times100\%$$

式中，I 为每年的利息；M 为到期归还的本金；P 为买价；N 为年数。式中的分母是平均的资金占用，分子是每年平均收益。将数据代入为

$$i=\frac{80+(1\,000-1\,105)\div 5}{(1\,000+1\,105)\div 2}\times100\%=5.61\%$$

即债券的持有期年均收益率为 5.61%。

需要说明的是，上述计算只是理论上的，在实际操作过程中，收益率的计算要考虑交易成本、税收成本等因素，需要对上述计算公式进行相应的调整。

【学中做】某种企业债券面值为 10 000 元，票面利率为 12%，每年年末付息一次，期限为 8 年，投资者以 10 600 元的价格购入并持有该债券至到期日。计算债券持有期年均收益率。（答案：10.85%）

（三）债券投资的优缺点

1. 债券投资的优点

（1）本金安全性高。相对于股票投资而言，债券投资风险比较小。中央政府发行的债券有国家财力做后盾，其本金的安全性非常高，通常视为无风险债券。企业债券的安全性不及政府债券的安全性，但企业债券的持有者拥有优先求偿权，即当企业破产时，优先于股东分得企业财产，因此，其本金损失的可能性较小。

（2）收入稳定性强。债券票面一般都标有固定利率，债券的发行人有按时支付债券利息的法定义务。因此，在正常情况下，投资者投资于债券都能获得比较稳定的利息收入。

（3）市场流动性好。许多债券都具有较好的流动性，政府及大企业发行的债券一般都可以在金融市场上迅速出售，流动性很好。

2. 债券投资的缺点

（1）没有经营管理权。投资于债券只是获得收益的一种手段，债券投资者只能按期取得利息，无权对债券发行单位实施影响和控制。

（2）购买力风险较大。债券的面值和利率在发行时就已确定，在通货膨胀期间，债券本金和利息由于固定不变，其购买力会不同程度地受到侵蚀，投资者虽然名义上有收益，但实

际上却可能遭受损失。

五、股票投资

企业进行股票投资的目的主要有两个。一是获利，即作为一般的证券投资，主要是为了获取股利收入及股票买卖差价。在这种情况下，企业仅将某种股票作为其证券投资组合的一部分，不应冒险将大量资金投资于某一企业的股票。二是控股，即通过购买某一企业的大量股票达到控制该企业的目的。在这种情况下，企业应集中大量资金投资于被投资企业的股票，这时更多考虑的不应是股票投资收益的高低，而应是占有多少股权才能控制被投资企业。

（一）股票的价值

同进行债券投资一样，企业进行股票投资也必须知道股票价值的计算方法。

股票价值的计算类似于债券价值的计算，即求股票预期的未来现金流入量的现值。股票预期的未来现金流入量包括两部分：每期的预期股利和将来出售股票时的变价收入。但由于股票没有固定的股利，也没有一定的期末价值，股票价值的计算又不同于债券价值的计算。下面介绍几种常见的股票价值的计算模型。

在一般情况下，投资者投资于股票，不仅希望得到股利，还希望在未来出售股票时从股票价格的上涨中获得好处。投资者购入股票若持有一段时间后出售，其股票的内在价值等于持有期间所得股利的现值和出售股票时售价的现值之和。在这种情况下，股票价值的计算模型为

$$V=\sum_{t=1}^{n}\frac{D_t}{(1+k)^t}+\frac{P}{(1+k)^n}$$

式中，V 为股票价值；D_t 为第 t 期的预期股利；k 为投资者要求的必要投资收益率；P 为未来出售股票时预计的售价；n 为预计持有股票的期数。这是股票价值计算的一般模型，无论 D_t 如何变动，此模型均有效。

如果投资者长期持有股票不准备出售，其股票价值可按以下几种情况分别计算。

1. 股利固定不变的股票价值计算

每年股利固定不变，且投资者不准备出售股票的情况下，其股票的内在价值等于每年股利的现值之和。每年股利相当于一笔永续年金。在这种情况下，股票价值的计算模型为

$$V=\frac{D}{k}$$

式中，V 为股票价值；D 为每年固定股利；k 为投资者要求的必要投资收益率。

【例 5.21】 某公司打算购入某种股票，准备长期持有，预计每年分配股利 2 元，投资者要求的必要投资收益率为 12.5%，其股票价值计算如下：

$$V=\frac{2}{12.5\%}=16（元）$$

通过计算可知，股票的内在价值为 16 元，只有股票价格低于 16 元时才能考虑购进。

2. 股利固定增长的股票价值计算

如果一个公司的股利不断增长，投资者的投资期限又很长，则股票的价值计算就更困难，只能计算近似数。设上年股利为 D_0，每年股利的增长率为 g，则股票价值的计算公式为

$$V=\sum_{t=1}^{\infty}\frac{D_0\times(1+g)^t}{(1+k)^t}$$

如果 $g<k$，当 $n\to\infty$ 时，上式可简化为

$$V=\frac{D_0\times(1+g)}{k-g}=\frac{D_1}{k-g}$$

式中，D_1 为第一年的股利；k 为投资者要求的必要投资收益率。

【例 5.22】 甲公司准备购买乙公司的股票并长期持有，该股票上年每股股利为 2 元，预计以后每年以 4% 的增长率增长，甲公司要求的必要投资收益率为 10%，该股票价格为多少时，甲公司才能购买？

该股票的内在价值为

$$V=\frac{2\times(1+4\%)}{10\%-4\%}=34.67\ （\text{元}）$$

即只有当该股票的价格在 34.67 元以下时，甲公司才能购买，否则就无法获得 10% 的收益率。

3. 股利非固定增长的股票价值计算

在现实生活中，有的公司股利是不固定的，有时固定不变，有时固定增长，有时高速增长。在这种情况下，股票价值就要分段计算。根据股利的增长情况，分为高速增长阶段、固定增长阶段和固定不变阶段，分别计算三个阶段的预期股利现值，三个阶段的预期股利现值之和，就是股票目前的内在价值。

【例 5.23】 A 公司持有 B 公司的股票，要求的必要投资收益率为 15%。B 公司最近支付的股利是 2 元，预计未来 3 年股利将高速增长，增长率为 20%，以后转为固定增长，增长率为 12%。计算 B 公司股票的内在价值。

首先，计算非固定增长阶段的股利现值，如表 5.15 所示。

表 5.15　B 公司非固定增长阶段股利现值计算表

（金额单位：元）

年次	股　利	复利现值系数	股利现值
第 1 年	2 × (1+20%)=2.4	0.869 6	2.09
第 2 年	2.4 × (1+20%)=2.88	0.756 1	2.18
第 3 年	2.88 × (1+20%)=3.456	0.657 5	2.27
合计	—	—	6.54

其次，计算第三年年末股票价值为

$$V_3=\frac{D_4}{k-g}=\frac{D_3\times(1+g)}{k-g}=\frac{3.456\times(1+12\%)}{15\%-12\%}=129.02\ （\text{元}）$$

将第三年年末股票价值折成现值为

$$129.02\times(P/F,\ 15\%,\ 3)=129.02\times0.657\ 5=84.83\ （\text{元}）$$

最后，计算 B 公司股票目前的内在价值为

$$V=6.54+84.83=91.37\ （\text{元}）$$

值得注意的是，这里讨论的预期股票价值，往往和后来的实际发展有很大差别。因为我们使用的数据都是预计的，预计不可能十分准确。而且影响股市价格的某些因素，如未来的利率变化、整个股市兴衰等，在计算时都被忽略了。但并不能因此而否定预测和分析的必要性，我们是根据股票价值的差别来决策的，预测的误差影响绝对值，往往不影响其优先次序。被忽略的不可能预见因素通常影响所有股票，而不是个别股票，对选择决策的正确性往往影响较小。

（二）股票投资的收益率

股票投资的收益水平通常用股票收益率来衡量。股票收益率是指投资者在持有股票期间获得的收益率。股票投资的收益由股利收益、股利再投资收益、转让差价收益三部分构成。投资者持有股票的时间长短不同，其收益率的计算方法也不同。下面分别介绍短期持有股票和长期持有股票的持有期收益率。

1. 短期持有股票的持有期收益率

如果投资者持有股票时间不超过一年，由于期限短，其持有期收益率的计算一般不考虑货币时间价值因素。基本计算公式为

$$持有期收益率 = \frac{(卖出价 - 买入价) + 持有期间分得的现金股利}{买入价} \times 100\%$$

$$持有期年均收益率 = \frac{持有期收益率}{持有年限}$$

式中，持有年限等于实际持有天数除以 360，也可以用持有月数除以 12 表示。

【例 5.24】 某公司 20×1 年 2 月 5 日以每股 6.4 元的价格购入一种股票，20×2 年 1 月 3 日每股获得现金股利 0.39 元，20×2 年 1 月 5 日以每股 6.65 元的价格将该股票出售，则持有期收益率为

$$持有期收益率 = \frac{(6.65 - 6.4) + 0.39}{6.4} \times 100\% = 10\%$$

$$持有期年均收益率 = 10\% \times \frac{12}{11} = 10.91\%$$

2. 长期持有股票的持有期收益率

如果投资者持有股票时间超过一年，因时间较长，计算其持有期收益率要考虑货币时间价值。其持有期收益率是指能使未来现金流入量的现值等于目前股票购买价格的贴现率。企业长期持有股票，每年获得的股利是经常变动的，当企业出售股票时，也可收回一定的资金。计算其持有期收益率的方法是求解以下含有贴现率的方程：

$$P = \sum_{j=1}^{n} \frac{D_j}{(1+i)^j} + \frac{F}{(1+i)^n}$$

式中，P 为股票的购买价格；D_j 为各年获得的股利；F 为股票的出售价格；i 为股票持有期年均收益率；n 为投资期限。

【例 5.25】 某公司在 20×6 年 4 月 1 日投资 510 万元购买某种股票 100 万股，在 20×7 年、20×8 年和 20×9 年的 3 月 31 日每股各分得现金股利 0.5 元、0.6 元和 0.8 元，并于 20×9 年 3 月 31 日以每股 6 元的价格将股票全部出售。试计算该股票的持有期年均收益率。

计算股票持有期年均收益率的方法与计算债券持有期年均收益率类似，先用试误法，再用内插法进行计算。详细情况如表 5.16 所示。

表 5.16　某公司测试表　（金额单位：万元）

年份	现金流量	测试 20%		测试 18%		测试 16%	
		系数	现值	系数	现值	系数	现值
20×7	50	0.833 3	41.67	0.847 5	42.38	0.862 1	43.11
20×8	60	0.694 4	41.66	0.718 2	43.09	0.743 2	44.59
20×9	680	0.578 7	393.52	0.608 6	413.85	0.640 7	435.68
合计	—	—	476.85		499.32	—	523.38

在表 5.16 中，先按 20%的收益率进行测算，得到现值为 476.85 万元，比原来的投资额 510 万元小，说明实际收益率低于 20%；于是把收益率调到 18%，进行第二次测算，得到的现值为 499.32 万元，还比 510 万元小，说明实际收益率比 18%还要低；于是再把收益率调到 16%进行第三次测算，得到的现值为 523.38 万元，比 510 万元大，说明实际收益率比 16%高，即要求的收益率为 16%～18%，再用内插法进行计算。

$$\frac{i - 16\%}{18\% - 16\%} = \frac{510 - 523.38}{499.32 - 523.38}$$

$$i = 17.11\%$$

即该股票的持有期年均收益率为 17.11%。

视野拓展

股票交易成本

（三）股票投资的优缺点

股票投资是一种具有挑战性的投资，其收益和风险都比较高。

1. 股票投资的优点

股票投资的优点主要有以下几个方面。

（1）投资收益高。普通股的价格虽然变动频繁，但从长期看，优质股票的价格总是上涨的居多，只要选择得当，就能取得优厚的投资收益。

（2）购买力风险低。普通股的股利不固定，在通货膨胀率比较高时，由于物价普遍上涨，股份有限公司的盈利增加，股利的支付也随之增加。因此，与固定收益的证券相比，普通股能有效地降低购买力风险。

（3）拥有一定的经营控制权。普通股股东属于股份有限公司的所有者，有权监督和控制企业的生产经营情况。因此，想要控制一家企业，可以通过收购这家企业的股票进行。

（4）流动性强，变现快。

2. 股票投资的缺点

股票投资的缺点主要是风险大，原因如下。

（1）求偿权居后。普通股对企业资产和盈利的求偿权均居于最后。企业破产时，股东原来的投资可能得不到全额补偿，有时甚至一无所有。

（2）股票价格不稳定。普通股的价格受众多因素影响，很不稳定。政治因素、经济因素、投资者心理因素、企业的盈利情况、风险情况等，都会影响股票价格，这也使股票投资具有较高的风险。

（3）股利收入不稳定。普通股股利的多少，取决于企业的经营状况和财务状况，其有无、多寡均无法律上的保证，其收入的风险也远远大于固定收益证券收入的风险。

六、基金投资

投资基金是一种利益共享、风险共担的集合投资方式，即通过发行基金股份或受益凭证等有价证券聚集众多的不确定投资者的出资，将其交由专业投资机构经营运作，以规避投资风险并谋取投资收益的证券投资工具。

投资基金按照投资对象的不同可以分为证券投资基金和另类投资基金。证券投资基金主要投资于证券交易所或银行间市场上公开交易的有价证券，如股票、债券等；另类投资基金包括私募股权基金、风险投资基金、对冲基金等。本书主要介绍投资基金中的证券投资基金（以下简称基金）。

（一）基金的种类

基金可以按不同的标准进行分类，通常有以下几种分类方式。

1. 按照基金的组织形态分类

按照组织形态的不同，基金可分为契约型基金和公司型基金。

（1）契约型基金。契约型基金又称为单位信托基金，是指把投资者、管理人和托管人三者作为基金的当事人，由管理人和托管人通过签订信托契约的形式发行受益凭证而设立的一种基

金。这种基金通过信托契约来规范三方当事人的行为。基金管理人负责基金的管理操作；基金托管人作为基金资产的名义持有人，负责基金资产的保管和处置，对基金管理人的运作实行监督。

（2）公司型基金。公司型基金是按照《公司法》以公司形态组成的基金，该基金公司以发行股份的方式募集资金，一般投资者购买该公司的股份即为认购基金，也就成为该公司的股东，凭其持有的基金份额依法享有投资收益。基金公司不同于一般股份有限公司的是，它是委托专业的基金管理公司来经营与管理的。

2. **按照基金的变现方式分类**

按照变现方式的不同，基金可分为封闭式基金和开放式基金。

（1）封闭式基金。封闭式基金是指基金的发起人设立基金时，限定了基金单位的发行总额，筹集到这个总额后，基金即宣告成立，并进行封闭，在一定时期内不再接受新的投资的一种基金。基金单位的流通采取在交易所上市的办法，投资者以后要买卖基金单位都要在二级市场上进行竞价交易。

（2）开放式基金。开放式基金是指基金发起人在设立基金时，基金单位的总数是不固定的，可视经营策略和发展需要追加发行的一种基金。投资者也可根据市场状况和各自的投资决策，或者要求发行机构按现期净资产值扣除手续费后赎回股份或受益凭证，或者再买入股份或受益凭证，增加基金单位份额的持有比例。

3. **其他分类方式**

（1）按照投资标的不同，基金可分为股票基金、债券基金、货币基金、期货基金、期权基金、认股权证基金和专门基金等。

（2）按照投资目标不同，基金可分为增长型基金、收入型基金和平衡型基金。

（3）按照投资理念不同，基金可分为主动型基金和被动（指数）型基金。

（4）按照募集方式不同，基金可分为公募基金和私募基金。

（二）基金的价值

基金的价值与股票和债券的价值不同，股票和债券的价值是由未来的现金流量决定的，而基金的价值取决于基金净资产的现在价值，其原因在于基金不断变换投资组合，未来收益是不可预测的。

1. **基金单位净值**

基金单位净值是在某一时点每一基金单位（或基金股份）所具有的市场价值，计算公式为

$$基金单位净值=\frac{基金净资产价值总额}{基金单位总份额}$$

式中，

$$基金净资产价值总额=基金资产总额-基金负债总额$$

在基金净资产价值的计算过程中，基金负债除了以基金名义对外的融资借款以外，还包括应付投资者的分红、应付给基金经理公司的首次认购费、经理费用等各项基金费用。相对来说，基金负债金额是固定的，基金净资产的价值主要取决于基金总资产的价值。这里，基金总资产的价值并不是指资产总额的账面价值，而是指资产总额的公允价值。

基金单位净值是评价基金业绩最基本和最直观的指标，也是开放式基金申购价格、赎回价格以及封闭式基金上市交易价格确定的重要依据。

【例5.26】 某基金公司持有三种股票，数量分别为10万股、50万股和60万股，每股市价分别为30元、20元和10元，银行存款1 000万元，该基金有两项负债：应付管理人报酬500万元，应付税金200万元，已售出基金单位2 000万份。计算基金单位净值。

基金单位净值=(10×30+50×20+60×10+1 000−500−200)÷2 000=1.1（元）

2. 基金的报价

封闭式基金在二级市场上竞价交易，其交易价格由供求关系和基金业绩决定，围绕着基金单位净值上下波动。开放式基金的柜台交易价格则完全以基金单位净值为基础，通常采用认购价和赎回价两种报价形式。

开放式基金的柜台交易价格的计算方式为

基金认购价=基金单位净值+首次认购费
基金赎回价=基金单位净值−基金赎回费

基金认购价是基金经理公司的卖出价，卖出价中的首次认购费是支付给基金经理公司的发行费用。基金赎回价是基金经理公司的买入价，赎回价低于基金单位净值是由于抵扣了基金赎回费，以此提高赎回成本，防止投资者赎回，保持基金资产的稳定性。收取首次认购费的基金，一般不再收取赎回费。

（三）基金收益率

基金收益率用以反映基金增值的情况，通过基金净资产的价值变化来衡量。基金净资产的价值是以市价计量的，基金资产的市场价值增加，意味着基金的投资收益增加，基金投资者的权益也增加。基金收益率的计算公式为

$$基金收益率=\frac{年末持有份数×年末基金单位净值−年初持有份数×年初基金单位净值}{年初持有份数×年初基金单位净值}$$

式中，持有份数是指基金单位的持有份数。如果年末和年初基金单位的持有份数相同，基金收益率就简化为基金单位净值在本年内的变化幅度。年初的基金单位净值相当于购买基金的本金投资，基金收益率也就相当于一种简便的投资收益率。

【例5.27】 某基金公司发行的是开放式基金，20×0年的相关资料如表5.17所示。

假设公司收取首次认购费，认购费为基金净值的5%，不再收取赎回费。

要求：

（1）计算下列指标的年初数和年末数：该基金公司基金净资产价值总额、基金单位净值、基金认购价、基金赎回价。

（2）计算20×0年基金的收益率。

有关指标的年初数：

基金净资产价值总额=1 500−300=1 200（万元）

基金单位净值=1 200÷500=2.4（元）

基金认购价=2.4+2.4×5%=2.52（元）

基金赎回价=2.4−0=2.4（元）

有关指标的年末数：

基金净资产价值总额=1 970−350=1 620（万元）

基金单位净值=1 620÷600=2.7（元）

表5.17 某开放式基金相关资料

（金额单位：万元）

项　　目	年　　初	年　　末
基金资产账面价值	1 000	1 200
基金负债账面价值	300	350
基金资产市场价值	1 500	1 970
基金单位	500万单位	600万单位

基金认购价=2.7+2.7×5%=2.84（元）

基金赎回价=2.7−0=2.7（元）

$$20\times0\,\text{年基金收益率} = \frac{600\times2.7-500\times2.4}{500\times2.4}\times100\% = 35\%$$

（四）基金投资的优缺点

1. 基金投资的优点

基金投资的最大优点是能够在不承担太大风险的情况下获得较高的投资收益，原因如下。一是基金具有专家理财优势。基金的管理人都是投资方面的专家，他们在投资前进行过多种研究，这有助于降低风险，提高收益。二是基金具有资金规模优势。我国的基金一般拥有20亿元以上资金，西方大型基金一般拥有百亿美元以上资金，这种资金优势可以进行充分的投资组合，有助于降低风险，提高效益。

2. 基金投资的缺点

基金在投资组合过程中，降低风险的同时，也丧失了获得巨大收益的机会。在大盘整体大幅度下跌的情况下，进行基金投资也可能会损失较多，投资人要承担较大风险。进行基金投资需要支付一定的费用。

同步训练

一、单项选择题

1. 下列关于内含收益率的表述中，不正确的是（　　）。

　　A. 内含收益率是使净现值为零的贴现率

　　B. 内含收益率是使净现值大于零的贴现率

　　C. 内含收益率说明该方案的实际获利水平

　　D. 内含收益率小于基准收益率时，应该拒绝该项目

2. 按投资对象的存在形态和性质，企业投资可分为（　　）。

　　A. 对内投资和对外投资　　　　　　　B. 直接投资和间接投资

　　C. 独立投资和互斥投资　　　　　　　D. 项目投资和证券投资

3. 在下列评价指标中，属于非折现指标的是（　　）。

　　A. 静态回收期　　　　　　　　　　　B. 年金净流量

　　C. 内含收益率　　　　　　　　　　　D. 净现值

4. 在一般投资项目中，当一项投资方案的净现值率等于零时，即表明（　　）。

　　A. 该方案的获利指数等于1　　　　　B. 该方案不具备财务可行性

　　C. 该方案的净现值小于零　　　　　　D. 该方案的内含收益率小于设定贴现率

5. 下列表述不正确的是（　　）。

　　A. NPV是未来总报酬的总现值与初始投资额现值之差

　　B. 当NPV为零时，说明此时的贴现率为内含收益率

　　C. 当NPV＞0时，PVI＜1

　　D. 当NPV＞0时，说明方案可行

6. 已知某投资项目按 14%贴现率计算的净现值大于零，按 16%贴现率计算的净现值小于零，则该项目的内含收益率肯定（　　　）。
    A. 大于 14%且小于 16%
    B. 小于 14%
    C. 等于 15%
    D. 大于 16%

7. 下列指标的计算中，没有直接利用现金净流量的是（　　　）。
    A. 内含收益率
    B. 静态回收期
    C. 净现值率
    D. 获利指数

8. 在独立投资方案比较决策时，（　　　）指标综合反映了各方案的获利程度，在各种情况下的决策结论都是正确的。
    A. 净现值
    B. 净现值率
    C. 现值指数
    D. 内含收益率

9. 投资项目从整个经济生命周期来看，大致可以分为（　　　）三个阶段。
    A. 投资期、营业期、终结期
    B. 试产期、达产期、运营期
    C. 建设期、达产期、运营期
    D. 建设期、试产期、运营期

10. 已知某投资项目的获利指数为 1.6，该项目的原始投资额为 100 万元，且于建设起点一次性投入，则该项目的净现值为（　　　）万元。
    A. 160
    B. 60
    C. 100
    D. 0

11. 在互斥投资方案的选优决策中，（　　　）全面反映了各方案的获利数额，是最佳的决策指标。
    A. 年金净流量
    B. 净现值
    C. 内含收益率
    D. 现值指数

12. 面值为 60 元的普通股股票，预计每年固定股利收入为 6 元，如果贴现率为 8%，那么，准备长期持有该股票的投资者能接受的购买价格最高为（　　　）元。
    A. 60
    B. 80
    C. 75
    D. 65

13. 如果溢价购买债券，则债券的票面收益率与直接收益率的关系为（　　　）。
    A. 票面收益率高于直接收益率
    B. 票面收益率低于直接收益率
    C. 票面收益率等于直接收益率
    D. 票面收益率可能高于也可能低于直接收益率

14. 有一笔国债，5 年期，溢价 20%发行，票面利率为 10%，单利计息，到期一次性还本付息，其到期收益率是（　　　）。
    A. 4.23%
    B. 5.23%
    C. 4.57%
    D. 4.69%

15. 下列关于基金价值的说法正确的是（　　　）。
    A. 基金的价值取决于目前能给投资者带来的现金流量，即基金净资产的现在价值
    B. 基金单位净值是在某一时期每一基金单位（或基金股份）所具有的市场价值
    C. 基金单位净值=（基金资产总额−基金负债总额）÷基金单位总份额
    D. 基金赎回价=基金单位净值+基金赎回费

二、多项选择题

1. 长期投资决策分析中，考虑货币时间价值的分析方法有（　　　）。
    A. 净现值法
    B. 获利指数法
    C. 静态回收期法
    D. 净现值率法

2. 净现值率指标的优点有（　　　）。

A.　考虑了货币时间价值

B.　考虑了项目计算期的全部现金净流量

C.　比其他折现相对数指标更容易计算

D.　可从动态上反映项目投资的资金投入与净产出之间的关系

3.　下列投资决策评价指标中，考虑了货币时间价值的指标有（　　　）。

A.　净现值　　　　　B.　投资回收期　　　　C.　获利指数　　　　　D.　内含收益率

4.　内含收益率是指（　　　）。

A.　投资报酬与总投资的比率　　　　　B.　项目投资实际可望达到的报酬率

C.　投资报酬现值与总投资现值的比率　　D.　使投资方案净现值为零的贴现率

5.　固定资产原值包含的内容有（　　　）。

A.　建设期资本化利息　　　　　　　B.　计入当期损益的利息

C.　固定资产投资　　　　　　　　　D.　净残值

6.　下列收益率中不能反映资本损益情况的有（　　　）。

A.　本期收益率　　　B.　票面收益率　　　C.　直接收益率　　　　D.　持有期收益率

7.　下列会影响债券的投资收益率的因素有（　　　）。

A.　票面利率　　　　　　　　　　　B.　面值和持有时间

C.　期限　　　　　　　　　　　　　D.　购买价格和出售价格

8.　在计算长期债券的持有期收益率时，下列说法正确的有（　　　）。

A.　要考虑货币时间价值因素

B.　要求的收益率越高，则其购买价格越高

C.　可以采用内插法进行计算

D.　投资收益率是能使债券未来现金流入量的现值等于购买价格时的贴现率

9.　下列各项中，能够影响债券内在价值的因素有（　　　）。

A.　债券的价格　　　　　　　　　　B.　债券的计息方式

C.　当前的市场利率　　　　　　　　D.　债券的票面利率

10.　对于原始投资额不同、项目计算期相同的互斥方案之间的比较最适合采用（　　　）。

A.　净现值率法　　　B.　净现值法　　　C.　内含收益率法　　　D.　年金净流量法

三、判断题

1.　所谓净现值是指特定方案未来各年现金流入与现金流出差额现值之和。　　　　（　　　）

2.　当评价两个相互排斥的投资方案时应该着重比较其各自的内含收益率，而把其净现值放在次要地位。　　　　　　　　　　　　　　　　　　　　　　　　　　（　　　）

3.　在投资项目决策中，只要投资方案的内含收益率大于零，该方案就是可行方案。

（　　　）

4.　只有静态回收期指标小于或等于基准投资回收期的投资项目才具有财务可行性。投资回收期越短，则说明投资所承担的风险越小。　　　　　　　　　　　　　　（　　　）

5.　现金净流量存在于整个项目计算期内，只是投资期内的现金净流量小于零，而营业期内的现金净流量大于零。　　　　　　　　　　　　　　　　　　　　　　　（　　　）

6.　在项目投资决策中，应当以现金流量作为评价项目经济效益的评价指标。（　　　）

7. 一般而言，必要报酬率下降，债券价格下降；必要报酬率上升，债券价格上升。
( )

8. 债券的价格会随着市场利率的变化而变化。当市场利率上升时，债券价格下降；当市场利率下降时，债券价格上升。
( )

9. 封闭式基金买卖价格主要受公司的净资产值影响，基本不受市场供求关系影响。
( )

10. 基金价值与股票价值一样都是指能够给投资者带来的未来现金流量的现值。 ( )

四、计算分析题

（一）练习净现值法的应用

【资料】某企业一更新改造项目的投资额是 100 000 元，当年完工并投产（建设期为零），寿命期 6 年，期末有残值 1 000 元。已知各年的经营现金净流量分别为 26 500 元、36 500 元、46 500 元、56 500 元、66 500 元和 76 500 元，假设贴现率为 10%。

【要求】计算该项目的净现值并评价其财务可行性。

（二）练习内含收益率的计算

【资料】已知某项目的贴现率与净现值的关系如表 5.18 所示。

表 5.18　贴现率与净现值的关系

贴现率	8%	10%	15%	18%	20%	30%
净现值（万元）	10 200	10 000	5 000	360	−2 000	−11 000

【要求】计算该项目的内含收益率。

（三）练习债券价值及收益率的计算

【资料】王某于 20×9 年 1 月 1 日购入 100 张 A 公司发行的 2 年期债券，每张债券面值 100 元，发行价格 102 元，每年支付年利息 8 元。目前的市场利率为 7%。

【要求】1. 计算债券的内在价值；

2. 若王某持有债券至到期日，计算其持有期年均收益率。

五、综合分析题

【资料】某企业有 A、B 两个互斥投资方案，投资额均为 50 万元，全部用于购置新的设备，建设期为零，采用年限平均法计提折旧，使用期为 5 年，无残值，资本成本率为 10%。有关资料如表 5.19 所示。

表 5.19　两个方案的有关资料 （单位：万元）

年次	A 方案			B 方案		
	年净利润	年折旧	年现金净流量	年净利润	年折旧	年现金净流量
第 1 年	9	10	19	14	10	24
第 2 年	9	10	19	12	10	22
第 3 年	9	10	19	9	10	19
第 4 年	9	10	19	6	10	16
第 5 年	9	10	19	4	10	14
合计	45	50	95	45	50	95

【要求】1. 计算两个方案的静态投资回收期；

2. 计算两个方案的净现值；

3. 计算两个方案的现值指数；

4. 计算两个方案的内含收益率；

5. 判断应采用哪个方案。

第六章　营运资金管理

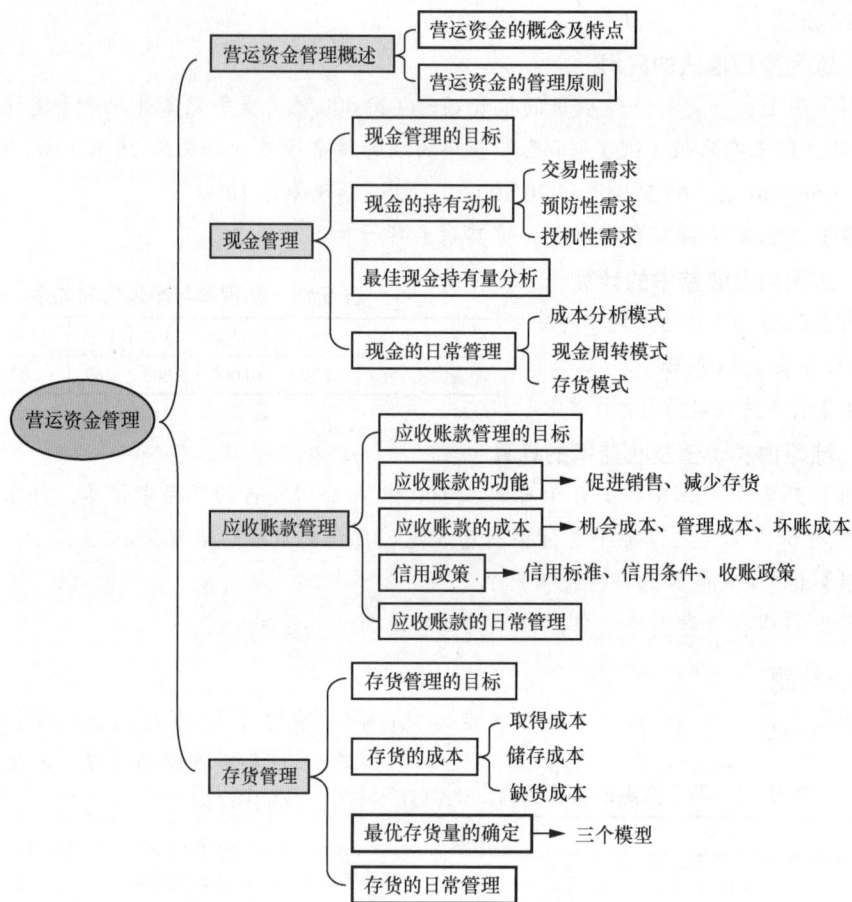

营运资金管理
- 营运资金管理概述
  - 营运资金的概念及特点
  - 营运资金的管理原则
- 现金管理
  - 现金管理的目标
  - 现金的持有动机
    - 交易性需求
    - 预防性需求
    - 投机性需求
  - 最佳现金持有量分析
  - 现金的日常管理
    - 成本分析模式
    - 现金周转模式
    - 存货模式
- 应收账款管理
  - 应收账款管理的目标
  - 应收账款的功能 → 促进销售、减少存货
  - 应收账款的成本 → 机会成本、管理成本、坏账成本
  - 信用政策 → 信用标准、信用条件、收账政策
  - 应收账款的日常管理
- 存货管理
  - 存货管理的目标
  - 存货的成本
    - 取得成本
    - 储存成本
    - 缺货成本
  - 最优存货量的确定 → 三个模型
  - 存货的日常管理

引导案例

亚萨合莱盼盼的零存货管理

　　你知道什么是营运资金吗？它是指企业维持日常经营所需的资金，是企业日常生产经营活动的润滑剂。企业的营运资金应控制在合理的水平上，因为企业的营运资金过多，则收益率会降低；营运资金不足，则风险又会加大。那么企业的营运资金多少才算合理呢？这要视企业的具体情况而定。

　　亚萨合莱盼盼（前身是盼盼集团，2010 年被亚萨合莱集团并购）是中国防盗安全门行业的龙头企业，产品十分畅销。该企业存货管理采用"适时生产系统"，具体包括以下内容。

　　（1）零库存管理。充分利用钢材市场供大于求的状况，实行货到付款的原则。亚萨合莱盼盼根据年生产能力，确定所需的钢材总量、型号、规格，与供应商签订合同，在保证质量的同时，严格明确供货日期，注重分期订货、分期付款，为防止供应失误配备专门的供货车。

（2）零应收账款。在供不应求的情况下，亚萨合莱盼盼实行先付款后发货的原则。

（3）零不良资产。零存货与零应收账款使得资产的质量较好，资金周转速度快。

值得注意的是，零存货并不是不要储备和没有储备，而是指物料（包括原材料、半成品和产成品等）在采购、生产、销售、配送等经营环节中，不以仓库存储的形式存在，而是均处于周转的状态。它并不是指以仓库形式储存的某种或某些物品的数量真正为零，而是通过实施特定的库存控制策略，实现库存量的最小化。

那么营运资金包括哪些内容，应该如何管理呢？这正是本章所要学习的内容。

第一节　营运资金管理概述

一、营运资金的概念及特点

（一）营运资金的概念

营运资金是指在企业生产经营活动中占用在流动资产上的资金。营运资金有广义和狭义之分，广义的营运资金是指一个企业流动资产的总额，狭义的营运资金是指流动资产减去流动负债后的余额。后文多指狭义的营运资金概念。

1. 流动资产

流动资产是指可以在 1 年或超过 1 年的一个营业周期内变现或运用的资产。流动资产具有占用时间短、周转快、易变现等特点。企业拥有较多的流动资产，可在一定程度上降低财务风险。

2. 流动负债

流动负债是指需要在 1 年或者超过 1 年的一个营业周期内偿还的债务。流动负债又称短期负债，具有成本低、偿还期短的特点，必须加强管理。

视野拓展

营运资金管理实例

（二）营运资金的特点

为了有效地管理企业的营运资金，必须研究营运资金的特点，以便有针对性地进行管理。营运资金一般具有如下特点。

1. 营运资金的来源具有多样性

企业筹集长期资金的方式一般较少，只有吸收直接投资、发行股票、发行债券等方式。与筹集长期资金的方式相比，企业筹集营运资金的方式较为灵活多样，通常有银行短期借款、短期融资券、商业信用、应交税费、应付股利、应付职工薪酬等多种内外部融资方式。

2. 营运资金的数量具有波动性

流动资产的数量会随企业内外条件的变化而变化，时多时少，波动很大。季节性企业如此，非季节性企业也是如此。随着流动资产数量的变动，流动负债的数量也会相应发生变动。

3. 营运资金的周转具有短期性

企业占用在流动资产上的资金，通常会在 1 年或超过 1 年的一个营业周期内收回，对企业影响的时间比较短。根据这一特点，营运资金可以用商业信用、银行短期借款等短期筹资方式来加以解决。

4. 营运资金的实物形态具有变动性

企业营运资金的占用形态是经常变化的，营运资金的每次循环都要经过采购、生产、销售等过程，一般按照现金、材料、在产品、产成品、应收账款、现金的顺序转化。为此，在进行流动资产管理时，必须在各项流动资产上合理配置资金数额，以促进资金周转顺利进行。

5. 营运资金具有易变现性

以公允价值计量且其变动计入当期损益的金融资产、应收账款、存货等流动资产一般具有较强的变现能力，如果遇到意外情况，企业出现资金周转不灵、现金短缺时，便可迅速变卖这些资产，以获取现金，这对财务上应付临时性资金需求具有重要意义。

二、营运资金的管理原则

企业的营运资金在全部资金中占有相当大的比重，而且周转期短，形态易变，因此，营运资金管理是企业财务管理工作的一项重要内容。企业进行营运资金管理，应遵循以下原则。

（1）满足正常资金需求。企业营运资金的需求数量与企业生产经营活动有直接关系。企业应认真分析生产经营状况，采用一定方法合理确定营运资金的需求数量。营运资金的管理必须把满足正常合理的资金需求作为首要任务。

（2）提高资金使用效率。营运资金的周转是指企业的营运资金从现金投入生产经营开始，到最终转化为现金的过程。加速资金周转是提高资金使用效率的主要手段之一。提高营运资金使用效率的关键是采取得力措施，缩短营业周期，加速变现过程，加快营运资金周转。

（3）节约资金使用成本。在营运资金管理中，必须正确处理保证生产经营需要和节约资金使用成本两者之间的关系。要在保证生产经营需要的前提下，尽力降低资金使用成本。一方面，要挖掘资金潜力，加速资金周转；另一方面，要积极拓展融资渠道，筹措低成本资金。

（4）维持短期偿债能力。偿债能力是反映企业财务风险的标志之一。合理安排流动资产与流动负债的比例关系，保持流动资产结构与流动负债结构的适配性，保证企业有足够的短期偿债能力是营运资金管理的重要原则之一。

综上所述，营运资金是流动资产的一个有机组成部分，因其较强的流动性而成为企业日常生产经营活动的润滑剂和基础。在客观存在现金流入量与流出量不同步和不确定的现实情况下，企业持有一定量的营运资金十分重要。

企业的营运资金应控制在合理的水平上，既要防止营运资金不足，也要避免营运资金过多。这是因为，企业营运资金越多，风险越小，但收益率也越低；相反，营运资金越少，风险越大，但收益率也越高。企业需要在风险和收益率之间进行权衡，从而将营运资金的数量控制在一定范围之内。企业的营运资金管理主要包括现金管理、应收账款管理和存货管理等。

第二节　现　金　管　理

现金有广义和狭义之分。广义的现金是指在生产过程中暂时停留在货币形态的资金，包括企业库存现金、银行存款和其他货币资金等；狭义的现金仅指库存现金。后文所讲的现金是指广义的现金。

有价证券是企业现金的一种转换形式。有价证券的变现能力强，可以随时兑换成现金。企业有多余现金时，常将现金兑换成有价证券；现金流出量大于流入量，即需要补充现金时，再出让有价证券换回现金。在这种情况下，有价证券就成了现金的替换品。

一、现金管理的目标

作为流动性和支付能力最强的资产，现金是满足日常经营支付、偿还债务本息、履行纳税义务的重要保证。因此，拥有足够的现金对降低企业的风险，增强企业资产的流动性和债务的可清偿性有着重要的意义。同时，现金又是一种非营利性资产，持有量过多，势必降低企业资产的获利水平。企业现金管理的目标，就是要在资产的流动性和盈利能力之间做出抉择，合理确定现金持有量，在保证企业经营活动所需现金的同时，尽量减少闲置现金的数量，提高资金收益率。

二、现金的持有动机

企业持有一定数量的现金，主要基于以下三种需求。

1. 交易性需求

交易性需求是指企业持有现金以便满足日常支付的需要，如用于购买材料、支付工资、缴纳税金、支付股利等。企业每天的现金收入和现金支出很少同时等额发生，保留一定的现金余额可使企业在现金支出大于现金收入时，不致中断交易。一般来说，企业为满足交易动机所持有的现金数额，主要取决于企业的销售水平。

2. 预防性需求

预防性需求是指企业需要持有一定量的现金，以应付突发事件。这种突发事件可能是社会经济环境变化，也可能是企业的某大客户违约导致企业突发性偿付等。尽管财务人员试图利用各种手段来较准确地估算企业需要的现金数额，但这些突发事件会使原本很好的财务计划失去效果。因此，企业为了应付突发事件，有必要维持比日常正常运转所需金额更多的现金。

企业为应付紧急情况而持有现金的余额主要取决于以下三个因素：①企业临时融资能力的强弱；②企业愿意承担现金短缺风险的程度；③企业对现金流量收支预测的可靠程度。

3. 投机性需求

投机性需求是企业需要持有一定量的现金以抓住突然出现的获利机会。这种机会大多是一闪即逝的，如证券价格的突然下跌，企业若没有用于投机的现金，就会错过这一机会。

企业在确定现金余额时，一般应综合考虑各方面的持有动机。但要注意的是，由于各种动机所需的现金可以调节使用，企业持有的现金总额一般小于三种需求下的现金持有量之和。

三、最佳现金持有量分析

基于以上分析可知，现金持有不足，可能影响企业的生产经营，加大财务风险；现金持有过多，则会降低企业的整体盈利水平。因此，企业必须确定最佳现金持有量。确定最佳现金持有量的方法主要有以下几种。

> **★提炼点睛★**
>
> 现金是流动性最强、收益性最差的资产，企业现金管理的目标，就是要在资产的流动性和盈利能力之间做出抉择，合理确定现金持有量。

1. 成本分析模式

成本分析模式是通过分析现金的有关成本，寻找总成本最低时现金持有量的一种方法。成本分析模式考虑的现金持有总成本包括以下项目。

（1）机会成本。现金的机会成本是指企业因保留一定现金余额丧失的再投资收益。再投资收益是指企业将现金投资于有价证券所能获得的收益，丧失的再投资收益是持有现金的机会成本，这种成本在数额上等同于资金成本。放弃的再投资收益即机会成本属于变动成本，它与现金持有量的多少密切相关，现金持有量越大，机会成本就越大，反之就越小，即机会成本与现金持有量正相关。

（2）管理成本。现金的管理成本是指企业因持有一定数量的现金而发生的管理费用，如管理人员的工资、安全措施费用等。一般认为这是一种固定成本，这种固定成本在一定范围内和现金持有量之间没有明显的比例关系。

（3）短缺成本。现金的短缺成本是指因现金持有量不足又无法及时通过有价证券变现得以补充而给企业造成的损失，包括直接损失和间接损失。现金的短缺成本随现金持有量的增加而下降，随现金持有量的减少而上升，即与现金持有量负相关。

现金的持有成本和现金持有量之间的关系如图 6.1 所示。

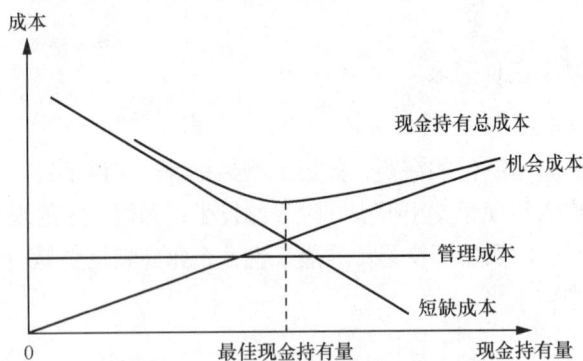

图 6.1　成本分析模式示意图

成本分析模式是要找到机会成本、管理成本和短缺成本所组成的总成本曲线中最低点所对应的现金持有量，把它作为最佳现金持有量。

因管理成本是固定成本，运用成本分析模式确定最佳现金持有量时，可以不考虑持有成本中的管理成本，只考虑持有现金的机会成本和短缺成本。实际工作中运用成本分析模式确定最佳现金持有量的具体步骤如下：①根据不同现金持有量测算并确定现金成本数值；②根据不同现金持有量及相关成本资料编制最佳现金持有量测算表；③在测算表中找出现金持有相关总成本最低时的现金持有量，即最佳现金持有量。

【例 6.1】 某企业有四种现金持有方案，有关成本资料见表 6.1。

根据表 6.1，采用成本分析模式编制该企业最佳现金持有量测算表，如表 6.2 所示。

表 6.1　现金持有量备选方案表

（金额单位：元）

项　　目	甲	乙	丙	丁
现金持有量	30 000	60 000	90 000	120 000
机会成本率	10%	10%	10%	10%
短缺成本	12 000	7 500	2 500	0

表 6.2　最佳现金持有量测算表

（单位：元）

项　　目	甲	乙	丙	丁
机会成本	3 000	6 000	9 000	12 000
短缺成本	12 000	7 500	2 500	0
相关总成本	15 000	13 500	11 500	12 000

将以上各方案的相关总成本加以比较可知，丙方案的相关总成本最低，也就是说当企业持有 90 000 元现金时，各方面的总代价最低，所以 90 000 元是该企业的最佳现金持有量。

2. 现金周转模式

现金周转模式是从现金周转的角度出发，根据现金的周转速度来确定最佳现金持有量的一种方法。现金的周转速度一般以现金周转期来体现。所谓现金周转期是指从用现金购买原材料开始，到销售产品并最终收回现金所花费的时间，具体包括以下三个方面。

（1）存货周转期。它是指将原材料转化成产成品并出售所需要的时间。

（2）应收账款周转期。它是指将应收账款转换为现金所需要的时间，即从产品销售到收回现金的时间。

（3）应付账款周转期。它是指从收到尚未付款的材料开始到以现金支付货款所需要的时间。

上述三个方面与现金周转期之间的关系为

现金周转期=存货周转期+应收账款周转期–应付账款周转期

计算出现金周转期后，便可确定最佳现金持有量。其计算公式为

最佳现金持有量=（企业年现金需求总额÷360）×现金周转期

【例6.2】 某企业预计存货周转期为60天，应收账款周转期为60天，应付账款周转期为30天，预计全年需要现金360万元，求最佳现金持有量。

现金周转期=60+60-30=90（天）

最佳现金持有量=(360÷360)×90=90（万元）

3. 存货模式

存货模式又称鲍莫尔模式（Baumol Model），它是由美国经济学家威廉·J. 鲍莫尔（William J. Baumol）首先提出的，他认为公司现金持有量在许多方面与存货相似，存货经济批量模型可用于确定最佳现金持有量，并以此为出发点，建立了鲍莫尔模式。

存货模式的着眼点也是现金相关总成本最低。在现金成本中，管理成本因其相对稳定，同现金持有量的多少关系不大，在存货模式中被视为决策无关成本而不予考虑。由于现金是否会发生短缺、短缺多少、概率多大以及各种短缺情形发生时可能的损失如何都存在很大的不确定性和无法计量性，所以在利用存货模式计算现金最佳持有量时，对短缺成本也不予考虑。

转换成本是指现金同有价证券之间相互转换的成本，如委托买卖佣金、手续费等。转换成本与现金转换次数、每次的转换量有关。假定现金每次的转换成本是固定的，企业平时持有的现金量越高，转换的次数便越少，转换成本就越低；反之，企业平时持有的现金量越低，转换的次数便越多，转换成本就越高。可见，固定性转换成本与现金持有量负相关。

在存货模式中，只对机会成本和固定性转换成本予以考虑。机会成本和固定性转换成本随着现金持有量的变动而呈现出相反的变动趋向，能够使现金管理的机会成本与固定性转换成本之和保持最低的现金持有量，即为最佳现金持有量。因此，在存货模式下，现金管理的相关总成本就等于机会成本与固定性转换成本之和：

相关总成本=机会成本+固定性转换成本

假设：TC 表示现金管理的相关总成本；Q 表示最佳现金持有量；K 表示现金的机会成本，即有价证券的利息率；T 表示某一时期内的现金需要量；F 表示每次有价证券与现金的转换成本。则现金管理的相关成本的计算公式可以表示为

$$TC=(Q/2)\times K+(T/Q)\times F$$

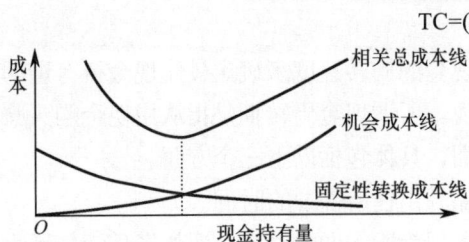

图 6.2　存货模式示意图

相关总成本、机会成本和固定性转换成本之间的关系如图 6.2 所示。

从图 6.2 中可以看出，现金管理的相关总成本与现金持有量呈凹形曲线关系。持有现金的机会成本与固定性转换成本相等时，现金管理的相关总成本最低，此时的现金持有量为最佳现金持有量。因此，Q 应该满足：

$$(Q/2)\times K=(T/Q)\times F$$

整理后，可得出：

$$Q=\sqrt{(2T\times F)/K}$$

现金管理相关总成本的计算公式可表示为

$$TC=\sqrt{2TFK}$$

【例 6.3】　某企业预计全年需要支付现金 800 000 元，有价证券的年利息率为 6.5%，现金与有价证券的每次转换成本为 85 元，则最佳现金持有量为

$$Q=\sqrt{2\times800\ 000\times85\div6.5\%}=45\ 741.75（元）$$

最低现金管理相关总成本为

$$TC=\sqrt{2\times800\ 000\times85\times6.5\%}=2\ 973.21（元）$$

其中，

固定性转换成本=(800 000÷45 741.75)×85=1 486.61（元）

机会成本=45 741.75÷2×6.5%=1 486.61（元）

有价证券交易次数=800 000÷45 741.75=18（次）

有价证券交易间隔期=360÷18=20（天）

> ★ 提炼点睛 ★
>
> 在成本分析模式下，机会成本=现金持有量×机会成本率；在存货模式下，机会成本=现金持有量÷2×机会成本率。

四、现金的日常管理

企业确定了最佳现金持有量后，还应采取各种措施，加强现金的日常管理，以保证现金的安全性、流动性和收益性，最大限度地发挥现金效用。现金日常管理主要包括以下几个方面。

（一）收款管理

1. 收款系统

一个高效率的收款系统能够使收款成本最小和收款浮动期最短，同时能够保证与客户汇款及其他现金流入来源相关的信息质量。

（1）收款成本。收款成本包括浮动期成本（机会成本）、管理收款系统的相关费用（如银行手续费）及第三方处理或清算相关费用。

（2）收款浮动期。收款浮动期是指从支付开始到企业收到资金的时间间隔。收款浮动期主要是纸基支付方式导致的，有下列三种类型：①邮寄浮动期（从付款人寄出支票到收款人或收款人处理系统收到支票的时间间隔）；②处理浮动期（收款人处理支票和将支票存入银行以收回现金所花的时间）；③结算浮动期（银行系统进行支票结算所需要的时间）。

（3）信息的质量。信息的质量包括付款人的姓名、付款的内容和付款时间。信息要及时、准确地传递给收款人，以便收款人及时处理资金，做出发货的安排。

2. 收款方式的改善

电子支付方式对比纸基支付方式有所改进。电子支付方式具有以下好处。

（1）结算时间和资金可用性可以预计。

（2）向任何一个账户或任何金融机构的支付具有灵活性，不受人工干扰。

（3）客户的汇款信息可与支付同时传送，更容易更新应收账款。

（4）客户的汇款从纸基方式转向电子方式，缩短或消除了收款浮动期，降低了收款成本，收款过程更容易控制，并且提高了预测精度。

（二）付款管理

现金支出管理的主要任务是尽可能延缓现金的支出时间。当然，这种延缓必须是合理合法的。控制现金支出的目标是在不损害企业信誉的条件下，尽可能推迟现金的支出。

1. 推迟支付应付款

企业可在不影响信誉的情况下，尽可能推迟应付款的支付期，充分运用供货商所提供的信用优惠。例如，如果有一笔应付款的信用条件是"2/10，n/30"，企业若想享受现金折扣，应在第 10 天付款，否则应在第 30 天付款。

2. 合理使用现金浮游量

现金的浮游量是指企业账户上的现金余额与银行账户上所示的存款余额之间的差额。通常后者大于前者。出现现金浮游量的主要原因是企业开出支票、收款人收到支票并将其送交银行直至银行办理完款项的划转通常需要一定的时间。因此，现金浮游量实际上是企业与银行双方出账与入账的时间差造成的，也就是在这段时间里，虽然企业已开出支票却仍可动用银行存款账户上的这笔资金，以达到充分利用现金的目的。但是企业使用现金浮游量应谨慎，要预先估计好这一差额，并控制使用的时间，否则，会透支银行存款。

3. 采用汇票付款

企业可以利用汇票这一结算方式来延缓现金支出的时间。因为汇票不是见票即付的付款方式，在受票人将汇票送达银行后，银行要将汇票送交付款人承兑，并由付款人将一笔相当于汇票金额的资金存入银行，银行才会付款给受票人，所以企业的实际付款时间迟于开出汇票的时间。但是，同支票相比，采用汇票方式，银行会收取较高的手续费。

4. 改进员工工资支付模式

企业可以为支付工资专门设立一个工资账户，通过银行向职工支付工资。为了最大限度地减少工资账户上的存款余额，企业要合理预测开出支付工资的支票到职工去银行兑现的具体时间。

5. 透支

透支是指企业开出支票的金额大于活期存款余额，它实际上是银行向企业提供的信用。透支的限额由银行和企业共同商定。

6. 争取现金流出与现金流入同步

企业应力争使现金流出和现金流入同步，这样可以降低交易性现金余额，同时可以减少有价证券转换为现金的次数，提高现金的利用效率，节约转换成本。

7. 使用零余额账户

企业与银行合作，保持一个主账户和一系列子账户，企业只在主账户上保持一定的安全储备，而在一系列子账户上不需要保持安全储备。当从某个子账户签发的支票需要现金时，所需要的资金立即从主账户划拨过来，从而使更多的资金可以得到充分利用。

（三）综合管理

1. 建立健全现金的内部控制制度

现金收支首先要保证其安全、完整，不出差错。为此，必须建立严格的内部控制制度。首先，建立健全现金的内部牵制制度。现金的内部牵制制度主要是实行"钱账分管"，同时加强财务印章的管理，即出纳管钱、会计管账、财务主管管印章，使他们之间互相牵制，互相监督。其次，明确现金支出的批准权限。企业应建立明确的现金支出授权批准制度，划分总经理、部门经理等有关管理人员的批准权限。任何现金支出，必须经有关人员批准和授权方可使用。最后，做好收支凭证的管理及账目的核对。例如，建立收据、发票、支票等有关凭证的保管、领用及登记制度，要做到现金收支日清月结，定期盘点，定期与银行存款对账单核对等。

2. 遵守现金收支的结算纪律

国家颁布的有关现金收支的结算纪律依据的法律法规主要有《现金管理暂行条例》《支付结算办法》和《中华人民共和国票据法》等，企业应严格遵守和执行，具体包括：遵守国家规定的库存现金的使用范围；核定库存现金限额；不得坐支现金；不得出租、出借银行账户；不得签发空头支票和远期支票；不得保存账外公款等。

第三节　应收账款管理

一、应收账款管理的目标

应收账款是企业的一项资金投放，是为了扩大销售和增加盈利而进行的投资。企业提供商业信用，采取赊销方式，一方面可以扩大销售，增加企业的市场占有率和盈利；另一方面会使企业应收账款的数额大量增加，现金收回的时间延长，回收成本增加，甚至会使企业遭受不能收回应收账款的损失。应收账款收益与风险并存的客观现实，要求企业必须对增加应收账款而增加的收益、成本和风险加以全面权衡。应收账款管理的目标是充分发挥应收账款的功能，权衡应收账款的收益、成本和风险，尽可能降低应收账款的成本和风险，最大限度地提高应收账款的收益率。

二、应收账款的功能

应收账款的功能主要有以下两个方面。

1. 促进销售的功能

在赊销方式下，由于企业在销售产品的同时向对方提供了相当于货款金额的信用资金，这对买方而言具有极大的吸引力。因此，在竞争激烈的市场经济条件下，赊销是企业使用的一种重要的促销手段，对企业扩大销售、开拓并占领市场具有重要意义。尤其在卖方产品销售不畅、竞争力不强的情况下，采用赊销方式对增加销售显得尤为必要。

2. 减少存货的功能

企业持有产成品存货不仅占用资金，而且还会发生仓储保管费、保险费等支出，同时还可能承担毁损、变质等损失。企业持有应收账款虽然也会占用资金，却无须承担上述费用和损失，因此，当产成品存货较多时，企业可以采用较为优惠的信用条件进行赊销，尽快实现存货向销售收入的转化，变持有存货为持有应收账款，以节约各项存货管理支出。

三、应收账款的成本

企业持有应收账款要付出一定的代价，这种代价即为应收账款的成本。其内容包括机会成本、管理成本和坏账成本。

1. 机会成本

应收账款的机会成本是指资金投放于应收账款上所丧失的其他收入，如投资有价证券会有利息、股息收入等。这一成本的大小与维持赊销业务所需要的资金及企业资金成本率或有价证券利率有关，其计算公式为

$$应收账款机会成本 = 维持赊销业务所需资金 \times 资金成本率$$

公式中的资金成本率可按企业综合资金成本率计算，亦可按有价证券利率计算。维持赊销业务所需要的资金数量可按下列步骤计算：

$$维持赊销业务所需资金 = 应收账款平均余额 \times 变动成本率$$

$$变动成本率 = \frac{变动成本}{销售收入} \times 100\%$$

$$应收账款平均余额 = \frac{年赊销收入净额}{应收账款周转率（次数）}$$

$$应收账款周转率 = \frac{360}{应收账款周转期（或收账天数）}$$

以上分析是建立在赊销数量在业务量的相关范围之内的基础上的，即企业的成本水平保持不变（单位变动成本不变，固定成本总额不变）。因为固定成本总额与业务量无关，只与特定期间有关，所以，应收账款的投资额仅指赊销收入总额中的变动成本部分。

【例 6.4】某公司全年赊销收入净额为 900 万元，应收账款周转期为 60 天，变动成本率为 60%，资金成本率为 10%，计算应收账款的机会成本。

$$应收账款周转率 = 360 \div 60 = 6（次）$$

$$应收账款平均余额 = 900 \div 6 = 150（万元）$$

$$维持赊销业务所需资金 = 150 \times 60\% = 90（万元）$$

$$应收账款机会成本 = 90 \times 10\% = 9（万元）$$

> ★提示★
>
> 应收账款平均余额也可以按以下公式计算：应收账款平均余额＝日销售额×平均收现期（各种收现期的加权平均数）。

2. 管理成本

管理成本是指为管理应收账款所支付的一切费用，主要包括客户信用状况调查费用、收集整理信息费用、收账费用、账簿的记录费用等。

3. 坏账成本

坏账成本是指应收账款因故不能收回而发生的坏账损失，该项成本一般与应收账款余额成正比，即应收账款越多，坏账成本也就越多。基于此，为规避发生坏账成本给企业生产经

营活动的稳定性带来不利影响，企业应合理提取坏账准备。坏账成本一般用下列公式测算：

$$应收账款的坏账成本=赊销额×预计坏账损失率$$

四、信用政策

信用政策即应收账款的管理政策，是指企业为对应收账款进行规划与控制而确立的基本原则与行为规范，包括信用标准、信用条件和收账政策三部分内容。

（一）信用标准

信用标准是客户获得企业商业信用所应具备的最低条件，通常用预期坏账损失率表示。关于信用标准的制定，企业面临着两难选择：信用标准高，固然可以降低违约风险，减少坏账损失及收账费用，但许多客户会因达不到标准而不能享受企业的信用政策，从而影响企业的市场竞争力和销售收入的增加；反之，若企业信用标准过低，虽然有利于企业扩大销售，但同时会增加坏账风险和收账费用。企业应综合分析影响信用标准的因素，制定合理的信用标准。

1. 影响信用标准的因素

企业在制定或选择信用标准时，应考虑以下两个基本因素。

（1）同行业竞争对手的情况。企业要想在激烈的市场竞争中立于不败之地，必须有充分的市场占有率。面对竞争对手，企业首先考虑的是如何在竞争中处于优势地位，并不断扩大市场占有率。在制定信用标准时，可参考定价策略的思路：若对手实力很强，则应制定较低的信用标准以吸引客户，扩大销售；反之，则应制定较高的信用标准。

（2）企业承担违约风险的能力。企业承担违约风险能力的强弱，对信用标准的选择也有很大影响。若企业承担违约风险的能力较强，就可以制定较低的信用标准以争取客户；若企业承担违约风险的能力较弱，则应制定较严格的信用标准，以降低企业可能面临的客户违约风险。

2. 信用的定性分析

信用的定性分析是对申请人"质"的分析。常用的信用定性分析法是 5C 信用评价系统，即评估申请人信用品质的五个方面：品质（Character）、能力（Capacity）、资本（Capital）、抵押（Collateral）和条件（Condition），因其英文第一个字母都是 C，所以简称信用的 5C 系统。

（1）品质。它是指客户的信誉，即履行偿债义务的可能性。这是评价客户信用状况的首要因素，主要通过了解客户过去的偿债记录进行分析评价。

（2）能力。它是指客户支付货款的能力。重点了解客户的流动资产的数量、质量以及流动比率和速动比率的高低，必要时还可以实地考察客户的日常运营状况。

（3）资本。它是指客户的经济实力与财务状况的优劣，是客户偿还债务的最终保证。

（4）抵押。它是指客户提供的作为履约保证的资产。作为信用担保的抵押财产，必须是客户实际拥有的并且应具有较高的变现能力。当对客户的底细尚未了解清楚时，客户提供的抵押品越充足，信用的安全保障程度就越高。

（5）条件。它是指影响申请人还款能力和意愿的各种外在因素。

3. 信用的定量分析

进行商业信用的定量分析可以从考察信用申请人的财务报表开始。通常使用比率分析法评价申请人的财务状况，常用的指标有：流动性和营运资本比率（如流动比率、速动比率以及现金对负债总额比率）、债务管理和支付比率（利息保障倍数、长期债务对资本比率、带息债务对资产总额比率，以及负债总额对资产总额比率）和盈利能力指标（销售回报率、总资产回报率和净资产收益率）。

将这些指标和信用评级机构及其他协会发布的行业标准进行比较，可以观察申请人的信用状况。

（二）信用条件

信用条件是指企业提供商业信用时所提出的付款要求，包括信用期限、折扣期限和现金折扣三个要素，折扣期限和现金折扣构成折扣条件。信用条件通常表示为"2/10，n/30"，其含义是：若客户在 10 天之内付款可享受 2%的现金折扣；若放弃现金折扣，必须在 30 天内付清全部款项。这里的 30 天为信用期限，10 天为折扣期限，2%为现金折扣。

1. 信用期限

信用期限是企业允许顾客从购货到付款之间的时间，或者说是企业给予顾客的最长付款时间，一般简称为信用期。信用期的确定，主要是分析改变现行信用期对收入和成本的影响。延长信用期，会使销售额增加，产生有利影响；与此同时，应收账款、收账费用和坏账损失增加，会产生不利影响。当有利影响大于不利影响时，可以延长信用期，否则不宜延长。

【例 6.5】 某公司预测 20×8 年赊销收入净额为 2 280 万元，其当前信用条件是 n/30，变动成本率为 60%，资金成本率为 18%。假如公司收账政策不变，固定成本总额不变，该公司准备了两个信用条件的备选方案：A 方案维持 n/30 的信用条件，B 方案将信用条件放宽到 n/60。各备选方案的赊销收入、坏账损失率、收账费用等资料如表 6.3 所示。

根据表 6.3 资料，分析情况如表 6.4 所示。

表 6.3　信用条件情况表

（金额单位：万元）

项　目	A(n/30)	B(n/60)
年赊销额	2 280	2 400
应收账款周转率（次）	360÷30=12	360÷60=6
应收账款平均余额	2 280÷12=190	2 400÷6=400
维持赊销所需资金	190×60%=114	400×60%=240
坏账损失率	2%	3%
坏账损失	2 280×2%=45.6	2 400×3%=72
收账费用	23.4	40

表 6.4　信用条件分析表 （单位：万元）

项　目	A(n/30)	B(n/60)
年赊销额	2 280	2 400
减：变动成本	2 280×60%=1 368	2 400×60%=1 440
信用成本前收益	2 280−1 368=912	2 400−1 440=960
减：信用成本		
应收账款机会成本	114×18%=20.52	240×18%=43.2
坏账损失	45.6	72
收账费用	23.4	40
信用成本小计	89.52	155.2
信用成本后收益	912−89.52=822.48	960−155.2=804.8

从表 6.4 可知：两个方案中，A 方案的信用成本后收益大于 B 方案的信用成本后收益，应选择 A 方案的信用条件。

【学中做】 假如例 6.5 中还有一个 C 方案，将信用条件放宽到 n/90，年赊销收入净额为 2 600 万元，坏账损失率为 4%，收账费用为 56 万元，其他条件不变，公司应选择哪个方案的信用条件？（答案：C 方案信用成本后收益为 809.8 万元，应选择 A 方案的信用条件）

上述信用期限分析的方法比较简便，可以满足一般制定信用政策的需要。如有必要，也可以进行更细致的分析，如进一步考虑销售增加引起存货增加而占用的资金，存货增加引起应付账款增加而节约的资金等。

2. 折扣条件

折扣条件包括折扣期限和现金折扣两个方面。延长信用期限会增加应收账款占用的时间和金额。许多企业为了加速资金周转，及时收回货款，减少坏账损失，往往在延长信用期限的同时，采用一定的优惠措施，即在规定的时间内提前偿付货款的客户可按销售收入的一定比例享受折扣。现金折扣实际上是对现金收入的扣减，企业是否提供现金折扣以及提供多大程度的现金折扣和核定多长的现金折扣期限，必须将加速收款所得到的机会收益与付出的现金折扣成本结合起来考察。如果加速收款带来的机会收益能够补偿现金折扣成本，企业就可以采取折扣条件；如果加速收款的机会收益不能补偿现金折扣成本，企业便不能采取折扣条件。

除上述的信用条件外，企业还可以根据需要，采取阶段性的现金折扣期限与不同的现金折扣，如"3/10，2/20，n/30"等。意思是：给予客户 30 天的信用期限；客户若能在开票后的 10 天内付款，便可以得到 3%的现金折扣；超过 10 天而能在 20 天内付款时，也可以得到 2%的现金折扣；否则，只能 30 天内全额支付账面款项。

【例 6.6】 接例 6.5，如果公司选择了 A 方案，但为了加速应收账款的收回，决定在 A 方案的基础上将赊销条件改为"2/10，1/20，n/30"（D 方案）。D 方案年赊销额仍为 2 280 万元，估计将有 60%的客户会利用 2%的现金折扣，30%的客户会利用 1%的现金折扣，其余客户放弃折扣，于信用期满时付款，坏账损失率降为 1%，收账费用降为 20 万元。根据上述资料计算 D 方案有关指标如下：

表 6.5　D 方案分析表 （单位：万元）

项　　　目	A(n/30)	D(2/10, 1/20, n/30)
年赊销额	2 280	2 280
减：现金折扣	——	34.2
年赊销净额	2 280	2 245.8
减：变动成本	1 368	1 368
信用成本前收益	912	877.8
减：信用成本		
应收账款机会成本	20.52	10.26
坏账损失	45.6	22.8
收账费用	23.4	20
信用成本小计	89.52	53.06
信用成本后收益	822.48	824.74

应收账款周转期=60%×10+30%×20+10%×30=15（天）

应收账款周转率=360÷15=24（次）

应收账款平均余额=2 280÷24=95（万元）

维持赊销所需资金=95×60%=57（万元）

应收账款机会成本=57×18%=10.26（万元）

坏账损失=2 280×1%=22.8（万元）

现金折扣=2 280×(2%×60%+1%×30%)=34.2（万元）

根据上述 D 方案指标，编制表 6.5。

由表 6.5 可见，D 方案比 A 方案的信用成本后收益多 2.26（824.74−822.48）万元，所以公司应选择 D 方案。

【学中做】 如果例 6.6 中 D 方案的信用条件为"3/10，1/20，n/30"，其他条件不变，公司应选择哪个方案的信用条件？（答案：D 方案信用成本后收益为 811.06 万元，应选择 A 方案）

上述折扣条件分析的方法与前述信用期限分析的方法一致，只不过要把所提供的延期付款时间和折扣综合起来，计算各方案的收益，再计算各方案的信用成本，最终确定最佳方案。

（三）收账政策

收账政策是指企业对客户违反信用条件，拖欠甚至拒付账款所采取的收账策略与措施。

通常，企业为了扩大销售，增强竞争能力，往往对客户的逾期未付款项规定一个允许的拖欠期限，超过规定的期限，企业就应采取各种形式进行催收。如果企业制定的收账政策过宽，会导致逾期未付款项的客户拖延时间更长，对企业不利；收账政策过严，催收过急，又

★提示★

当存在两个以上的现金折扣率时，要计算现金折扣成本，需要用平均现金折扣率。

可能伤害无意拖欠的客户，影响企业未来的销售和利润。因此，企业在制定收账政策时，要权衡好宽严界限。

　　企业对拖欠的应收账款，无论采用何种方式进行催收，都需要付出一定的代价，即收账费用，如收款所花的邮电通信费、派专人收款的差旅费和不得已时的法律诉讼费等。但企业加强应收账款管理，及早收回货款，可以减少坏账损失，减少应收账款上的资金占用。因此，制定收账政策就是要在增加收账费用与减少坏账损失、减少应收账款机会成本之间进行权衡，若增加的收账费用小于减少的坏账损失、减少的应收账款机会成本，则说明制定的收账政策是可取的。

　　【例 6.7】 已知某企业应收账款原有的收账政策和拟改变的收账政策的有关数据如表 6.6 所示。

　　假设企业的资金利息率为 10%，根据表 6.6 资料，计算的两个收账政策的收账总成本如表 6.7 所示。

　　根据表 6.7 可知，拟改变的收账政策较现行收账政策减少的坏账损失和减少的应收账款机会成本之和 85 万元，即(180−120)+(50−25)，大于增加的收账费用 30 万元，即(90−60)。因此，拟改变的收账政策是可取的。

表 6.6　收账政策备选方案资料

项　　目	现行收账政策	拟改变的收账政策
年收账费用（万元）	60	90
应收账款平均收账天数（天）	60	30
坏账损失占赊销额的百分比	3%	2%
赊销额（万元）	6 000	6 000
变动成本率	50%	50%

表 6.7　收账政策分析评价表 （金额单位：万元）

项　　目	现行收账政策	拟改变的收账政策
赊销额	6 000	6 000
应收账款平均收账天数（天）	60	30
应收账款周转次数（次）	360÷60=6	360÷30=12
应收账款平均余额	6 000÷6=1 000	6 000÷12=500
应收账款占用的资金	1 000×50%=500	500×50%=250
收账成本：		
应收账款机会成本	500×10%=50	250×10%=25
坏账损失	6 000×3%=180	6 000×2%=120
年收账费用	60	90
收账总成本	290	235

影响企业信用标准、信用条件及收账政策的因素有很多，如销售额、赊销期限、收账期限、现金折扣、坏账损失、过剩的生产能力、信用部门成本、机会成本、存货投资等的变化。这就使得信用政策的制定更为复杂，一般来说，理想的信用政策就是企业采取或松或紧的信用政策时所带来的收益最大的政策。

五、应收账款的日常管理

　　应收账款的管理难度比较大，在确定合理的信用政策之后，还要做好应收账款的日常管理工作，包括对客户的信用调查和分析评价、应收账款的催收工作等。

　　1. 调查客户信用

　　信用调查是指收集和整理反映客户信用状况有关资料的工作。信用调查是企业应收账款日常管理的基础，是正确评价客户信用的前提条件。企业对客户进行信用调查主要通过以下两种方法。

　　（1）直接调查。直接调查是指调查人员通过与被调查单位直接接触，通过当面采访、询问、观看等方式获取信用资料的一种方法。直接调查可以保证收集资料的准确性和及时性，但也有一定的局限，获得的往往是感性资料，若不能得到被调查单位的合作，则会使调查工作难以开展。

　　（2）间接调查。间接调查是以被调查单位以及其他单位保存的有关原始记录和核算资料为基础，通过加工整理获得被调查单位信用资料的一种方法。这些资料主要来自以下几个方面。①财务报表。通过财务报表分析，可以基本掌握一个企业的财务状况和信用状况。②信用评估机构。专门的信用评估机构的评估方法先进，评估调查细致，评估程序合理，所以可信度较高。③银行。银行是信用资料的一个重要来源，许多银行都设有信用部，为其客户服务，并负责对其客户信用状况进行记录、评估。④其他途径。如财税部门、市场监督管理部门、消费者协会等机构都可能提供相关的信用状况资料。

2. 评估客户信用

收集好信用资料后，就需要对这些资料进行分析、评价。企业一般采用5C系统来评价，并对客户信用进行等级划分。在划分信用等级方面，目前主要有两种方法：一种是三类九等，即将企业的信用状况分为 AAA、AA、A、BBB、BB、B、CCC、CC、C 九等，其中 AAA 为信用最优级，C 为信用最低等级；另一种是三级制，即 AAA、AA、A 三个信用等级。

3. 应收账款追踪分析

应收账款一旦发生，赊销企业就必须考虑如何按期足额收回的问题。要达到这一目的，赊销企业就有必要在收账之前，对该项应收账款进行追踪分析。追踪分析的内容包括三个方面：一是赊销商品的销售与变现；二是客户的信用品质；三是客户的现金持有量和调剂程度。如果客户赊购商品后，能迅速实现销售并收回账款，又有良好的信用品质，则赊销企业收回客户欠款一般不成问题；如果客户赊购的商品不能顺利地销售与变现，则意味着其与应付账款相对的现金支付能力不足，在这种情况下，客户能否及时付款取决于客户的信用品质和客户的现金持有量及调剂程度。因此，企业对应收账款进行追踪分析时，重点分析赊销商品的销售与变现，其次是客户的信用品质和客户的现金持有情况。

当然，赊销企业不可能也没有必要对全部的应收账款都实施追踪分析，通常情况下，赊销企业主要追踪那些金额大或客户信用品质差的应收账款。

4. 应收账款账龄分析

企业的应收账款时间长短不一，有的在信用期内，有的已逾期。一般来说，应收账款逾期时间越长，催收难度越大，成为坏账的可能性越高。因此，对应收账款进行账龄分析，密切关注应收账款的回收情况，是提高应收账款回收效率的重要环节。

表 6.8　应收账款账龄分析表

应收账款账龄	金额（万元）	比重（%）
信用期内	400	40
逾期 3 个月内	250	25
逾期 3～6 个月	200	20
逾期 6 个月～1 年	100	10
逾期 1 年以上	50	5
合　计	1 000	100

应收账款账龄分析就是对应收账款的账龄结构进行分析。所谓应收账款的账龄结构是指各账龄应收账款的余额占应收账款总计余额的比重。

【例 6.8】某企业应收账款账龄分析如表 6.8 所示。

表 6.8 表明，该企业应收账款余额中，有 400 万元在信用期内，占全部应收账款的40%。逾期数额600万元，占全部应收账款的60%；逾期3个月内的，占25%；逾期3～6个月的，占20%；逾期6个月～1年的，占10%；另有5%的应收账款已经逾期1年以上。从总体上看，逾期应收账款的比重较大，应引起财务管理人员的高度重视。

对于逾期应收账款，应进一步分析原因。如果属于信用政策的问题，应进行信用政策调整；如果属于客户的原因，应弄清这些客户是否经常发生拖欠情况，发生拖欠的原因何在。

针对不同的客户和逾期时间不同的账款，应采取不同的收账方法，制定经济可行的收账方案。同时，对信用期内的应收账款也不应放松管理和监督，防止发生新的逾期账款。

5. ABC 分类管理

ABC 分类管理是将企业的所有欠款客户按其欠款金额的多少进行分类排队，然后分别采用不同的收账策略。它一方面能加快应收账款收回，另一方面能将收账费用与预期收益联系起来。例如，某公司应收账款逾期金额为 260 万元，逾期金额在 25 万以上的有 3 家，占客户总数的 6%，逾期总额为 165 万元，占应收账款逾期金额总额的 63.46%，我们将其划入 A 类，这类客户是催款的重点对象。应收账款逾期金额在 10 万～25 万元的客户有 5 家，占客户总数的 10%，逾期总额为 80 万元，占应收账款逾期金额总额的 30.77%，我们将其划入 B 类。欠款在 10 万元以下的客户有 42 家，占客户总数的 84%，但其逾期金额仅占应收账款逾期金额总额的 5.77%，我们将其划入 C 类。

对这三类不同的客户，应采取不同的收款策略。例如，对 A 类客户，可以发出措辞较为严厉的信件催收，或派专人催收，或委托收款代理机构处理，甚至可通过法律解决；对 B 类客户则可以多发几封信函催收，或打电话催收；对 C 类客户只需要发出通知其付款的信函即可。

6. 应收账款保理

保理又称托收保付，是指卖方（供应商或出口商）与保理商之间存在的一种契约关系。根据契约，卖方将其现在或将来的基于其与买方（债务人）订立的货物销售（服务）合同所产生的应收账款转让给保理商，由保理商提供下列服务中的至少两项：贸易融资、销售账户管理、应收账款的催收、信用风险控制与坏账担保。可见，保理是一项综合性的金融服务方式，其同单纯的融资或收账管理有本质区别。

应收账款保理是企业将赊销形成的未到期应收账款在满足一定条件的情况下转让给保理商，以获得流动资金，加快资金的周转。保理可以分为有追索权保理（非买断型）和无追索权保理（买断型）、明保理和暗保理、折扣保理和到期保理。

第四节　存货管理

一、存货管理的目标

存货是指企业在生产经营过程中为销售或者耗用而储备的物资，包括原材料、燃料、低值易耗品、在产品、半成品、协作件、外购商品等。

企业持有存货一方面是为了保证生产或销售的经营需要，另一方面是出自价格的考虑，零购物资的价格往往较高，而整批购买通常能取得价格优惠。但是，过多的存货要占用较多资金，并且会增加包括仓储费、保险费、维护费、管理人员工资在内的各项开支。因此，存货管理的目标，就是在保证生产或销售需要的前提下，最大限度地降低存货成本。存货管理的目标具体包括以下几个方面。

（1）保证生产正常进行。生产过程中需要的原材料和在产品，是生产的物质保证。一定量的存货储备，可以有效避免生产中断、停工待料的发生，保证生产的正常进行。

（2）提高销售机动性。一定数量的存货储备能够增强企业适应市场变化的能力，防止在市场需要量激增时，因产品储备不足失去销售良机。同时，由于顾客为节约采购成本和其他费用，一般倾向于成批采购；企业为了达到运输上的最优批量也会组织成批发运，所以保持一定量的存货有利于市场销售。

（3）维持均衡生产，降低产品生产成本。针对季节性产品或需求波动大的产品，若根据需求组织生产，可能导致生产能力有时得不到充分利用，有时又超负荷，使得生产成本上升。一定量的原材料和产成品储备可以有效缓解这一问题，实现均衡生产，降低生产成本。

（4）降低存货取得成本。企业大批量集中进货，可以减少订货次数，更容易享受价格折扣，降低购置成本和订货成本，从而使总的进货成本降低。

（5）防止意外事件发生。企业在采购、运输、生产和销售过程中，都可能发生意料之外的事故，保持必要的存货保险储备，可以避免或减少意外事件带来的损失。

二、存货的成本

企业必须储备一定数量的存货，但其也会为此发生一定的支出，这就是存货的成本，主要包括以下三个方面的内容。

1. 取得成本

取得成本是指企业取得存货时的成本费用支出，主要包括存货进价和进货费用两个方面的支出。

（1）存货进价。存货进价又称购置成本，在数量上等于采购数量与采购单价的乘积。在物价不变且无商业折扣的情况下，存货进价与企业采购的次数无关，因而在存货决策中属于无关成本。

（2）进货费用。进货费用又称订货成本，是指企业为组织进货而发生的有关费用，如办公费、差旅费、运杂费、电话费、入库前的挑选整理费等。进货费用有一部分与采购的次数有关，如差旅费、电话费用等，属于变动进货费用，在存货决策中属于决策的相关成本；另一部分与进货的次数无关，如专设采购机构的日常开支等，属于固定进货费用，在存货决策中属于决策的无关成本。

取得成本=存货进价+变动进货费用+固定进货费用

2. 储存成本

储存成本是指企业为持有存货而发生的成本费用支出，主要包括存货占用资金应支付的利息（以借入资金购入存货）或存货占用资金的机会成本（以自有资金购入存货）、存货的仓储费用、保险费及存货毁损变质损失等。储存成本按与储存数额的关系分为固定储存成本和变动储存成本。

固定储存成本在相关范围内与存货储存数额的多少无关，如仓库折旧费、仓库职工的固定工资等，这类成本在存货决策中属于无关成本。

变动储存成本与存货储存数额呈正比例变动关系，如存货占用资金应支付的利息、存货的保险费、存货毁损变质损失等，这类成本在存货决策中属于相关成本。

储存成本=变动储存成本+固定储存成本

3. 缺货成本

缺货成本是指因存货不足而给企业造成的损失，主要包括由于材料供应中断造成的停工损失、成品供应中断导致延误发货的信誉损失及丧失销售机会的损失等。如果生产企业能够以替代材料解决库存材料供应中断之急，缺货成本便表现为替代材料紧急采购的额外开支。

企业存货的最优化，就是使企业存货总成本即上述三项成本之和最小。

三、最优存货量的确定

存货的管理涉及四个方面的内容：一是决定进货项目；二是选择供应单位；三是确定进货时间；四是确定进货批量。其中前两项内容是生产部门和采购部门的职责，后两项内容是财务管理部门的职责。财务管理部门必须合理确定进货批量和进货时间，使存货的总成本最低，这个批量称为存货的经济进货批量或经济订货量，主要采取经济订货模型加以计算。

1. 经济订货量基本模型

影响存货总成本的因素有很多，例如，订货后能否及时取得存货，购货后是集中到货还是陆续到货，存货的单价是否会发生变化等，这些因素很难确定，这就为确定经济订货量带来了困难。为此，需要设立一些假设条件，在此基础上建立经济订货量基本模型。需要设立的假设条件包括：①企业能够及时补充存货，即需要订货时便可立即取得存货；②能集中到货，一次性入库；③不允许缺货，不存在缺货成本；④需求稳定，并且能预测；⑤存货的价格稳定，且不存在商业折扣；⑥库存储存成本与库存水平呈线性关系；⑦货物是一种独立需求的物品，不受其他货物影响。

> ★提示★
>
> 注意经济进货批量与经济进货批量的存货相关总成本计算公式的区别。

在上述假设条件下，与存货总成本直接相关的就只有变动进货费用（简称"进货费用"）和变动储存成本（简称"储存成本"）两项了。则有

$$存货相关总成本=变动进货费用+变动储存成本$$

即

$$T=A\div Q\times B+C\times Q\div 2$$

式中，T 为存货相关总成本；A 为某种存货全年需要量；Q 为存货的经济订货量；B 为平均每次变动进货费用；C 为单位存货年均变动储存成本。

在上式中，A、B、C 为常数时，相关总成本 T 的大小就取决于 Q，为了求出 T 的最小值，可对上式求导数，得出以下公式：

$$经济订货量（Q）=\sqrt{2AB\div C}$$

上式称为经济订货量基本模型，Q 为经济订货量。据此还可以计算出以下几个指标：

$$经济订货量的存货相关总成本（T）=\sqrt{2ABC}$$

$$经济订货量平均占用资金（W）=PQ\div 2=P\times\sqrt{AB\div 2C}$$

$$年度最佳进货批次（N）=A\div Q=\sqrt{AC\div 2B}$$

【例 6.9】 某企业每年需要耗用甲材料 480 000 千克，该材料的单位采购成本为 50 元，每次的进货费用为 800 元，单位存货的储存成本为 3 元。则

$$经济订货量（Q）=\sqrt{2\times 480\,000\times 800\div 3}=16\,000（千克）$$

$$经济订货量的相关总成本（T）=\sqrt{2\times 480\,000\times 800\times 3}=48\,000（元）$$

$$经济订货量平均占用资金（W）=16\,000\times 50\div 2=400\,000（元）$$

$$年度最佳订货批次（N）=480\,000\div 16\,000=30（次）$$

以上计算表明，当订货批量为 16 000 千克时总成本最低，小于或大于这一批量的订货量都是不合理的。

经济订货批量决策是在许多假设条件下做出的，但在实践中，常常不能满足以上全部假

设条件，从而需要对上述决策方法进行修正。

2. 需要提前订货的经济订货量模型

一般情况下，企业的存货不能做到随用随补充，因此需要在没有用完时提前订货，确定再订货点。再订货点就是在提前订货的情况下，为确保存货用完时订货刚好到达，企业再次发出订货单时应保持的存货库存量，它的数量等于平均交货时间和每日平均需用量的乘积。

$$R=L\times D$$

式中，R 为再订货点；L 为平均交货时间；D 为每日平均需用量。

【例 6.10】 某公司订货日至到货期日的时间为 5 天，每日存货需要量为 20 千克，那么：

$$R=L\times D=5\times 20=100（千克）$$

企业在尚存 100 千克存货时，就应当再次订货，等到订货到达时，原有库存刚好用完。这就是说，提前订货对经济订货量并无影响，每次订货批量、订货次数、订货间隔时间等与瞬时补充相同。

3. 存在商业折扣的经济订货量模型

为了鼓励客户购买更多的商品，销售企业通常会给予不同程度的价格优惠，即实行商业折扣或称价格折扣。购买越多，所获得的价格优惠越大。此时，进货企业对经济进货批量的确定，除了考虑进货费用与储存成本外，还应考虑存货的进价成本，因为此时的存货进价成本已经与进货数量有了直接的联系，属于决策的相关成本。

在经济订货批量基本模型其他各种假设条件均具备的前提下，存在商业折扣时，存货相关总成本可按下式计算：

存货相关总成本=存货进价+相关进货费用+相关储存成本

实行商业折扣的经济订货量具体确定步骤如下。

第一步，按照经济订货量基本模型确定经济订货量及存货相关总成本。

第二步，计算享受商业折扣时的最低进货批量以及对应的存货相关总成本。

如果给予商业折扣的进货批量是一个范围，如进货数量在 1 000～1 999 千克可享受 2% 的价格优惠，此时应按给予商业折扣的最低进货批量，即按 1 000 千克计算存货相关总成本。

因为，在给予商业折扣的进货批量范围内，无论进货量是多少，存货进价成本总额都是相同的，而相关总成本的变动规律是：进货批量越小，相关总成本越低，即按 1 000 千克计算的存货相关总成本＜按 1 001 千克计算的相关总成本＜按 1 002 千克计算的相关总成本＜……＜按 1 999 千克计算的相关总成本。

第三步，比较不同进货批量的存货相关总成本，最低存货相关总成本对应的进货批量，就是存在商业折扣时的最佳经济订货量。

【例 6.11】 某公司每年需用甲材料 6 000 件，每次进货费用为 150 元，材料的单位储存成本为 5 元，该种材料的单价为 20 元，若一次订购量在 2 000 件及以上时，可获得 2% 的折扣，一次订购量在 3 000 件及以上时，可获得 5% 的折扣。确定该公司的经济订货量。

（1）按经济订货量基本模型确定的经济订货量为

$$经济订货量（Q）=\sqrt{2\times 6\,000\times 150\div 5}=600（件）$$

$$存货相关总成本（T）=\sqrt{2\times 6\,000\times 150\times 5}+6\,000\times 20=123\,000（元）$$

（2）每次采购 2 000 件时，存货的相关总成本为

$$存货相关总成本=6\,000\times 20\times(1-2\%)+(6\,000\div 2\,000)\times 150+(2\,000\div 2)\times 5$$
$$=123\,050（元）$$

每次采购 3 000 件时，存货的相关总成本为

$$存货相关总成本 = 6\ 000 \times 20 \times (1-5\%) + (6\ 000 \div 3\ 000) \times 150 + (3\ 000 \div 2) \times 5$$
$$= 121\ 800（元）$$

（3）由上述计算结果比较可知，每次进货 3 000 件时的存货相关总成本最低，所以该公司的最佳经济订货量为 3 000 件。

【学中做】 某企业每年需要耗用甲材料 8 000 千克，该材料的单位采购成本为 15 元，每次的进货费用为 50 元，单位存货的储存成本为 5 元。计算经济订货量、经济订货量的相关总成本和经济订货量的平均占用资金。（答案：经济订货量 400 千克、相关总成本 2 000 元、平均占用资金 3 000 元）

四、存货的日常管理

存货日常管理的目标是在保证企业生产经营正常进行的前提下尽量减少库存，防止积压。实践中形成的行之有效的管理方法有存货储存期控制、存货 ABC 分类管理和适时制库存控制等多种方法。

（一）存货储存期控制

无论是商品流通企业还是生产制造企业，其商品或产品一旦入库，便面临着如何尽快销售出去的问题。即使不考虑未来市场供求关系的不确定性，仅是存货储存本身就要求企业付出一定的资金占用费（如利息成本或机会成本）和仓储管理费。因此，尽力缩短存货储存时间、加速存货周转，是降低成本费用、提高企业获利水平的重要保证。

企业进行存货投资所发生的费用支出，按照与储存时间的关系可以分为固定储存费与变动储存费两类。它们与利润存在以下关系：

$$利润 = 毛利 - 销售税金及附加 - 固定储存费 - 变动储存费$$
$$= 毛利 - 销售税金及附加 - 固定储存费 - 每日变动储存费 \times 储存天数$$

上式经过变形可得出存货保本储存天数（利润为零）和存货保利储存天数（利润为目标利润）的计算公式：

$$存货保本储存天数 = \frac{毛利 - 销售税金及附加 - 固定储存费}{每日变动储存费}$$

$$存货保利储存天数 = \frac{毛利 - 销售税金及附加 - 固定储存费 - 目标利润}{每日变动储存费}$$

可见，存货的储存成本之所以会不断增加，主要是由于变动储存费随着存货储存期的延长而不断增加的结果，所以，利润与费用之间此增彼减的关系实际上是利润与变动储存费之间此增彼减的关系。这样，随着存货储存期的延长，利润将日渐减少。当毛利扣除固定储存费和销售税金及附加后的差额，被变动储存费抵消到恰好等于企业目标利润时，表明存货已经到了保利期。当它完全被变动储存费抵消时，便意味着存货已经到了保本期。无疑，存货如果能够在保利期内售出，所获得的利润便会超过目标利润，反之将难以实现既定的利润目标。倘若存货不能在保本期内售出，企业便会蒙受损失。

【例 6.12】 某企业购进甲商品 3 000 件，单位进价（不含增值税）80 元，单位售价（不含增值税）100 元，经销该批商品的固定费用为 30 000 元，销售税金及附加为 2 500 元，每日变动储存费为 250 元，企业拟实现的目标利润为 20 000 元。试计算甲商品的保利储存期和保本储存期。

$$甲商品的保利储存期 = \frac{(100-80) \times 3\ 000 - 2\ 500 - 30\ 000 - 20\ 000}{250} = 30（天）$$

$$甲商品的保本储存期 = \frac{(100-80) \times 3\ 000 - 2\ 500 - 30\ 000}{250} = 110（天）$$

【例 6.13】 商品流通企业购进甲商品 1 000 件，单位进价（不含增值税）100 元，单位售价（不含增值税）120 元，经销该批商品的一次性费用为 10 000 元，若货款来自银行贷款，年利率为 10.8%，该批存货的月保管费用率为 3‰，销售税金及附加为 1 600 元。

要求：（1）计算该批存货的保本储存期；

（2）若企业要求获得 3% 的投资利润率，计算保利储存期；

（3）若该批存货实际储存了 150 天，能否实现（2）中的目标利润；若不能实现，差额是多少？

解：

（1）该批存货的保本储存期计算分析如下：

$$每日变动储存费=购进批量×购进单价×每日变动储存费率$$
$$=1\,000×100×(10.8\%÷360+3‰÷30)$$
$$=40（元）$$

$$保本储存期=（毛利-固定储存费-销售税金及附加）÷每日变动储存费$$
$$=[(120-100)×1\,000-10\,000-1\,600]÷40$$
$$=210（天）$$

（2）企业要求获得 3% 的投资利润率，保利储存期计算分析如下：

$$目标利润=投资额×投资利润率=1\,000×100×3\%=3\,000（元）$$

$$保利储存期=（毛利-固定储存费-销售税金及附加-目标利润）÷每日变动储存费$$
$$=[(120-100)×1\,000-10\,000-1\,600-3\,000]÷40=135（天）$$

（3）差额计算分析如下：

$$经销该商品实际获利额=每日变动储存费×（保本储存天数-实际储存天数）$$
$$=40×(210-150)=2\,400（元）$$

$$实际利润-目标利润=2\,400-3\,000=-600（元）$$

所以储存 150 天，不能实现目标利润，差 600 元。

【学中做】 若例 6.13 中该批存货亏损了 2 000 元，求实际储存天数。（答案：260 天）

通过对存货储存期的分析与控制，可以及时地将企业存货的信息传输给经营决策部门，如有多少存货已过保本期或保利期、金额多大、比重多高等，这样，决策者就可以针对不同情况，采取相应的措施。

（二）存货 ABC 分类管理

ABC 分类管理法，也称帕累托分析法，是由意大利经济学家帕累托于 19 世纪首创的。严格地说，ABC 分类管理法仅仅是一种非独立的辅助性管理方法，它不仅应用于存货管理，也可用于成本、生产等方面的管理。

存货 ABC 分类管理就是按照一定的标准，将企业的存货划分为 A、B、C 三类，按照各类存货的重要程度分别采取不同的方法进行管理。

企业存货品种繁多，尤其是大中型企业的存货往往多达上万种甚至数十万种。实际上，不同的存货对企业财务目标的实现具有不同的作用。有的存货尽管品种数量很少，但金额巨大，如果管理不善，将给企业造成极大的损失。相反，有的存货虽然品种数量繁多，但金额微小，即使管理当中出现一些问题，也不至于对企业产生较大的影响。因此，无论是从能力还是经济角度，企业均不可能也没有必要对所有存货不遗巨细地严加管理。ABC 分类管理正是基于这一考虑而提出的，其目的在于使企业分清主次，突出重点，以提高存货管理的整体效果。

1. 存货 ABC 分类的标准

分类的标准主要有两个：一是金额标准，二是品种数量标准。其中金额标准是最基本的，品种数量标准仅作为参考。

A 类存货的特点是金额巨大，但品种数量较少；B 类存货金额一般，品种数量相对较多；C 类存货品种数量繁多，但金额却很小。如一个拥有上万种商品的百货公司，家用电器、高档皮货、家具、摩托车、大型健身器械等商品的品种数量并不很多，但金额却相当大，可以划为 A 类；大众化的服装、鞋帽、床上用品、布匹、文具用品等商品的品种数量比较多，但金额相对 A 类商品要小得多，可以划为 B 类；至于各种小百货，如针线、纽扣、化妆品、日常卫生用品及其他日杂用品等商品的品种数量非常多，但所占价值额却很小，可以划为 C 类。一般而言，三类存货的金额比重大致为 A:B:C=0.7:0.2:0.1，而品种数量比重大致为 A:B:C=0.1:0.2:0.7。

将存货划分为 A、B、C 三类后，分别采取不同的方法进行管理。由于 A 类存货占用着企业绝大多数的资金，且品种数量较少，企业应该也完全有能力按照每一个品种进行管理；B 类存货金额相对较小，且品种数量相对较多，企业不必像对待 A 类存货那样花费太多的精力，可以通过划分类别的方式进行管理；C 类存货尽管品种数量繁多，但其所占金额很小，对此，企业只要把握其总金额就可以。

2. A、B、C 三类存货的具体划分

具体过程可以分以下三个步骤（有条件的可通过计算机进行）。

（1）列示企业全部存货的明细表，并计算出每种存货的总金额及占全部存货金额的百分比。

（2）按照金额由大到小进行排序并累加金额百分比。

（3）当金额百分比累加到 70%左右时，以上存货视为 A 类存货；百分比介于 70%~90%的存货视为 B 类存货；其余则视为 C 类存货。

3. ABC 分类法在存货管理中的运用

对存货进行 ABC 分类，可以使企业分清主次，采取相应的对策进行有效的管理、控制。企业在分析经济订货量、储存期时，对 A、B 两类存货可以分别按品种、类别进行，对 C 类存货只需要灵活掌握即可，一般不必进行上述各方面的测算与分析。不同类别的存货控制策略如表 6.9 所示。

表 6.9 不同类别的存货控制策略

项 目	类 别		
	A	B	C
控制要求	按品种严格控制	按类别一般控制	按总额简单控制
制定定额的方法	按品种详细计算	根据过去的经验确定	不足即进货
储存情况记录	详细记录	一般记录	一般记录
库存监督方式	经常检查	用职权定期检查	抽查
管理方法	把库存压缩到最低限度，投入较大的力量，精心管理	按经营方针调节库存水平，可时严时松	集中大量订货，以较高的库存节约订货费用

（三）适时制库存控制

适时制库存控制又称零库存管理、看板管理。它最早由丰田公司提出并将其应用于实践，是指制造企业事先和供应商及客户协调好：只有当制造企业在生产过程中需要原料或零件时，供应商才会将原料或零件送来；每当产品生产出来就被客户拉走。这样，制造企业的存货持有水平就可以大大下降，企业的物资供应、生产和销售形成连续的同步运动过程。显然，适时制库存控制需要的是稳定而标准的生产程序以及诚信的供应商，否则任何一环出现差错都将导致整个生产停止。目前，已有越来越多的企业利用适时制库存控制系统减少甚至消除对存货的需求，即实行零库存管理，如沃尔玛、海尔等。

同步训练

一、单项选择题

1. 下列进货费用中属于变动性成本的是（ ）。
   A. 采购部门管理费用　　　　　　　　B. 采购人员的计时工资
   C. 进货差旅费　　　　　　　　　　　D. 预付定金的机会成本

2. 现金的持有动机中，（ ）是企业为应付紧急情况而需要保持的现金支付能力。
   A. 交易动机　　B. 预防动机　　C. 投机动机　　D. 长期投资动机

3. 下列对应收账款信用期限的叙述正确的是（ ）。
   A. 信用期限越长，企业坏账风险越小
   B. 信用期限越长，表明客户享受的信用条件越优越
   C. 延长信用期限，不利于销售收入的扩大
   D. 信用期限越长，应收账款的机会成本越低

4. 由信用期限、折扣期限及现金折扣等三要素构成的付款要求是（ ）。
   A. 信用标准　　B. 信用条件　　C. 资信程度　　D. 收账方针

5. 在需要提前订货的经济订货量模型中，经济进货批量是（ ）的进货批量。
   A. 进货成本与储存成本之和最小
   B. 进货费用等于储存成本
   C. 变动进货费用与变动储存成本之和最小
   D. 进货成本等于储存成本与短缺成本之和

6. 收集好信用资料后，就需要对这些资料进行分析、评价。企业一般采用（ ）系统来评价，并对客户信用进行等级划分。
   A. 5A　　　　B. 5B　　　　C. 5C　　　　D. 5D

7. 现金管理的目标是（ ）。
   A. 权衡流动性和收益性　　　　　　　B. 权衡流动性和风险性
   C. 权衡收益性和风险性　　　　　　　D. 权衡收益性、流动性、风险性

8. 在存货经济订货量模型中，（ ）的变化与经济订货量的变化同方向。
   A. 订货提前期　　　　　　　　　　　B. 保险储备量
   C. 每批订货成本　　　　　　　　　　D. 每件年储存成本

9. 企业改变信用政策，收账期由60天变为90天，预计年赊销额将由6 000万元变为9 000万元，变动成本率为80%，资金成本率为10%，则该企业应收账款机会成本增加额为（ ）万元。
   A. 80　　　　　B. 180　　　　　C. 100　　　　　D. 50

10. 在最佳现金持有量的存货模式中，若每次证券变现的交易成本降低且预期现金需要总量也降低，有价证券的利率不变，最佳现金持有量（ ）。
    A. 降低　　　B. 升高　　　C. 不变　　　D. 无法确定

11. 在确定最佳现金持有量时，成本分析模式和存货模式均需考虑的成本因素是（　　）。

    A. 持有现金的机会成本　　　　　　B. 固定性转换成本

    C. 现金短缺成本　　　　　　　　　D. 现金保管费用

12. 对信用期限叙述不正确的是（　　）。

    A. 延长信用期会使销售增加，产生有利影响

    B. 延长信用期会增加应收账款

    C. 延长信用期一定会导致利润增加

    D. 延长信用期会增加坏账损失和收账费用

13. 确定最佳现金持有量的存货模式中，应考虑的相关成本主要是（　　）。

    A. 机会成本和固定性转换成本　　　B. 固定性转换成本和短缺成本

    C. 机会成本和短缺成本　　　　　　D. 持有成本和短缺成本

14. 下列项目中属于持有现金的机会成本的是（　　）。

    A. 现金管理人员工资　　　　　　　B. 现金安全措施费用

    C. 现金被盗损失　　　　　　　　　D. 现金的再投资收益

15. 某企业每月现金需要量为 250 000 元，现金与有价证券的每次转换金额和转换成本分别为 50 000 元和 40 元，则每月现金的转换成本为（　　）。

    A. 200 元　　　　　B. 250 元　　　　　C. 40 元　　　　　D. 5 000 元

二、多项选择题

1. 对信用期限的叙述不正确的有（　　）。

    A. 信用期限越长，企业坏账风险越小

    B. 延长信用期限，有利于销售收入的增加

    C. 延长信用期限，不利于销售收入的增加

    D. 信用期限越长，应收账款的机会成本越低

2. 在存货经济订货量基本模型中，导致经济订货量增加的因素有（　　）。

    A. 存货年需要量增加　　　　　　　B. 每次订货的变动成本增加

    C. 存货变动储存成本降低　　　　　D. 缺货的可能性增加

3. 下列说法正确的有（　　）。

    A. 订货的变动成本与订货量有关，而与订货次数无关

    B. 变动储存成本与存货的数量有关

    C. 采购人员的差旅费属于固定订货成本

    D. 订货成本加上购置成本等于存货的进货成本

4. 通常情况下，企业持有现金的机会成本（　　）。

    A. 与现金余额成正比　　　　　　　B. 等于有价证券的利息率

    C. 与持有时间成反比　　　　　　　D. 是决策的无关成本

5. 缩短信用期限有可能会使（　　）。

    A. 销售额降低　　　　　　　　　　B. 应收账款占用资金降低

    C. 收账费用降低　　　　　　　　　D. 坏账损失降低

6. 为了提高现金使用效率，企业应当（　　）。

    A. 加速收款并尽可能推迟付款

B. 在不影响信誉的前提下推迟应付款的支付

C. 使用现金浮游量

D. 力争现金流入与现金流出同步

7. 下列关于信用期限的表述中正确的有（　　）。

A. 缩短信用期限可能增加当期现金流量

B. 延长信用期限会扩大销售

C. 降低信用标准意味着将延长信用期限

D. 延长信用期限将增加应收账款的机会成本

8. 下列属于信用政策的有（　　）。

A. 信用条件　　　　B. 信用标准　　　　C. 收账政策　　　　D. 现销政策

9. 企业制定收账政策所能解决的问题有（　　）。

A. 最大限度地防止客户拖欠账款　　　　B. 最大限度地防止客户拒付账款

C. 明确收账程序，确定收账方式　　　　D. 控制收账费用

10. 在应收账款信用政策中确定现金折扣的目的在于（　　）。

A. 吸引客户为享受优惠而提前付款　　　　B. 减轻企业税负

C. 缩短企业平均收账期　　　　D. 扩大销售量

三、判断题

1. 年订货成本等于储存成本时的进货批量即为经济订货量。（　　）

2. 在市场正常的情况下，一般说来，流动性强的资产，其收益性较强。（　　）

3. 为了满足交易性需要、预防性需要和投机性需要，企业应该尽可能多地持有现金。
（　　）

4. 企业现金管理的目标，是要在资产的流动性和盈利能力之间做出抉择，以获得最大的长期利润。（　　）

5. 现金折扣是企业为了鼓励客户多购买商品而给予的价格优惠，每次购买的数量越多，价格越便宜。（　　）

6. 赊销是扩大销售的有力手段之一，企业应尽可能放宽信用条件，增加赊销量。
（　　）

7. 一般来说，当某种存货品种数量比重达到 70% 左右时，可将其划分为 A 类存货，进行重点管理和控制。（　　）

8. 存货在企业生产经营中具有重要作用，主要包括维护均衡生产、适应市场变化、降低缺货成本和进货成本。（　　）

9. 存货保利储存天数同目标利润正相关：目标利润越大，存货保利储存天数越多；反之，目标利润越小，存货保利储存天数越少。（　　）

10. 在成本分析模式下，现金短缺成本同现金持有量负相关。（　　）

四、计算分析题

（一）练习最佳现金持有量的计算

【资料】某公司现金收支平衡，预计全年（按 360 天计算）现金需要量为 250 000 元，现金与有价证券的转换成本为每次 500 元，有价证券年利率为 10%。

【要求】1. 计算最佳现金持有量;

2. 计算最佳现金持有量下的全年现金管理相关总成本、全年现金转换成本、全年现金持有机会成本、全年有价证券交易次数和有价证券交易间隔期;

3. 若企业全年现金管理的相关总成本想控制在 4 500 元以内,想通过控制现金与有价证券的转换成本达到此目标,计算每次转换成本的限额。

(二)练习存货经济订货量的计算

【资料】某企业全年从外部购买零件 1 200 件,每次进货费用 400 元,单位零件的年储存成本为 6 元,该零件每件进价为 10 元。销售企业规定:客户每批购买量不足 600 件,按标准价计算;每批购买量超过(含)600 件,价格优惠 3%。

【要求】1. 计算该企业存货的经济订货量;

2. 计算该企业最佳的进货次数;

3. 计算该企业最佳的进货间隔期;

4. 计算该企业经济订货量的平均占用资金。

五、综合分析题

【资料】某企业生产甲产品,固定成本为 100 000 元,变动成本率为 60%,单价为 15 元。如果信用期限为 1 个月,预计销售量为 30 000 件,坏账损失率为 2.5%,收账费用为 20 000 元,应收账款周转天数为 40 天;如果信用期限为 2 个月,预计销售量为 40 000 件,坏账损失率为 4%,收账费用为 28 000 元,应收账款周转天数为 65 天;如果信用期限为 1 个月,且附有信用条件"2/10,1/20,n/30",预计销售量为 30 000 件,但估计货款的 60% 会在第 10 天支付,货款的 30% 会在第 20 天支付,其余货款平均收账期为 40 天,其余货款的坏账损失率估计为 2%,收账费用下降到 15 000 元。该企业有剩余生产能力,资金成本率为 20%。

【要求】请为该企业选择最有利的信用条件。

第七章 收入、成本与分配管理

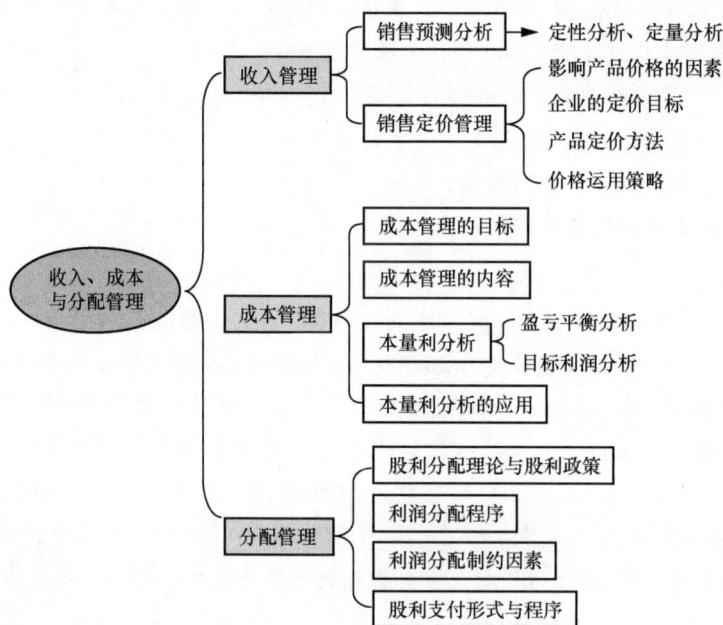

万科的股利政策分析

企业获取收益后,如何确定分配与留存的比例,才能兼顾各方利益,使企业获得长期稳定的发展?我们来看一个经典案例。

万科企业股份有限公司(以下简称"万科")成立于 1984 年 5 月,1988 年介入房地产经营,1992 年正式确定以大众住宅开发为核心业务。1991 年 1 月 29 日,万科在深圳证券交易所挂牌交易;1993 年 3 月,万科发行 4 500 万股 B 股,该股份于 1993 年 5 月 28 日在深圳证券交易所上市。目前,万科已成为中国最大的专业住宅开发企业之一。在中国第一批上市公司中,万科是唯一一家连续 20 多年保持盈利、保持增长的公司。

从 1999 年到 2022 年,万科的股利政策可以分为两个阶段:第一阶段是 1999—2001 年,此阶段我国房地产市场处于低谷阶段;第二阶段是 2002—2022 年,这一阶段我国房地产市场持续发展。

1999—2001 年,万科的股利政策见表 7.1。这一阶段万科采用的股利支付方式主要是现金股利,没有发放股票股利,万科这一阶段的平均股利支付率为 35.70%,远高于市场平均水平。

表 7.1　万科 1999—2001 年股利分配表

年度	每股派现(元)	每股送股(股)	每股转增股(股)	每股收益(元)	股利支付率
1999	0.15	0	0	0.42	35.71%
2000	0.18	0	0	0.48	37.50%
2001	0.2	0	0	0.59	33.90%

2002—2022 年，万科的股利政策见表 7.2。2002—2007 年，万科采用的股利支付方式主要是现金股利和转增股本。万科发行的各类可转债的高溢价，使其积累了高额资本公积，从而有实力向股东进行高比例、高频率的转增。2002—2022 年，我国房地产市场持续发展，万科需要大量的资金扩大生产规模，有效占领市场。但其仍然秉承原先的高股利分配政策，给投资者传递了企业盈利良好且未来可持续发展能力强的信息。

万科的股利政策为其融资提供了便利，在资本市场上，万科凭借一贯的良好形象，融资相对一般企业更容易。

值得注意的是，高分配必须有高收益作为保障，那么企业怎样才能取得高收益，又如何进行合理分配呢？这正是本章所要学习的内容。

企业通过销售产品、转让资产、对外投资等活动取得收入，而这些收入的去向主要是两个方面：一是弥补成本费用，即为取得收入而发生的资源耗费；二是形成利润，即收入扣除成本费用后的余额。对

表 7.2　万科 2002—2022 年股利分配表

年度	每股派现（元）	每股送股（股）	每股转增股（股）	每股收益（元）	股利支付率
2002	0.2	0	1	0.61	32.79%
2003	0.05	0.1	0.4	0.39	12.82%
2004	0.15	0	0.5	0.39	38.46%
2005	0.15	0	0	0.36	41.67%
2006	0.15	0	0.5	0.49	30.61%
2007	0.1	0	0.6	0.73	13.70%
2008	0.05	0	0	0.37	13.51%
2009	0.07	0	0	0.48	14.58%
2010	0.1	0	0	0.66	15.15%
2011	0.13	0	0	0.88	14.77%
2012	0.18	0	0	1.14	15.79%
2013	0.41	0	0	1.37	29.93%
2014	0.50	0	0	1.43	34.97%
2015	0.72	0	0	1.64	43.90%
2016	0.79	0	0	1.90	41.58%
2017	0.90	0	0	2.54	35.43%
2018	1.05	0	0	3.06	34.31%
2019	1.02	0	0	3.47	29.39%
2020	1.25	0	0	3.62	34.53%
2021	0.98	0	0	1.94	50.52%
2022	0.68	0	0	1.95	34.87%

企业收入的分配，首先是对成本费用进行补偿，然后对其余额（即利润）按照一定的程序进行再分配。本章主要介绍收入管理、成本管理和分配管理三方面内容。

第一节　收入管理

企业的业务收入包括销售收入、转让收入、投资收入等，销售收入是企业收入的主体，本节所指收入主要指销售收入，即企业在日常经营活动中，由于销售产品、提供劳务等所形成的经济利益流入。

销售收入是企业收入的主要构成部分，是企业能够持续经营下去的基本条件。销售收入的制约因素主要是销量和价格，因此，销售预测分析与销售定价管理构成了收入管理的主要内容。

一、销售预测分析

销售预测分析是指通过市场调查，以有关的历史资料和各种信息为基础，运用科学的预测方法或管理人员的实际经验，对企业产品在计划期间的销售量或销售额做出预计或估量的过程。销售预测的方法有很多种，主要包括定性分析法和定量分析法。

（一）销售预测的定性分析法

销售预测的定性分析法，是指由专业人员根据实际经验，对预测对象的未来情况及发展趋势做出预测的一种分析方法，主要包括营销员判断法、专家判断法和产品生命周期分析法。

1. 营销员判断法

营销员判断法又称意见汇集法，是由企业熟悉市场情况及相关变化信息的营销人员对

市场进行预测，再将各种判断意见加以综合分析和整理，并得出预测结论的方法。这种方法的优点在于用时短、耗费小，比较实用；缺点是受较多的主观因素影响和具有较大的片面性。

2. 专家判断法

专家判断法是由专家根据他们的经验和判断能力对特定产品的未来销售量进行判断和预测的方法，主要有以下三种不同形式。

（1）个别专家意见汇集法。个别专家意见汇集法，即分别向每位专家征求对本企业产品未来销售情况的个人意见，然后将这些意见加以综合分析，确定预测值。

（2）专家小组法。专家小组法，即将专家分成小组，运用专家们的集体智慧进行判断预测的方法。此方法的缺陷是预测小组中专家意见可能受权威专家的影响，客观性较差。

（3）德尔菲法。德尔菲法，又称专家调查法，它采用函询的方式，征求各方面专家的意见，各专家在互不通气的情况下，根据自己的观点和方法进行预测，然后由企业把各个专家的意见汇集在一起，通过不记名方式反馈给各位专家，请他们参考别人的意见修正本人原来的判断，如此反复数次，最终确定预测结果。

3. 产品生命周期分析法

产品生命周期分析法是利用产品销售量在不同生命周期阶段上的变化趋势进行销售预测的一种定性分析方法，它是对其他预测分析方法的补充。产品生命周期是指产品从投入市场到退出市场所经历的时间，一般要经过推广期、成长期、成熟期和衰退期四个阶段。

判断产品所处的生命周期阶段，可根据销售增长率指标进行。一般地，推广期增长率不稳定，成长期增长率最大，成熟期增长率稳定，衰退期增长率为负数。了解产品所处的生命周期阶段，有助于正确选择预测方法。如推广期历史资料缺乏，可以运用定性分析法进行预测；成长期可运用回归分析法进行预测；成熟期销售量比较稳定，适用趋势预测分析法。

（二）销售预测的定量分析法

销售预测的定量分析法，是指在预测对象有关资料完备的基础上，运用一定的数学方法，建立预测模型，做出预测。它一般包括趋势预测分析法和因果预测分析法。

1. 趋势预测分析法

趋势预测分析法主要包括算术平均法、加权平均法、移动平均法和指数平滑法等。

（1）算术平均法。算术平均法是指将若干历史时期的实际销售量或销售额作为样本值，求出其算术平均数，并将该平均数作为下期销售量预测值的一种方法。其计算公式为

$$Y = \frac{\sum_{i=1}^{n} X_i}{n}$$

式中，Y 为预测值；X_i 为第 i 期的实际销售量；n 为期数。算术平均法适用于每期销售量波动不大的产品的销售预测。

表 7.3　某公司历年产品销售量

年　　度	20×0	20×1	20×2	20×3	20×4	20×5	20×6	20×7
销售量（吨）	3 250	3 300	3 150	3 350	3 450	3 500	3 400	3 600

【例 7.1】 某公司 20×0 年至 20×7 年的产品销售量资料如表 7.3 所示。

要求： 根据以上资料，用算术平均法预测公司 20×8 年的销售量。

根据算术平均法的计算公式，公司 20×8 年的销售量为

$$Y = \frac{\sum_{i=1}^{n} X_i}{n} = \frac{3\,250 + 3\,300 + \cdots + 3\,400 + 3\,600}{8} = 3\,375 \text{（吨）}$$

（2）加权平均法。加权平均法是指将若干历史时期的实际销售量或销售额作为样本值，将各个样本值按照一定的权数计算得出加权平均数，并将该平均数作为下期销售量预测值的一种方法。一般地，由于市场变化较大，离预测期越近的样本值影响越大，而离预测期越远的样本值则影响越小，所以权数的选取应遵循"近大远小"的原则。其计算公式为

$$Y = \sum_{i=1}^{n} W_i X_i$$

式中，Y 是预测值；W_i 是第 i 期的权数；X_i 是第 i 期的实际销售量；n 是期数。

加权平均法较算术平均法更为合理，计算也较方便，在实践中应用较多。

【例 7.2】 接例 7.1 资料，假设 20×0 年至 20×7 年各期数据的权数如表 7.4 所示。

要求：根据以上资料，用加权平均法预测公司 20×8 年的销售量。

根据加权平均法的计算公式，公司 20×8 年的销售量为

表 7.4　某公司历年产品销售量及其权数

年　　度	20×0	20×1	20×2	20×3	20×4	20×5	20×6	20×7
销售量（吨）	3 250	3 300	3 150	3 350	3 450	3 500	3 400	3 600
权　　数	0.04	0.06	0.08	0.12	0.14	0.16	0.18	0.22

$$Y = \sum_{i=1}^{n} W_i X_i = 3\,250 \times 0.04 + 3\,300 \times 0.06 + \cdots + 3\,400 \times 0.18 + 3\,600 \times 0.22 = 3\,429 \text{（吨）}$$

（3）移动平均法。移动平均法是指从 n 期的时间数列销售量中选取 m 期（m 数值固定，且 $m < n/2$）数据作为样本值，求其 m 期的算术平均数，并不断向后移动计算观测其平均值，以最后一个 m 期的平均数作为未来第 $n+1$ 期销售预测值的一种方法。其计算公式为

$$Y_{n+1} = \frac{X_{n-(m-1)} + X_{n-(m-2)} + \cdots + X_{n-1} + X_n}{m}$$

为了能使预测值更能反映销售量变化的趋势，可以对上述结果按趋势值进行修正，其计算公式为

$$\overline{Y}_{n+1} = Y_{n+1} + (Y_{n+1} - Y_n)$$

修正后的预测结果为本期预测值加上本期预测值与上期预测值之差。

由于移动平均法只选用了 n 期数据中的最后 m 期作为计算依据，故而代表性较差。此法适用于销售量略有波动的产品的销售预测。

【例 7.3】 接例 7.1 资料，假定公司预测前期（即 20×7 年）的预测销量为 3 475 吨，要求分别用移动平均法和修正的移动平均法预测公司 20×8 年的销售量（假设样本期为 3 期）。

① 根据移动平均法的计算公式，公司 20×8 年的预测销售量为

$$Y_{n+1} = \frac{X_{n-(m-1)} + X_{n-(m-2)} + \cdots + X_{n-1} + X_n}{m} = \frac{3\,500 + 3\,400 + 3\,600}{3} = 3\,500 \text{（吨）}$$

② 根据修正的移动平均法计算公式，公司 20×8 年的预测销售量为

$$\overline{Y}_{n+1} = Y_{n+1} + (Y_{n+1} - Y_n) = 3\,500 + (3\,500 - 3\,475) = 3\,525 \text{（吨）}$$

（4）指数平滑法。指数平滑法实质上是一种加权平均法，是以事先确定的平滑指数 a 及 $(1-a)$ 作为权数进行加权计算，从而预测销售量的一种方法。其计算公式为

$$Y_{n+1} = aX_n + (1-a)Y_n$$

式中，Y_{n+1} 为未来第 $n+1$ 期的预测值；Y_n 为第 n 期的预测值，即预测前期的预测值；X_n 为第 n 期的实际销售量，即预测前期的实际销售量；a 为平滑指数；n 为期数。

一般地，平滑指数的取值通常在 0.3～0.7 之间。

采用较大的平滑指数，预测值可以反映样本值的近期变化趋势；采用较小的平滑指数，预测值则反映了样本值变动的长期趋势。在销售量波动较大或进行短期预测时，可选择较大的平滑指数；在销售量波动较小或进行长期预测时，可选择较小的平滑指数。

该方法运用比较灵活，适用范围较广，但在平滑指数的选择上具有一定的主观随意性。

【例 7.4】 接例 7.1 资料，20×7 年的实际销售量为 3 600 吨，假设原预测销售量为 3 475 吨，平滑指数 a=0.5，要求用指数平滑法预测公司 20×8 年的销售量。

根据指数平滑法的计算公式，公司 20×8 年的预测销售量为

$$Y_{n+1}=aX_n+(1-a)Y_n=0.5×3\ 600+(1-0.5)×3\ 475=3\ 537.5（吨）$$

2. 因果预测分析法

因果预测分析法是指分析影响产品销售量（因变量）的相关因素（自变量）以及它们之间的函数关系，并利用这种函数关系进行产品销售预测的方法。因果预测分析法最常用的是回归分析法，本项目主要介绍回归直线法。

回归直线法，也称一元回归分析法。它假定影响预测对象销售量的因素只有一个，根据直线方程式"$y=a+bx$"，按照最小二乘法原理，来确定一条误差最小的、能正确反映自变量 x 和因变量 y 之间关系的直线，其常数项 a 和系数项 b 的计算公式为

$$b=\frac{n\sum xy-\sum x\sum y}{n\sum x^2-\left(\sum x\right)^2}$$

$$a=\frac{\sum y-b\sum x}{n}$$

求出 a、b 后，代入 $y=a+bx$，结合自变量 x 的取值，即可求出预测对象 y 的预测销售量或销售额。

【例 7.5】 接例 7.1 资料，假定产品销售量只受广告费支出的影响，20×8 年度预计广告费支出为 155 万元，以往年度的广告费支出资料如表 7.5 所示。

要求： 用回归直线法预测公司 20×8 年的产品销售量。

根据上述资料，列表计算如表 7.6 所示。

表 7.5　往年度广告费支出资料

年　　度	20×0	20×1	20×2	20×3	20×4	20×5	20×6	20×7
销售量（吨）	3 250	3 300	3 150	3 350	3 450	3 500	3 400	3 600
广告费（万元）	100	105	90	125	135	140	140	150

表 7.6　计算表

年度	广告费支出 x（万元）	销售量 y（吨）	xy	x^2	y^2
20×0	100	3 250	325 000	10 000	10 562 500
20×1	105	3 300	346 500	11 025	10 890 000
20×2	90	3 150	283 500	8 100	9 922 500
20×3	125	3 350	418 750	15 625	11 222 500
20×4	135	3 450	465 750	18 225	11 902 500
20×5	140	3 500	490 000	19 600	12 250 000
20×6	140	3 400	476 000	19 600	11 560 000
20×7	150	3 600	540 000	22 500	12 960 000
合计	$\sum x$ =985	$\sum y$ =27 000	$\sum xy$ =3 345 500	$\sum x^2$ =124 675	$\sum y^2$ =91 270 000

计算常数项和系数项：

$$b=\frac{n\sum xy-\sum x\sum y}{n\sum x^2-\left(\sum x\right)^2}=\frac{8\times3\,345\,500-985\times27\,000}{8\times124\,675-985^2}=6.22$$

$$a=\frac{\sum y-b\sum x}{n}=\frac{27\,000-6.22\times985}{8}=2\,609.16$$

将 a、b 代入直线方程式计算 20×8 年产品预测销售量：

$$y=a+bx=2\,609.16+6.22x=2\,609.16+6.22\times155=3\,573.26（吨）$$

二、销售定价管理

销售定价管理是指在调查分析的基础上，选用合适的产品定价方法，为销售的产品制定最为恰当的售价，并根据具体情况运用不同的价格策略，以实现经济效益最大化的过程。

企业销售各种产品都必须确定合理的产品销售价格。产品销售价格的高低直接影响销售量的多少，进而影响企业的盈利水平。单价水平过高，导致销售量降低，如果达不到盈亏平衡点，企业就会亏损；单价水平过低，虽然会起到促销作用，但单位毛利降低，使企业的盈利水平下降。因此，产品销售价格的高低、价格策略运用是否恰当，都会影响企业正常的生产经营活动，甚至影响企业的生存和发展。进行良好的销售定价管理，可以使企业的产品更富有吸引力，有助于提高市场占有率，改善企业的相对竞争地位。

（一）影响产品价格的因素

影响产品价格的因素非常复杂，主要包括以下几个方面。

1. 价值因素

价格是价值的货币体现，价值的大小决定着价格的高低，而价值的大小又是由生产产品的社会必要劳动时间决定的。因此，提高社会劳动生产率、缩短生产产品的社会必要劳动时间，可以相对地降低产品价格。

2. 成本因素

成本是影响定价的基本因素。企业必须获得可以弥补已发生成本费用的足够多的收入，才能长期生存发展下去。虽然短期内的产品价格有可能会低于其成本，但从长期来看，产品价格应等于总成本加上合理的利润，否则企业无利可图，难以长久生存。

3. 市场供求因素

市场供求变动对价格的变动具有重大影响。当一种产品的市场供应大于需求时，就会对其价格产生向下的压力；而当其供应小于需求时，则会推动价格提升。市场供求关系是永远矛盾着的两个方面，因此，产品价格也会不断地波动。

4. 竞争因素

产品竞争程度不同，对定价的影响也不同。竞争越激烈，对价格的影响越大。在完全竞争的市场，企业几乎没有定价的主动权；在不完全竞争的市场，竞争的强度主要取决于产品生产的难易程度和供求形势。为了做好定价决策，企业必须充分了解竞争者的情况，最重要的是竞争对手的定价策略。

5. 政策法规因素

各个国家对市场物价的高低和变动都有限制和法律规定，同时国家会通过生产市场、货币金融等手段间接调节价格。企业在制定定价策略时一定要很好地了解本国及所在国有关方面的政策和法规。

（二）企业的定价目标

定价目标是指企业在一定的经营环境中，制定产品价格，通过价格效用实现企业预期的经营目标。要使销售定价管理卓有成效，企业必须制定与战略目标相匹配、切实可行的定价目标，以明确定价管理的方向，并用于指导选择适合的定价方法和价格运用策略。企业自身的实际情况及所面临的外部环境不同，企业的定价目标也多种多样，主要有以下几种。

1. 实现利润最大化

这种目标通常是通过为产品制定一个较高的价格，从而提高单位产品利润率，最终实现企业利润最大化。它适用于在市场中处于领先或垄断地位的企业，或者在行业竞争中具有很强的竞争优势，并能长时间保持这种优势的企业。

2. 保持或提高市场占有率

市场占有率是指企业产品销售额在同类产品市场销售总额中所占的比重，其大小在一定程度上反映了企业的经营状况和竞争实力。企业为了实现这一目标，其产品价格往往需要低于同类产品价格，以较低的价格吸引客户，逐步扩大市场份额，但在短期内可能要牺牲一定的利润空间。因此，这种定价目标要求企业具有潜在的生产经营能力，总成本的增长速度低于总销量的增长速度，商品的需求价格弹性较大，适用于能够薄利多销的企业。

3. 稳定市场价格

为了长期稳定地占领市场，行业中能左右市场价格的一些大企业，往往希望价格稳定，在稳定的价格中获取稳定的利润。通常做法是由行业中的领导企业制定一个价格，其他企业的价格则与之保持一定的比例关系，无论是大企业，还是中小企业都不会随便降价。其优点是创造了一个相对稳定的市场环境，避免过度竞争产生两败俱伤的负面效应，使企业能够以稳定的价格获得比较稳定的利润。这种定价通常适用于产品标准化的行业，如钢铁制造业等。

4. 应对和避免竞争

企业参照对市场有决定性影响的竞争对手的产品价格变动情况，随时调整本企业产品价格。当竞争对手维持原价时，企业也保持原价；竞争对手改变价格时，企业也相应地调整价格，但是企业不会主动调整价格。这种定价方法主要适用于中小型企业。在激烈的价格竞争中，中小型企业没有足够实力对价格进行干预，为了避免在竞争中被淘汰，必须与市场行情保持一致。

5. 树立企业形象及产品品牌

企业形象及产品品牌是企业在经营中创造的重要无形资产。价格是企业竞争的一种手段，表达了企业产品的定位，在一定程度上反映着企业形象和产品形象。以树立企业形象及产品品牌为定价目标主要有两种情况。一是树立优质高价形象。某些品牌产品具有较高的质量的认知价值，会被某一客户群所认同和接受。企业在定价时，可以不拘泥于实际成本，而是制定一个较高的价格，产生一种品牌的增值效应。采用这种策略，不但可以使企业获得高额利润，而且还能够满足消费者的心理需求。二是树立大众化平价形象。通过大众化的平价定位树立企业形象，吸引大量的普通消费者，以扩大销量，获得利润。

（三）产品定价方法

产品定价方法主要包括以成本为基础的定价方法和以市场需求为基础的定价方法两大类。

1. 以成本为基础的定价方法

在企业成本范畴中，基本上有三种成本可以作为定价基础，即变动成本、制造成本和全部成本费用。

变动成本是指在特定的业务量范畴内，其总额会随业务量的变动而变动的成本。变动成本可以作为增量产量的定价依据，但不能作为一般产品的定价依据。

制造成本是指企业为生产产品或提供劳务等发生的直接费用支出，一般包括直接材料、直接人工和制造费用。由于它不包括各种期间费用，所以不能正确反映企业产品的真实价值消耗和转移。利用制造成本定价不利于企业简单再生产的继续进行。

全部成本费用是指企业为生产、销售一定种类和数量的产品所发生的成本和费用总额，包括制造成本和管理费用、销售费用及财务费用等各种期间费用。在全部成本费用基础上确定价格，既可以保证企业简单再生产的正常进行，又可以使劳动者为社会劳动所创造的价值得以全部实现。

（1）全部成本费用加成定价法。全部成本费用加成定价法是在全部成本费用的基础上，加上合理利润来定价。关于合理利润，工业企业一般根据成本利润率确定，而商业企业一般根据销售利润率确定。在考虑税金的情况下，可根据成本利润率定价或根据销售利润率定价，根据成本利润率定价的计算公式为

$$成本利润率 = \frac{预测利润总额}{预测成本总额} \times 100\%$$

$$单产位品价格 = \frac{单位成本 \times (1 + 成本利润率)}{1 - 适用税率}$$

根据销售利润率定价的计算公式为

$$销售利润率 = \frac{预测利润总额}{预测销售总额} \times 100\%$$

$$单位产品价格 = \frac{单位成本}{1 - 销售利润率 - 适用税率}$$

上述公式中，单位成本是指单位全部成本费用，可以用单位制造成本加上单位产品负担的期间费用来确定。

【例 7.6】 某企业生产甲产品，预计单位产品的制造成本为 100 元，计划销售 10 000 件，计划期的期间费用总额为 800 000 元，该产品适用的消费税税率为 5%。成本利润率必须达到 20%。运用全部成本费用加成定价法测算的单位甲产品的价格为

$$单位甲产品价格 = \frac{\left(100 + \dfrac{800\,000}{10\,000}\right) \times (1 + 20\%)}{1 - 5\%} = 227.37（元）$$

全部成本费用加成定价法可以保证全部生产耗费得到补偿，但它很难适应市场需求的变化，往往导致定价过高或过低。并且，当企业生产多种产品时，间接费用难以准确分摊，从而会导致定价不准确。

【学中做】 假定例 7.6 中预计单位产品的制造成本为 120 元，计划销售 10 000 件，计划期的期间费用总额为 700 000 元，其他条件不变，运用全部成本费用加成定价法测算单位甲产品的价格。（答案：240 元）

（2）保本点定价法。保本点定价法的基本原理是按照刚好能够保本的原理来制定产品销售价格。采用这一方法确定的价格是最低销售价格。

$$单位产品价格 = \frac{单位固定成本 + 单位变动成本}{1 - 适用税率} = \frac{单位完全成本}{1 - 适用税率}$$

【例 7.7】 某企业生产乙产品，本期计划销售量为 10 000 件，应负担的固定成本为 200 000 元，单位变动成本为 75 元，适用的消费税税率为 5%。根据上述资料，运用保本点定价法测算的单位乙产品的价格为

$$单位乙产品价格 = \frac{\dfrac{200\,000}{10\,000} + 75}{1 - 5\%} = 100（元）$$

（3）目标利润法。目标利润是指企业在预定时期内应实现的利润水平。目标利润法是根据预期目标利润和产品销售量、产品成本、适用税率等因素来确定产品销售价格的方法。其计算公式为

$$单位产品价格 = \frac{目标利润总额 + 完全成本总额}{产品销量 \times (1 - 适用税率)}$$

或

$$单位产品价格 = \frac{单位目标利润 + 单位完全成本}{1 - 适用税率}$$

【例 7.8】 某企业生产丙产品，本期计划销售量为 10 000 件，目标利润总额为 260 000 元，完全成本总额为 500 000 元，适用的消费税税率为 5%，根据上述资料，运用目标利润法测算的单位丙产品的价格为

$$单位丙产品价格 = \frac{260\,000 + 500\,000}{10\,000 \times (1 - 5\%)} = 80（元）$$

（4）变动成本定价法。变动成本定价法是指企业在生产能力有剩余的情况下增加生产一定数量的产品，这些增加的产品可以不负担企业的固定成本，只负担变动成本，在确定价格时产品成本仅以变动成本计算的方法。此处所指的变动成本是指完全变动成本，包括变动制造成本和变动期间费用。其计算公式为

$$单位产品价格 = \frac{单位变动成本 \times (1 + 成本利润率)}{1 - 适用税率}$$

【例 7.9】 某企业生产丁产品，设计生产能力为 12 000 件，计划生产 10 000 件，预计单位变动成本为 200 元，计划期的固定成本费用总额为 850 000 元，适用的消费税税率为 5%，成本利润率必须达到 20%。假定本年度接到一额外订单，订购 1 000 件丁产品，单价为 300 元。请问：该企业计划内产品单位价格是多少？是否应该接受这一额外订单？

根据上述资料，企业计划内生产的产品价格为

$$计划内单位丁产品价格 = \frac{\left(\dfrac{850\,000}{10\,000} + 200\right) \times (1 + 20\%)}{1 - 5\%} = 360（元）$$

追加生产 1 000 件的单位变动成本为 200 元，则

$$计划外单位丁产品价格 = \frac{200 \times (1 + 20\%)}{1 - 5\%} = 252.63（元）$$

因为额外订单的单价高于其按变动成本计算的价格，故应接受这一额外订单。

2. 以市场需求为基础的定价方法

最优价格应是企业取得最大销售收入或利润时的价格。以市场需求为基础的定价方法可

以契合这一要求，主要有需求价格弹性系数定价法和边际分析定价法等。

（1）需求价格弹性系数定价法。需求价格弹性系数定价法是根据需求价格弹性系数来定价的方法。需求增大导致价格上升，刺激企业生产；而需求减小，则会引起价格下降，从而制约企业的生产规模。从另一个角度看，企业也可以根据这种关系，通过价格的升降来影响市场需求。在其他条件不变的情况下，某种产品的需求量随其价格的升降而变动的程度，就是需求价格弹性系数。运用需求价格弹性系数可以确定产品的销售价格。

（2）边际分析定价法。边际分析定价法是指基于微分极值原理，通过分析不同价格与销售量组合下的产品边际收入、边际成本和边际利润之间的关系，进行定价决策的一种定量分析方法。边际是指每增加或减少一个单位所带来的差异。那么，产品边际收入、边际成本和边际利润就是指销售量每增加或减少一个单位所形成的收入、成本和利润的差额。按照微分极值原理，如果利润函数的一阶导数等于零，即边际利润等于零，边际收入等于边际成本，那么利润将达到最大值，此时的价格就是最优销售价格。

（四）价格运用策略

企业之间的竞争在很大程度上表现为企业产品在市场上的竞争。市场占有率的大小是衡量产品市场竞争能力的主要指标。除了提升产品质量之外，根据具体情况合理运用不同的价格策略，可以有效地提高产品的市场占有率和企业的竞争能力。其中，主要的价格运用策略有以下几种。

1. 折让定价策略

折让定价策略是指在一定条件下，以降低产品的销售价格来刺激购买者，从而达到扩大产品销售量的目的。价格折让的主要表现是价格折扣，主要有现金折扣、数量折扣、团购折扣、预购折扣、季节折扣等。现金折扣，是指企业为了提高结算保障，对在一定期限内付款的购买者给予的折扣，即购买方如果在企业规定的期限内付款，企业就给予购买方一定的折扣。数量折扣，是指企业对大量购买或集中购买本企业产品的购买方给予的一种折扣优惠。一般购买量越多、金额越大，折扣也越大。团购折扣，是指通过团购集合足够人数，便可以优惠价格购买或使用第三方公司的物品、优惠券或享受服务。预购折扣，是指对预先向企业订购或购买产品的购买方给予折扣。例如，预订机票、预订旅游产品等享受的折扣。季节折扣，是指企业给予非季节性热销商品的购买者提供的一种价格优惠。

2. 心理定价策略

心理定价策略是指针对购买者的心理特点而采取的一种定价策略，主要有声望定价、尾数定价、双位定价和高位定价等。声望定价，是指企业按照其产品在市场上的知名度和被消费者信任的程度来制定产品价格的一种方法。一般地，声望越高，价格越高，这就是产品的"名牌效应"。尾数定价，即在制定产品价格时，价格的尾数取接近整数的小数（如199.9元）或带有一定谐音的数（如158元）等。它一般只适用于价值较小的中低档日用消费品定价。双位定价，是指在向市场以挂牌价格销售时，采用两种不同的标价来促销的一种定价方法。例如，某产品标明"原价158元，现促销价99元"。这种策略适用于市场接受程度较低或销路不太好的产品。高位定价，即根据消费者"价高质优"的心理特点实行高标价促销的方法。但高位定价必须是优质产品，不能弄虚作假。

3. 组合定价策略

组合定价策略是针对相关产品组合所采取的一种方法。它根据相关产品在市场竞争中的不同情况，使互补产品价格有高有低，或使组合售价优惠。对于具有互补关系的相关产品，可以采取降低部分产品价格而提高互补产品价格，以促进销售，提高整体利润，如便宜的整车与高价的配件等。对于具有配套关系的相关产品，可以对组合购买进行优惠，比如西服套装中的上衣和裤子等。组合定价策略可以扩大销售量、节约流通费用，有利于企业整体效益的提高。

4. 生命周期定价策略

生命周期定价策略是根据产品从进入市场到退出市场的生命周期，分阶段确定不同价格的定价策略。产品在市场中的生命周期一般分为推广期、成长期、成熟期和衰退期。推广期产品需要获得消费者的认同，进一步占有市场，应采用低价促销策略；成长期的产品有了一定的知名度，销售量稳步上升，可以采用中等价格；成熟期的产品市场知名度处于最佳状态，可以采用高价促销，但由于市场需求接近饱和，竞争激烈，定价时必须考虑竞争者的情况，以保持现有市场销售量；衰退期的产品市场竞争力下降，销售量下滑，应该降价促销或维持现价并辅之以折扣等其他手段，同时，积极开发新产品，保持企业的市场竞争优势。

第二节　成　本　管　理

一、成本管理的目标

从成本管理活动所涉及的层面来看，成本管理的目标可以分为总体目标和具体目标两个方面。

（一）总体目标

成本管理的总体目标服从于企业的整体经营目标。在竞争性经济环境中，成本管理的总体目标主要依据企业竞争战略制定：成本领先战略中，成本管理的总体目标是追求成本水平的绝对降低；差异化战略中，成本管理的总体目标则是在保证实现产品、服务等方面差异化的前提下，对产品全生命周期成本进行管理，实现成本的持续降低。

（二）具体目标

成本管理的具体目标是对总体目标的进一步细分，主要包括成本计算的目标和成本控制的目标。

1. 成本计算的目标

成本计算的目标是为所有内、外部信息使用者提供成本信息。外部信息使用者关注的信息主要是资产价值和盈亏情况。因此，成本计算的目标之一是确定存货等资产价值和企业盈亏状况，即按照成本会计制度的规定计算成本，满足编制会计报表的需要。内部信息使用者使用成本信息，除了了解资产价值及盈亏情况外，重点用于经营管理。因此，成本计算的目标又包括：通过向管理人员提供成本信息，提高人们的成本意识；通过成本差异分析，评价管理人员的业绩，促进管理人员采取改善措施；通过盈亏平衡分析等方法，提供成本管理信息，有效地满足现代经营决策对成本信息的需求。

2. 成本控制的目标

成本控制的目标是降低成本水平。在成本管理的发展过程中，成本控制目标经历了通过提高工作效率和减少浪费来降低成本，通过提高成本效益比来降低成本和通过保持竞争优势来降低成本等阶段。在竞争性经济环境中，成本控制目标因竞争战略的不同而有所差异。实施成本领先战略的企业中，成本控制的目标是在保证一定产品质量和服务的前提下，最大限度地降低企业内部成本，表现为对生产成本和经营费用的控制。实施差异化战略的企业中，成本控制的目标则是在保证企业实现差异化战略的前提下，降低产品全生命周期成本，实现持续性的成本节省，表现为对产品所处生命周期不同阶段发生成本的控制，如对研发成本、供应商成本和消费成本等的控制。

二、成本管理的内容

成本管理具体包括成本预测、成本决策、成本计划、成本控制、成本核算、成本分析和成本考核等内容。

1. 成本预测

成本预测是以现有条件为前提，在历史成本资料的基础上，根据未来可能发生的变化，运用科学的方法，对未来的成本水平及其发展趋势进行描述和判断的成本管理活动。成本预测是进行成本管理的第一步，也是组织成本决策和编制成本计划的前提。通过成本预测，掌握未来的成本水平及其变动趋势，有助于把未知因素转化为已知因素，帮助管理者提高自觉性，减少盲目性，全面和系统分析营运活动中可能出现的有利与不利情况，避免成本决策的片面性和局限性。

2. 成本决策

成本决策是在成本预测及有关成本资料的基础上，综合经济效益、质量、效率和规模等指标，运用定性和定量的方法对各个成本方案进行分析并选择最优方案的成本管理活动。成本决策不仅是成本管理的重要职能，还是企业营运决策体系中的重要组成部分。由于成本决策所考虑的是价值问题，更具体地讲是资金耗费的经济合理性问题，因而成本决策具有较强的综合性，对其他营运决策起着指导和约束作用。

3. 成本计划

成本计划是以营运计划和有关成本数据、资料为基础，根据成本决策所确定的目标，通过一定的程序，运用一定的方法，针对计划期企业的生产耗费和成本水平进行的具有约束力的成本筹划管理活动。成本计划属于成本的事前管理，是企业营运管理的重要组成部分。企业可通过对成本的计划与控制，分析实际成本与计划成本之间的差异，指出需要加强控制和改进的领域，以此评价有关部门的业绩，推动增产节约，从而促进企业发展。

4. 成本控制

视野拓展

降低成本实例

成本控制是成本管理者根据预定的目标，对成本的发生和形成过程以及影响成本的各种因素条件施加主动的影响或干预，把实际成本控制在预期目标内的成本管理活动。成本控制的关键是选取适用于本企业的成本控制方法，它决定着成本控制的效果。传统的成本控制基本上采用经济手段，通过实际成本与标准成本之间的差异分析来进行，如标准成本法等；现代的成本控制则突破了经济手段的限制，还使用了包括技术和组织手段在内的所有可能的控制手段，如目标成本法、作业成本法以及责任成本法等。

5. 成本核算

成本核算是根据成本核算对象，按照国家统一的会计制度和企业管理要求，对营运过程中实际发生的各种耗费按照规定的成本项目进行归集、分配和结转，取得不同成本核算对象的总成本和单位成本，向有关使用者提供成本信息的成本管理活动。成本核算分为财务成本核算和管理成本核算。

6. 成本分析

成本分析是成本管理的重要组成部分,是利用成本核算提供的成本信息及其他有关资料,分析成本水平与构成的变动情况,查明影响成本变动的各种因素和产生的原因,并采取有效措施控制成本的成本管理活动。通过成本分析,可以深入了解成本变动的规律,寻求降低成本的途径,为有关人员进行成本规划和经营决策提供参考依据。

7. 成本考核

成本考核是对成本计划及其有关指标实际完成情况进行定期总结和评价,并根据考核结果和责任制的落实情况,进行相应奖励和惩罚,以监督和促进企业加强成本管理责任制,提高成本管理水平的成本管理活动。其目的在于改进原有的成本控制活动,激励或约束员工和团体的成本行为,更好地履行经济责任,提高企业成本管理水平。成本考核的关键是评价指标体系的选择和评价结果与激励约束机制的衔接。考核指标可以是财务指标,也可以是非财务指标。

上述七项活动中,成本分析贯穿于成本管理的全过程,成本预测、成本决策与成本计划在战略上对成本控制、成本核算、成本分析和成本考核进行指导,成本预测、成本决策与成本计划的变动是企业外部经济环境和企业内部竞争战略变动的结果,而成本控制、成本核算、成本分析和成本考核则通过成本信息的流动互相联系。

三、本量利分析

利润是企业某一时期内经营成果的一个重要衡量指标,而企业利润的高低取决于成本和收入的多少,其中收入主要由售价和销售量来决定。企业想获得更多利润,必须尽可能地降低成本、提高售价、增加销售量,显而易见,成本、业务量和利润三者之间存在着密切关系。为了获得最大利润,必须客观分析这三者之间的内在规律,寻找三者之间的均衡点,为企业经营决策和目标控制提供有效的管理信息。

本量利分析所考虑的相关因素主要包括销售量、单价、销售收入、单位变动成本、固定成本、营业利润等,这些因素之间的关系可以用下列基本公式来反映:

$$利润=销售收入-总成本$$
$$=销售收入-(变动成本+固定成本)$$
$$=销售量×单价-销售量×单位变动成本-固定成本$$
$$=销售量×(单价-单位变动成本)-固定成本$$

这个公式是明确表达本量利之间数量关系的基本关系式,它含有五个相互联系的变量,给定其中四个变量,便可求出另外一个变量的值。本量利分析的基本原理是在假设单价、单位变动成本和固定成本为常量以及产销一致的基础上,将利润、销售量分别作为因变量与自变量,给定销售量,便可以求出其利润,或者给定目标利润,计算出目标销售量。

本量利分析主要包括盈亏平衡分析、目标利润分析、敏感性分析、边际分析等内容,以下重点介绍盈亏平衡分析和目标利润分析。

(一)盈亏平衡分析

盈亏平衡分析(也称保本分析),是指分析、测定盈亏平衡点,以及有关因素变动对盈亏平衡点的影响等,是本量利分析的核心内容。盈亏平衡分析的原理是,通过计算企业在利润为零、即处于盈亏平衡时的业务量,分析项目对市场需求变化的适应能力等。当企业的业务量等于盈亏平衡点的业务量时，企业处于盈亏平衡状态；当企业的业务量高于盈亏平衡点的业务量时，企业处于盈利状态；当企业的业务量低于盈亏平衡点的业务量时，企业处于亏损状态。

1. 盈亏平衡点

盈亏平衡分析的关键是盈亏平衡点的确定。盈亏平衡点（又称保本点），是指企业达到盈亏平衡状态的业务量或销售额，即企业一定时期的总收入等于总成本、利润为零时的业务量或销售额。

根据本量利分析基本关系式：

$$利润=销售量×单价-销售量×单位变动成本-固定成本$$

当利润为零时，求出的销售量就是盈亏平衡点的业务量，即

$$盈亏平衡点的业务量=固定成本÷（单价-单位变动成本）=固定成本÷单位边际贡献$$

若用销售额来表示，则盈亏平衡点的销售额计算公式为

$$盈亏平衡点的销售额=盈亏平衡点的业务量×单价$$

或

$$盈亏平衡点的销售额=固定成本÷（1-变动成本率）=固定成本÷边际贡献率$$

盈亏平衡分析的主要作用在于使企业管理者在经营活动发生之前，对该项经营活动的盈亏临界情况做到心中有数。企业经营管理者总是希望企业的盈亏平衡点越低越好，盈亏平衡点越低，企业的经营风险就越小。从盈亏平衡点的计算公式可以看出，降低盈亏平衡点的途径主要有以下三个。一是降低固定成本总额。在其他因素不变时，盈亏平衡点的降低幅度与固定成本的降低幅度相同。二是降低单位变动成本。在其他因素不变时，可以通过降低单位变动成本来降低盈亏平衡点，但两者降低的幅度并不一致。三是提高销售单价。在其他因素不变时，可以通过提高销售单价来降低盈亏平衡点，同降低单位变动成本一样，销售单价与盈亏平衡点的变动幅度也不一致。

【例 7.10】某企业销售甲产品，单价为 100 元/件，单位变动成本为 50 元，固定成本为 130 000 元，要求计算甲产品的边际贡献率、盈亏平衡点的业务量及盈亏平衡点的销售额。

边际贡献率=单位边际贡献÷单价×100%=(100-50)÷100×100%=50%

盈亏平衡点的业务量=固定成本÷（单价-单位变动成本）=130 000÷(100-50)=2 600（件）

盈亏平衡点的销售额=盈亏平衡点的业务量×单价=2 600×100=260 000（元）

2. 盈亏平衡作业率

以盈亏平衡点为基础，还可以得到另一个辅助性指标，即盈亏平衡作业率（又称保本作业率）。盈亏平衡作业率是指盈亏平衡点的业务量（或销售额）占正常经营情况下的业务量（或销售额）的百分比，或者是盈亏平衡点的业务量（或销售额）占实际或预计业务量（或销售额）的百分比。其计算公式为

$$盈亏平衡作业率=盈亏平衡点的业务量÷正常经营业务量（实际业务量或预计业务量）×100\%$$
$$=盈亏平衡点的销售额÷正常经营销售额（实际销售额或预计销售额）×100\%$$

由于企业通常按照正常的销售量来安排产品的生产，在库存合理的条件下，产品生产量与正常的销售量应该大体相同。所以，该指标也可以提供企业在盈亏平衡状态下对生产能力利用程度的要求。

【例 7.11】沿用例 7.10 的资料及有关计算结果，并假定该企业正常经营条件下的销售量为 5 000 件。要求计算该企业的盈亏平衡作业率。

$$盈亏平衡作业率=2 600÷5 000×100\%=52\%$$

或　　　　　　　　　盈亏平衡作业率=260 000÷(5 000×100)×100%=52%

计算结果表明，该企业盈亏平衡作业率为52%，即正常销售量的52%用于盈亏平衡，即企业的生产能力利用程度必须达到52%，方可达到盈亏平衡。

3. 本量利关系图

在进行本量利分析时，不仅可以通过数据计算出达到盈亏平衡状态时的销售量与销售额，还可以通过绘制本量利关系图的方法进行分析。图7.1为本量利关系图，在本量利关系图上，可以描绘出影响利润的因素：单价、销售量、单位变动成本、固定成本。因此，借助本量利关系图不仅可以得出达到盈亏平衡状态的销售量和销售额，还可以一目了然地观察到相关因素变动对利润的影响，从而有助于管理者进行各种短期经营决策。

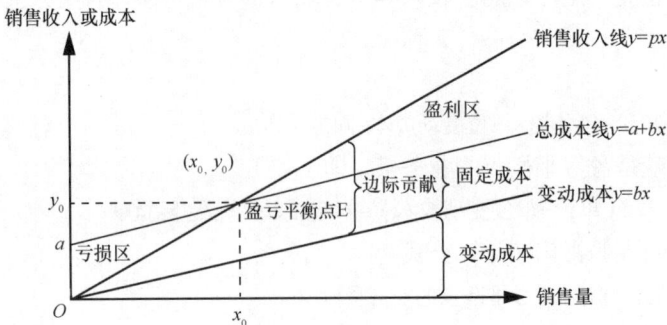

图7.1　本量利关系图

（二）目标利润分析

盈亏平衡分析是假定企业在盈亏平衡、利润为零的状态下进行的本量利分析。虽然它有助于简化本量利分析的过程，了解企业最低生产条件以及评价企业经营的安全程度，并且为企业的经营决策提供有用的信息，但盈亏平衡并不是企业经营的最终目的。在竞争的市场经济中，企业的经营目的是追求利润最大化，在不断扩大盈利中扩大自身规模，求生存空间、求发展机会。因此，企业不会满足于利润为零的盈亏平衡分析，而是更加注重盈利条件下的本量利分析。

1. 目标利润分析基本原理

目标利润分析是在本量利分析方法的基础上，计算为达到目标利润所需达到的业务量、收入和成本的一种利润规划方法，该方法应反映市场的变化趋势、企业战略规划目标以及管理层需求等。如果企业在经营活动开始之前，根据有关收支状况确定了目标利润，就可以计算为实现目标利润而必须达到的销售量和销售额。计算公式为

目标利润=销售量×（单价－单位变动成本）－固定成本

实现目标利润销售量=（固定成本+目标利润）÷（单价－单位变动成本）

实现目标利润销售额=（固定成本+目标利润）÷边际贡献率

或　　　　　　　　实现目标利润销售额=实现目标利润销售量×单价

【例7.12】　某企业生产和销售单一产品，产品的单价为50元，单位变动成本为25元，固定成本为50 000元。如果将目标利润定为40 000元，则有

实现目标利润的销售量=(50 000+40 000)÷(50-25)=3 600（件）

实现目标利润的销售额=3 600×50=180 000（元）

应该注意的是，上述公式中的目标利润一般是指息税前利润。其实，用税后利润进行目标利润的规划和分析，更符合企业营运的需要。如果企业预测的目标利润是税后利润，则上述公式应做如下调整。

$$\text{实现目标利润的销售量}=\frac{\text{固定成本}+\text{税后目标利润}÷（1-\text{所得税税率}）+\text{利息}}{\text{单位边际贡献}}$$

$$实现目标利润的销售额 = \frac{固定成本 + 税后目标利润 \div (1-所得税税率) + 利息}{边际贡献率}$$

2. 实现目标利润的措施

目标利润是本量利分析的核心要素，它既是企业经营的动力和目标，也是本量利分析的中心。如果企业在经营中根据实际情况规划了目标利润，那么为了保证目标利润的实现，需要对其他因素做相应调整。通常情况下企业要实现目标利润，在其他因素不变时，销售数量或销售价格应当提高，而固定成本或单位变动成本则应下降。

【例 7.13】 接例 7.12 的资料，现在假定该企业将目标利润定为 58 000 元，从单个因素来看，影响目标利润的四个基本要素该做怎样的调整？

调整措施可选择以下方案中的任意一种：

实现目标利润的销售量＝（固定成本＋目标利润）÷单位边际贡献

$$=(50\,000+58\,000) \div (50-25)=4\,320（件）$$

实现目标利润的单位变动成本＝单价－（固定成本＋目标利润）÷销售量

$$=50-(50\,000+58\,000) \div 3\,600=20（元）$$

实现目标利润的固定成本＝边际贡献－目标利润$=(50-25)\times 3\,600-58\,000=32\,000$（元）

实现目标利润的单价＝单位变动成本＋（固定成本＋目标利润）÷销售量

$$=25+(50\,000+58\,000) \div 3\,600=55（元）$$

计算结果表明，该企业目标利润定为 58 000 元，比原来的目标利润增加 18 000 元。为确保现行目标利润的实现，从单个因素来看：销售数量应上升到 4 320 件，比原来的销售数量增加 720 件；或单位变动成本下降到 20 元，比原来的单位变动成本降低 5 元；或固定成本应下降到 32 000 元，比原来的固定成本降低 18 000 元；或单价上升为 55 元，比原来的单价增加 5 元。

四、本量利分析的应用

本量利分析在经营决策中得到大量的应用。它可以根据各个备选方案的成本、业务量与利润三者之间的相互依存关系，在特定情况下确定最优决策方案。企业进行经营活动的最终目的是获取利润，企业管理者的各种经营决策也应围绕着这个目标，在分析时应考虑哪个方案能够为企业提供更多的边际贡献，能够在最大程度上弥补发生的固定成本，从而使企业获得更多利润。

【例 7.14】 某公司在原有生产线使用年限到期之后，面临着更换生产线的选择。可以选择购买与原来一样的生产线，也可以购买一条自动化程度较高的生产线。原有生产线的价格为 150 000 元，而新的生产线的价格为 300 000 元，两种生产线的使用年限均为 5 年，无残值。两种生产线生产出来的产品型号、质量相同，市场售价为 50 元/件。有关数据如表 7.7 所示，分析过程如表 7.8 所示。

表 7.7　两条生产线的成本费用数据资料

（单位：元）

项　　目		原生产线	新生产线
直接材料		15	15
直接人工		12	10
变动制造费用		10	10
固定制造费用（假设只有折旧）		30 000	60 000
年销售费用	固定部分		10 000
	变动部分		5
年管理费用（假设均为固定费用）			10 000

表 7.8　两条生产线盈亏平衡点的计算分析

（单位：元）

项　　目	原生产线	新生产线
单位产品售价	50	50
单位变动成本	15+12+10+5=42	15+10+10=40
单位边际贡献	8	10
年固定成本	30 000+10 000+10 000=50 000	60 000+10 000+10 000=80 000
盈亏平衡点销售额	50 000÷8×50=312 500	80 000÷10×50=400 000

假设年产销额为 X，则两种生产方式下的年利润分别为

$$原生产线利润=X÷50×8-50\ 000$$
$$新生产线利润=X÷50×10-80\ 000$$

由

$$X÷50×8-50\ 000=X÷50×10-80\ 000$$

得

$$X=750\ 000（元）$$

这说明当年销售额为 750 000 元时，使用两种生产线的年利润相等；当年销售额低于 750 000 元时，采用原来的生产线获得利润较多；当年销售额高于 750 000 元时，采用新的生产线获得利润较多。因此，如何选择取决于对销售额的估计。

第三节　分 配 管 理

一、股利分配理论与股利政策

（一）股利分配理论

股利分配理论是指人们对股利分配的客观规律的科学认识与总结，其核心问题是股利政策与公司价值的关系问题。具有代表性的股利分配理论主要有股利无关论和股利相关论两种观点。

1. 股利无关论

股利无关论是由美国财务专家米勒（Miller）和莫迪利亚尼（Modigliani）于 1961 年提出的，因此又被称为"MM 理论"。股利无关论认为股利政策对公司的市场价值（或股票价格）不会产生任何影响，公司市场价值的高低是由公司投资决策的获利能力决定的，与公司的利润分配政策无关。

需要说明的是，这一理论建立在这样的一些假定之上：①不存在个人或企业所得税；②不存在任何筹资费用（包括发行费用和各种交易费用）；③公司的投资决策与股利政策彼此独立（即投资决策不受股利政策的影响）；④完善的市场竞争，即任何一位证券交易者都没有足够的能力通过其交易活动对股票的现行价格产生明显的影响；⑤股东对股利收入和资本增值之间并无偏好。上述假定描述的是一种完美无缺的市场，因而股利无关论又被称为完全市场理论。

2. 股利相关论

股利相关论认为，企业的股利政策会影响股票价格，其主要观点包括以下几种。

（1）"在手之鸟"理论。"在手之鸟"理论认为，用留存收益再投资带给投资者的收益具有很大的不确定性，并且投资风险随着时间的推移将进一步增大，因此，投资者更喜欢现金股利，而不大喜欢将利润留给公司。这是因为：对投资者来说，现金股利是"抓在手中的鸟"，是实在的，而留存收益则是"躲在林中的鸟"，随时都可能飞走。在投资者的眼里，股利收入要比由留存收益带来的资本利得更可靠。所以，投资者宁愿现在收到较少的股利，也不愿意待未来再收回风险较大的较多的股利。根据这种理论，公司需要定期向股东支付较高的股利，公司分配的股利越多，公司的市场价值也就越大。

（2）信号传递理论。信号传递理论认为，在信息不对称的情况下，公司可以通过股利政策向市场传递有关公司未来盈利能力的信息。一般来说，预期未来盈利能力强的公司往往愿

意通过相对较高的股利支付率，把自己同预期盈利能力差的公司区别开来，以吸引更多的投资者。对市场上的投资者来说，股利政策的差异或许是反映公司预期盈利能力差异的极有价值的信号。如果公司连续保持较为稳定的股利支付率，那么，投资者就可能对公司未来的盈利能力与现金流量抱有较为乐观的预期。

（3）代理理论。代理理论认为，股利政策有利于减缓管理者和股东之间的代理冲突，也就是说，股利政策相当于是协调股东与管理者之间代理关系的一种约束机制。股利政策对管理者的约束体现在两个方面：一方面，从投资角度看，当企业存在大量自由现金时，管理者通过股利发放不仅减少了因过度投资而浪费的资源,而且有助于减少管理者潜在的代理成本，从而增加企业价值（这样可解释宣告股利增加与股价变动正相关的现象）；另一方面，从融资角度看，企业发放股利减少了内部融资，导致进入资本市场寻求外部融资，从而可以经常接受资本市场的有效监督，这样通过加强资本市场的监督而减少代理成本。因此，高水平股利支付政策有助于降低企业的代理成本，但同时也增加了企业的外部融资成本。因此，最优的股利政策应使两种成本之和最小。

（4）差别税收理论。差别税收理论认为，由于普遍存在的税率的差异及纳税时间的差异，资本利得收入比股利收入更有助于实现收益最大化目标，企业应当采用低股利政策。由于认为股利收入和资本利得收入是不同类型的收入，所以在很多国家，对它们征收所得税的税率不同，一般地，对资本利得收入征税的税率低于对股利收入征税的税率。另外，股利收入纳税和资本利得收入纳税在时间上也存在差异，投资者对资本利得收入的纳税时间选择更具有弹性，可以自由后推资本利得收入的纳税时间，从而可以获得延迟纳税带来的收益。因此，在其他条件不变的情况下，投资者更偏好资本利得收入而不是股利收入。

（二）股利政策

股利政策是指在法律允许的范围内，企业是否发放股利、发放多少股利，以及何时发放股利的方针及对策。企业的净收益可以支付给股东，也可以留存在企业内部，股利政策的关键问题是确定分配和留存的比例。股利政策不仅会影响股东的利益，而且会影响企业在资本市场上的形象及企业股票的价格，更会影响企业的长短期利益，因此，合理的股利政策对企业及股东来讲是非常重要的。企业应综合考虑各种影响因素，结合自身的实际情况，对各种股利政策权衡利弊得失，从优选择。公司经常采用的股利政策主要有以下几种。

1. 剩余股利政策

剩余股利政策是指公司生产经营所获得的净收益首先应满足公司的资金需求，如果还有剩余，再派发股利；如果没有剩余，则不派发股利。剩余股利政策的理论依据是股利无关论。剩余股利政策的具体实施步骤是：①根据公司的投资计划确定公司的最佳资本预算；②根据公司的目标资本结构及最佳资本预算预计公司资金需求中所需要的权益资本数额；③尽可能地使用留存收益来满足资金需求中所需增加的股东权益数额；④留存收益在满足公司股东权益增加需求后，如果有剩余，再用来派发股利。

剩余股利政策的优点是：留存收益优先保证再投资的需要，从而有助于降低再投资的资本成本，保持最佳的资本结构，实现公司价值的长期最大化。

剩余股利政策的缺陷是：完全遵照执行剩余股利政策，将使股利发放额每年随投资机会和盈利水平的波动而波动，不利于投资者安排收入与支出，也不利于公司树立良好的形象。

剩余股利政策一般适用于公司初创阶段。

【例7.15】 某公司20×8年度净利润为4 000万元，20×9年度投资计划所需资金3 500万元，公司的目标资本结构为自有资金占60%，借入资金占40%。则按照目标资本结构的要求，公司投资方案所需的自有资金数额为

$$3\ 500 \times 60\% = 2\ 100（万元）$$

按照剩余股利政策的要求，该公司20×8年度可向投资者分红（发放股利）的数额为

$$4\ 000 - 2\ 100 = 1\ 900（万元）$$

2. 固定或稳定增长的股利政策

固定或稳定增长的股利政策是公司将每年派发的股利额固定在某一特定水平或是在此基础上维持某一固定比率逐年稳定增长。只有当公司对未来利润增长确有把握时，才会宣布实施固定或稳定增长的股利政策。近年来，为了避免通货膨胀对股东收益的影响，最终达到吸引投资的目的，很多公司开始实行稳定增长的股利政策。

这种股利政策主要有以下优点：①固定或稳定增长的股利政策能将公司未来获利能力强、财务状况稳定以及管理层对未来充满信心等信息传递出去，这有利于公司树立良好的形象，增强投资者对公司的信心，进而有利于稳定公司股票价格；②固定或稳定增长的股利政策，有利于吸引那些打算进行长期投资的股东。这部分股东希望其投资的获利能够成为其稳定的收入来源，以便安排各种经常性的支出。

这种股利政策主要有以下缺点：①公司股利支付与公司盈利相脱离，造成投资的风险与投资的收益不对称；②由于公司盈利较低时仍要支付较高的股利，所以容易引起公司资金短缺，导致财务状况恶化，甚至侵蚀公司留存收益和公司资本。

因此，采用固定或稳定增长的股利政策，要求公司对未来的盈利和支付能力能准确地做出判断。这种股利政策一般适用于经营比较稳定或正处于成长期的公司，且很难被长期采用。

3. 固定股利支付率政策

固定股利支付率政策是公司确定固定的股利支付率，并长期按此比率从净利润中支付股利的政策。各年股利随公司经营的好坏而上下波动，获得较多盈余的年份股利额高，获得盈余少的年份股利额低。采用此政策，由于公司的盈利能力在年度间是经常变动的，所以每年的股利也随着公司收益的变动而变动。

固定股利支付率政策的优点是：①使股利与公司盈余紧密结合，以体现多盈多分、少盈少分、不盈不分的原则；②由于公司的盈利能力在年度间是经常变动的，所以每年的股利也应随着公司收益的变动而变动，保持股利与利润间的一定比例关系，体现投资风险与收益的对等。

固定股利支付率政策的缺点是：①由于股利波动容易使外界产生公司经营不稳定的印象，所以不利于股票价格的稳定与上涨；②容易使公司面临较大的财务压力，公司实现的盈利越多，支付的股利越多，如果公司的现金流量状况并不好，很容易给公司造成较大的财务压力；③公司每年按固定比例从净利润中支付股利，缺乏财务弹性；④确定合理的固定股利支付率难度很大。

固定股利支付率政策只能适用于稳定发展的公司和公司财务状况较稳定的阶段。

【例7.16】 某公司长期以来用固定股利支付率政策进行股利分配，确定的股利支付率为30%。

财务管理（附微课）

20×2 年税后净利润为 1 500 万元，如果仍然继续执行固定股利支付率政策，公司 20×2 年度将要支付的股利为

$$1\ 500×30\%=450（万元）$$

如果公司 20×3 年度有较大的投资需求，因此，公司准备 20×2 年度采用剩余股利政策。假设公司 20×3 年度的投资预算为 2 000 万元，目标资本结构为权益资本占 60%。按照目标资本结构的要求，公司投资方案所需的权益资本额为

$$2\ 000×60\%=1\ 200（万元）$$

公司 20×2 年度可以发放的股利为

$$1\ 500-1\ 200=300（万元）$$

4. 低正常股利加额外股利政策

低正常股利加额外股利政策是公司事先设定一个较低的经常性股利额，一般情况下，公司每期都按此金额支付股利，只有公司盈利较多时，再根据实际情况发放额外股利。

这种股利政策的优点有：①低正常股利加额外股利政策具有较大的灵活性。由于平常股利发放水平较低，故在公司净利润很少或需要将相当多的净利润留存下来用于再投资时，公司仍旧可以维持既定的股利发放水平，避免股价下跌的风险，股东不会有股价跌落感；而公司一旦拥有充裕的现金，就可以通过发放额外股利的方式，将其转移到股东的手中，也有利于股价的提高，使股东增强对公司的信心。②它既可以在一定程度上维持股利的稳定性，又可以根据公司的具体情况，选择不同的股利水平，以完善公司的资本结构，进而实现公司的财务目标。

低正常股利加额外股利政策的缺点有：①股利派发仍然缺乏稳定性，额外股利随盈利的变化而变化，时有时无，给人漂浮不定的印象；②如果公司较长时期一直发放额外股利，股东就会误认为这是"正常股利"，一旦取消，极易造成公司财务状况恶化的负面影响，股价下跌在所难免。

需要指出的是，实务中并没有一个严格意义上的最为科学的股利政策，往往是多种股利政策的结合利用。企业在进行收益分配时，应充分考虑各种政策的优缺点和企业的实际情况，选择适宜的利润分配政策。

> ★ **提炼点睛** ★
>
> 上面介绍的几种股利政策中，固定或稳定增长的股利政策和低正常股利加额外股利政策是被企业普遍采用，并为广大的投资者所认可的两种基本政策。

二、利润分配程序

本项目所指的利润分配是指对净利润的分配。按照《公司法》及相关法律制度的有关规定，公司净利润的分配应按照下列顺序进行。

（1）弥补企业以前年度亏损。企业在提取法定公积金之前，应当先用当年利润弥补以前年度亏损。企业年度亏损可以用下一年度的税前利润弥补，下一年度不足弥补的，可以在五年之内用税前利润连续弥补，连续五年未弥补的亏损则用税后利润弥补。其中，税后利润弥补亏损可以用当年实现的净利润，也可以用盈余公积。

（2）提取法定盈余公积。根据《公司法》的规定，法定盈余公积的提取比例为当年税后利润（弥补亏损后）的 10%。当年法定盈余公积的累积额已达注册资本的 50% 时，可不再提取。法定盈余公积可用于弥补亏损、扩大公司生产经营或转增资本，但企业用盈余公积转增资本后，法定盈余公积的余额不得低于转增前公司注册资本的 25%。

（3）提取任意盈余公积。根据《公司法》的规定，公司从税后利润中提取法定公积金后，经股东会或者股东大会决议，还可以从税后利润中提取任意公积金。这是为了满足企业经营管理的需要，控制向投资者分配利润的水平，以及调整各年度利润分配的波动。

（4）向股东（投资者）分配股利（利润）。根据《公司法》的规定，公司弥补亏损和提取公积金后所余税后利润，可以向股东（投资者）分配股利（利润）。公司股东会、股东大会或董事会违反上述利润分配顺序，在弥补亏损和提取法定盈余公积之前向股东分配利润的，股东必须将违反规定分得的利润退还公司。另外，公司持有的本公司股份不得分配利润。

三、利润分配制约因素

企业利润分配政策的确定受到各方面因素的影响，这些影响因素主要有以下几个方面。

1. 法律因素

为了保护债权人和股东的利益，国家有关规定对企业的利润分配设置了一定的硬性限制。

（1）资本保全约束。资本保全是企业财务管理应遵循的一个重要原则。它要求企业发放的股利或投资分红不得来源于原始投资（或股本），而只能来源于企业当期利润或留存收益。其目的是防止企业任意降低资本结构中所有者权益（股东权益）的比例，以维护债权人和股东的利益。

（2）资本积累约束。它要求企业在分配收益时，必须按一定的比例和基数提取公积金。另外，它要求在具体的分配政策上，贯彻"无利不分"原则。

（3）偿债能力约束。偿债能力是指企业按时足额偿付各种到期债务的能力。对股份有限公司而言，当其支付现金股利后会影响公司偿还债务和正常经营时，公司发放现金股利的数额要受到限制。

（4）超额累积利润约束。对于股份有限公司而言，由于投资者接受股利缴纳的所得税要高于进行股票交易所取得的资本利得所缴纳的税金，许多公司可以通过积累利润使股价上涨来帮助股东避税。于是许多国家规定不得超额累积利润，一旦公司的保留盈余超过法律认可的水平，将被加征额外税额。我国法律目前对此尚未做出规定。

2. 股东因素

股东出于对自身利益的考虑，可能对公司的利润分配提出自己的意见。

（1）控制权考虑。公司支付较高的股利，会导致留存收益减少，这又意味着将来发行新股的可能性加大。而发行新股必然稀释原股东对公司的控制权。因此，公司的股东往往主张限制股利的支付，而愿意较多地保留盈余，以防止控制权旁落。

（2）避税考虑。一般来说，股利收入的税率要高于资本利得的税率，很多股东出于避税考虑，往往要求限制股利的支付，而较多地保留盈余，以便从股价上涨中获利。

（3）稳定收入考虑。一些依靠股利维持生活的股东，往往要求公司支付稳定的股利。

（4）规避风险考虑。在某些股东看来，通过增加留存收益引起股价上涨而获得的资本利得是有风险的，而目前所得股利是确定的，即便是现在较少的股利，也强于未来较多但是存在较大风险的资本利得，因此他们往往要求较多地支付股利。

3. 公司因素

公司出于长期发展和短期经营的考虑，制定利润分配政策时，往往综合考虑以下因素。

（1）现金流量。公司资金正常运转，是公司生产经营得以有序进行的必要条件。因此，保证公司正常经营活动对现金的需求是利润分配政策最重要的限制因素。公司进行利润分配时，必须充分考虑公司的现金流量。

（2）盈利的稳定性。公司盈利的稳定性是其利润分配政策的重要基础。一般来说，盈利相对稳定的公司可能支付较高的股利，而盈利不稳定的公司一般支付较低的股利。

（3）资产的流动性。公司支付现金股利会减少其现金持有量，降低资产的流动性，而保持一定的资产流动性是公司正常运转的必要条件。

（4）筹资因素。具有较强筹资能力的公司，能够及时从资本市场筹措到所需的资金，则有可能采取较宽松的利润分配政策；而筹资能力较弱的公司，宜保留较多的盈余，因而往往采取较紧的利润分配政策。留存收益是公司内部筹资的一种重要方式，与发行新股或举债相比，具有成本低的优点，很多公司在确定利润分配政策时，往往将公司的净利润作为筹资的第一选择渠道。

（5）投资机会。利润分配政策要受到公司未来投资机会的影响。当公司预期未来有较好的投资机会，且预期投资收益率大于投资者期望收益率时，公司经营者会首先考虑将实现的利润用于再投资，减少用于分配的利润金额。相反，如果公司缺乏良好的投资机会，保留大量的盈余会造成资金闲置，可支付较高的股利。

（6）其他因素。公司的利润分配政策还会受到其他公司因素的影响。例如，上市公司所处的行业会影响股利政策；再如，公司有意地多发股利使股价上涨，使已发行的可转换债券尽快地实现转换，从而达到调整资本结构的目的等。

4. 其他因素

另外，还有一些其他因素也影响企业的利润分配政策。

（1）债务契约。一般来说，股利支付水平越高，留存收益越少，公司的破产风险越大，就越有可能损害债权人的利益。因此，为了保证自己的利益不受侵害，债权人通常都会在债务契约、租赁合同中加入关于借款公司股利政策的限制条款。

（2）通货膨胀。通货膨胀会带来货币购买力水平下降、固定资产重置资金来源不足等问题，此时企业往往不得不考虑留用一定的利润，以便弥补由于货币购买力水平下降而造成的固定资产重置资金缺口。因此，在通货膨胀时期，企业一般采取偏紧的利润分配政策。

四、股利支付形式与程序

（一）股利支付形式

公司在决定发放股利后，便要做出以何种形式发放股利的决策。股份有限公司分配股利一般有以下几种形式。

1. 现金股利

现金股利是以现金的形式发放给股东的股利。由于投资者一般都希望得到现金股利，而且公司发放股利的多少，直接影响公司股票的市场价格，因此，现金股利是公司最常用的，也是最主要的股利发放形式。但这种形式加大了公司的资金流出量，增加了公司的支付压力。

2. 财产股利

财产股利是以现金以外的其他资产支付的股利，主要是以公司所拥有的其他公司的有价证券，如债券、股票等，作为股利支付给股东。

3. 负债股利

负债股利是以负债方式支付的股利，通常以公司的应付票据支付给股东，有时也以发放公司债券的方式支付股利。

财产股利和负债股利实际上是现金股利的替代，但这两种股利支付形式在我国公司实务中很少使用。

4. 股票股利

股票股利是公司以增发股票的方式支付的股利，我国实务中通常也称其为"红股"。股票股利不会引起公司资产的流出，而只是将公司的留存收益转化为股本，不会改变公司股东权益总额，但会改变股东权益的构成。发放股票股利会增加流通在外的股票数量，同时降低股票的每股价值，但发放股票股利后股东所持股份比例并未改变，因此，每位股东所持股票的价值总额仍能保持不变。

发放股票股利虽不直接增加股东的财富，也不增加公司的价值，但对股东和公司都有特殊意义。

对股东来讲，股票股利的优点主要如下。①理论上，派发股票股利后，每股市价会成反比例下降，但实务中这并非必然结果。因为市场和投资者普遍认为，发放股票股利往往预示着公司会有较大的发展和成长，这样的信息传递会稳定股价或使股价下降比例减小甚至不降反升，股东便可以获得股票价值相对上升的好处。②由于股利收入和资本利得税率的差异，如果股东把股票股利出售，还会给他带来资本利得纳税上的好处。

对公司来讲，股票股利的优点主要如下。①发放股票股利不需要向股东支付现金，在再投资机会较多的情况下，公司就可以为再投资提供成本较低的资金，从而有利于公司的发展。②发放股票股利可以降低公司股票的市场价格，既有利于促进股票的交易和流通，又有利于吸引更多的投资者成为公司股东，进而使股权更为分散，有效地防止公司被恶意控制。③股票股利的发放可以传递公司未来发展前景良好的信息，从而增强投资者的信心，在一定程度上稳定股票价格。

（二）股利支付程序

公司股利的发放必须遵守相关的要求，按照日程安排来进行。一般情况下，先由董事会提出分配预案，然后提交股东大会决议，股东大会决议通过才能进行分配。股东大会决议通过分配预案后，要向股东宣布发放股利的方案，并确定股利宣告日、股权登记日、除息日和股利发放日。

（1）股利宣告日，即股东大会决议通过并由董事会将股利支付情况予以公告的日期。公告中将宣布每股应支付的股利、股权登记日、除息日和股利支付日。

（2）股权登记日，即有权领取本期股利的股东资格登记截止日期。凡是在此指定日期收盘之前取得公司股票，成为公司在册股东的投资者都可以作为股东享受公司本期分派的股利。在这一天之后取得股票的股东则无权领取本次分派的股利。

（3）除息日，即领取股利的权利与股票分离的日期。在除息日之前购买股票的股东才能领取本次股利，而在除息日当天或是以后购买股票的股东，则不能领取本次股利。

由于失去了"收息"的权利，除息日的股票价格会下跌。除息日是股权登记的下一个交易日。

（4）股利发放日，即公司按照公布的分红方案向股权登记日在册的股东实际支付股利的日期。

【例7.17】 某公司20×2年4月10日公布20×1年度的最后分红方案，其发布的公告如下："20×2年4月9日在上海召开的股东大会，通过了20×2年4月2日董事会关于每股分派0.2元的20×1年股利分配方案。股权登记日为4月25日，除息日为4月26日，除公司自行发放股利的股东外，其他股东的现金股利在5月10日通过中国证券登记结算有限公司上海分公司资金清算系统发放。特此公告。"

那么，该公司的股利宣告日是20×2年4月10日，股权登记日是20×2年4月25日，除息日是20×2年4月26日，股利支付日是20×2年5月10日。

同步训练

一、单项选择题

1. 下列关于提取任意盈余公积的表述中，不正确的是（ ）。
   - A. 应从税后利润中提取
   - B. 经股东大会决议
   - C. 满足公司经营管理的需要
   - D. 达到注册资本的50%时可不再计提

2. 下列净利润分配事项中，根据相关法律法规和制度，应当最后进行的是（ ）。
   - A. 向股东分配股利
   - B. 提取任意公积金
   - C. 提取法定公积金
   - D. 弥补以前年度亏损

3. 下列关于销售预测的定性分析法的说法中，不正确的是（ ）。
   - A. 定性分析法又叫非数量分析法
   - B. 趋势预测分析法是销售预测的定性分析法的一种
   - C. 一般适用于预测对象的历史资料不完备或无法进行定量分析时
   - D. 通常不会得出最终的数据结论

4. 下列关于指数平滑法的表述，不正确的是（ ）。
   - A. 实质是一种加权平均法
   - B. 在销售量波动较大或进行短期预测时，可选择较大的平滑指数
   - C. 在销售量波动较小或进行长期预测时，可选择较小的平滑指数
   - D. 该方法运用比较灵活，适用范围较广，客观性强

5. 企业生产A产品，预计单位产品的制造成本为200元，单位产品的期间费用为50元，销售利润率不能低于15%，该产品适用的消费税税率为5%。那么，运用全部成本费用加成法，该企业的单位产品价格为（ ）元。
   - A. 250
   - B. 312.5
   - C. 62.5
   - D. 302.6

6. 企业采用剩余股利政策进行利润分配的主要优点是（ ）。
   - A. 有利于稳定股价
   - B. 获得财务杠杆利益
   - C. 使加权平均资金成本最低
   - D. 增强公众投资信心

7. 下列各项中，会导致采取高股利政策的事项是（ ）。
   - A. 有着良好投资机会
   - B. 陷于经营收缩的公司
   - C. 金融市场利率趋势上升
   - D. 企业盈利不稳定

8. 一般而言，适用于采用固定或稳定增长的股利政策的公司是（　　　）。

    A. 负债率较高的公司　　　　　　　　B. 盈利稳定或处于成长期的公司

    C. 盈利波动较大的公司　　　　　　　　D. 盈利较高但投资机会较多的公司

9. 在下列股利政策中，能保持股利与利润之间一定的比例关系，并体现投资风险与收益对等原则的是（　　　）。

    A. 剩余股利政策　　　　　　　　　　B. 固定或稳定增长的股利政策

    C. 固定股利支付率政策　　　　　　　D. 低正常股利加额外股利政策

10. 相对于其他股利政策而言，既可以维持股利的稳定性，又有利于优化资本结构的股利政策是（　　　）。

    A. 剩余股利政策　　　　　　　　　　B. 固定或稳定增长的股利政策

    C. 固定股利支付率政策　　　　　　　D. 低正常股利加额外股利政策

二、多项选择题

1. 销售预测的定量分析法，是指在预测对象有关资料完备的基础上，运用一定的数学方法，建立预测模型做出预测。它一般包括（　　　）。

    A. 趋势预测分析法　　　　　　　　　B. 专家判断分析法

    C. 产品生命周期分析法　　　　　　　D. 因果预测分析法

2. 以市场需求为基础的产品定价方法，包括（　　　）。

    A. 目标利润法　　　　　　　　　　　B. 需求价格弹性系数定价法

    C. 边际分析定价法　　　　　　　　　D. 全部成本费用加成定价法

3. 股东在决定公司利润分配政策时，通常考虑的主要因素有（　　　）。

    A. 规避风险　　　　　　　　　　　　B. 稳定股利收入

    C. 防止公司控制权旁落　　　　　　　D. 避税

4. 目前在我国公司实务上很少使用但并非法律禁止的股利支付方式有（　　　）。

    A. 现金股利　　　　B. 财产股利　　　　C. 负债股利　　　　D. 股票股利

5. 适当的股利分配政策有利于（　　　）。

    A. 增强公司积累能力　　　　　　　　B. 增强投资者对公司的投资信心

    C. 提高公司的市场价值　　　　　　　D. 提升公司的财务形象

6. 下列可用来弥补亏损的项目有（　　　）。

    A. 盈余公积　　　　B. 税前利润　　　　C. 税后利润　　　　D. 资本公积

7. 股利决策涉及的内容很多，包括（　　　）。

    A. 股利支付程序中各日期的确定　　　B. 股利支付率的确定

    C. 股利支付方式的确定　　　　　　　D. 公司利润分配顺序的确定

8. 确定企业利润分配政策时需要考虑的法律因素主要包括（　　　）。

    A. 资本保全约束　　B. 资本积累约束　　C. 偿债能力约束　　D. 稳定股价

9. 股利无关论的主要观点有（　　　）。

    A. 投资者并不关心公司股利的分配

    B. 投资者对股利和资本利得并无偏好

    C. 公司的价值完全由其投资的获利能力决定

D. 股利的支付比率不影响公司的价值

10. 除公司、股东、法律因素外，影响企业利润分配政策的其他限制因素主要有（　　　）。

A. 资产的流动性　B. 债务合同约束　　　C. 通货膨胀　　　　D. 负债的流动性

三、判断题

1. 根据《公司法》的规定，法定公积金的提取比例为当年税后利润的 10%。当年法定公积金的累积额已达到注册资本的 50%时，可以不再提取。　　　　　　　（　　　）

2. 若公司股东会或董事会违反有关法规规定的利润分配顺序，在抵补亏损和提取法定公积金前向股东分配利润，按违反规定分配额的一定比例处以罚款。　　　　（　　　）

3. 股权登记日是指有权领取股利的股东在公司股东名册上进行登记以领取股利的开始日期。　　　　　　　　　　　　　　　　　　　　　　　　　　　　　　　（　　　）

4. 根据股利无关论，公司的价值完全由其投资的获利能力决定，股利的支付比率并不影响公司的内在价值。　　　　　　　　　　　　　　　　　　　　　　　　（　　　）

5. 公司只要有累计盈余就可以发放现金股利。　　　　　　　　　　　　（　　　）

6. 举债能力较强的公司有可能采取较宽松的股利政策，举债能力较弱的公司往往采取较紧的股利政策。　　　　　　　　　　　　　　　　　　　　　　　　　　　（　　　）

7. 股票股利的发放并不增加股东权益的总额，现金股利的发放将减少股东权益总额。
　　　　　　　　　　　　　　　　　　　　　　　　　　　　　　　　　　（　　　）

8. 在通货膨胀的情况下，公司的折旧基金的购买力水平下降，公司的股利政策往往偏紧。
　　　　　　　　　　　　　　　　　　　　　　　　　　　　　　　　　　（　　　）

9. 公司采取剩余股利政策的目的，主要是满足公司出现良好的投资机会时的资金需求。
　　　　　　　　　　　　　　　　　　　　　　　　　　　　　　　　　　（　　　）

10. 发放股票股利会因普通股股数的增加而引起每股利润的下降，进而引起每股市价下跌，但每位股东所持股票的市场价值总额不会因此减少。　　　　　　　　　（　　　）

四、计算分析题

（一）练习产品定价的方法

【资料】正大公司生产甲、乙、丙三种产品，预计甲产品的单位制造成本为 100 元，计划销售量为 10 000 件，计划期的期间费用总额为 900 000 元；乙产品的计划销售量为 8 000 件（设计生产能力为 10 000 件），应负担的固定成本总额为 220 000 元，单位变动成本为 65 元；丙产品的计划销售量为 12 000 件，目标利润总额为 280 000 元，完全成本总额为 540 000 元。公司要求成本利润率必须达到 20%，这三种产品适用的消费税税率均为 5%。

【要求】1. 运用全部成本费用加成定价法计算单位甲产品的价格；

2. 运用保本点定价法计算单位乙产品的价格；

3. 运用目标利润法计算单位丙产品的价格；

4. 运用变动成本定价法计算单位乙产品的价格；

5. 如果接到一个额外订单，订购 2 000 件乙产品，单价为 120 元/件，判断是否应该接受这个订单，并说明理由。

（二）练习盈亏平衡分析

【资料】某企业销售甲产品，单价为 100 元/件，单位变动成本为 50 元，固定成本为 150 000 元。

【要求】计算甲产品的边际贡献率、盈亏平衡点的业务量及盈亏平衡点的销售额。

（三）练习股利政策决策

【资料】某公司 20×8 年在提取了公积金之后的税后净利润为 850 万元，若 20×9 年的投资计划所需资金为 800 万元，公司的目标资金结构为自有资金占 60%。

【要求】1. 若公司采用剩余股利政策，计算 20×8 年年末可发放的股利；

2. 若公司发行在外的普通股股数为 1 000 万股，计算 20×8 年每股股利；

3. 若 20×9 年公司决定将公司的股利政策改为逐年稳定增长的股利政策，设股利的逐年增长率为 2%，投资者要求的必要报酬率为 12%，计算该股票的价值。

五、综合分析题

【资料】某公司成立于 20×7 年 1 月 1 日，20×7 年度实现的净利润为 1 000 万元，分配现金股利 550 万元，提取盈余公积 450 万元（所提盈余公积均已指定用途）。20×8 年实现的净利润为 900 万元（不考虑计提法定盈余公积）。20×9 年计划增加投资，所需资金为 700 万元。假定公司目标资本结构为自有资金占 60%，借入资金占 40%。

【要求】1. 在保持目标资本结构的前提下，计算 20×9 年投资方案所需的自有资金额和需要从外部借入的资金额；

2. 在保持目标资本结构的前提下，如果公司执行剩余股利政策，计算 20×8 年度应分配的现金股利；

3. 在不考虑目标资本结构的前提下，如果公司执行固定股利政策，计算 20×8 年度应分配的现金股利、可用于 20×9 年投资的留存收益和需要额外筹集的资金额；

4. 在不考虑目标资本结构的前提下，如果公司执行固定股利支付率政策，计算该公司的股利支付率和 20×8 年度应分配的现金股利；

5. 假定公司 20×9 年面临着从外部筹资的困难，只能从内部筹资，不考虑目标资本结构，计算在此情况下 20×8 年度应分配的现金股利。

第八章 预算管理

知识框架

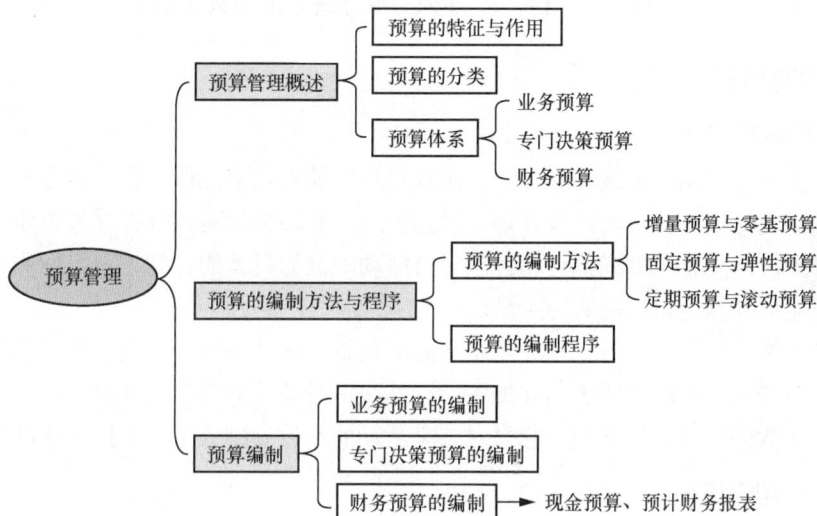

引导案例

潍坊亚星集团的全面预算管理

"凡事预则立，不预则废。"预算管理在企业的财务管理中占有重要的地位，我们来看一下潍坊亚星集团有限公司是如何进行全面预算管理的。

潍坊亚星集团有限公司（以下简称"亚星集团"）是一家以研制和生产经营新型化学材料为主业、面向全球的高科技化工企业，产品进出口及技术服务等业务遍布五大洲 40 多个国家和地区。亚星集团目前拥有两个控股子公司、三个全资子公司和十几个分支机构。近年来，亚星集团逐步建立和完善了一套切合本企业实际的以财务管理为中心的企业经济运行新机制，把企业全面预算控制制度作为贯彻落实以财务管理为中心的基本制度。亚星集团成立了财务预算处，具体负责企业的全面预算管理，用全面预算控制这个新的概念来代替计划经济下旧的管理体制。

在内容上，全面预算体系具体包括八个方面的预算：资本性支出预算、销售预算、产量预算、采购预算、成本预算、各项费用预算、现金预算和总预算。亚星集团全面预算的编制按时间分为年度预算编制和月度预算编制。月度预算是为确保年度预算的实现，经过科学地计划组织与分析，结合本企业不同时期动态的生产经营情况进行编制的。具体明确以下六个要点。①预算编制原则：先急后缓、统筹兼顾、量入为出。②预算编制程序：自上而下、自下而上、上下结合。③预算编制基础：集团年度预测目标。④预算编制重点：销售预算。⑤预算编制前提：企业方针、目标、利润。⑥预算指标的确定：年度预算股东大会审议批准，月度预算董事会审议批准。

全面预算编制紧紧围绕资金收支两条线，涉及企业生产经营活动的方方面面，将产供销、人财物全部纳入预算范围，每个环节疏而不漏。具体细化到：①销售收入、税金、利润及利润分配预算；②产品产量、生产成本、销售费用、财务费用预算；③材料、物资、设备采购预算；④工资及奖金支出预算；⑤大、中、小修预算；⑥固定资产基建、技改、折旧预算；⑦各项基金提取及使用预算；⑧对外投资预算；⑨银行借款及还款预算；⑩货币资金收支预算等。在预算编制过程中，每一收支项目的数字指标得依据充分确实的材料，并总结出规律，进行严密的计算，不能随意编造。全面预算确定后，层层分解到各分厂、车间、部门、处室，各部门再落实到每个人，从而使每个人都紧紧围绕预算目标各负其责，各司其职。

全面预算控制制度的实行，规范了公司生产经营活动的行为，将公司各项经济行为都纳入了科学的管理轨道，基本上在物资和货币资金及经营等方面实现了公司资金流、信息流、实物流的同步控制，为公司进入市场，以市场为导向打下了基础。

企业的全面预算管理是如何进行的呢？这正是本章所要学习的内容。

第一节　预算管理概述

一、预算的特征与作用

（一）预算的特征

预算是企业在预测、决策的基础上，用数量和金额以表格的形式反映企业未来一定时期内经营、投资、筹资等活动的具体计划，是为实现企业目标而对各种资源和企业活动所做的详细安排。预算是一种可据以执行和控制经济活动的最为具体的计划，是目标的具体化，是实现企业战略导向预定目标的有力工具。

预算具有两个特征：首先，预算与企业的战略目标保持一致，因为预算是为实现企业目标而对各种资源和企业活动所做的详细安排；其次，预算是数量化的并具有可执行性，因为预算作为一种数量化的详细计划，它是对未来活动的细致安排，是未来经营活动的依据。

（二）预算的作用

预算在企业经营管理和实现目标利润中发挥着重大作用，主要有以下几个方面。

1. 引导和控制经济活动

企业通过预算指标可以控制实际活动过程，随时发现问题，采取必要措施，纠正不良偏差，避免经营活动漫无目的、随心所欲，通过有效的方式实现预期目标。因此，预算具有规划、控制、引导企业经济活动有序进行，以最经济有效的方式实现预期目标的功能。

2. 协调企业内部各部门的工作

企业内部各职能部门从本部门的角度出发提出的设想和需求，可能带有片面性，甚至会与其他部门的工作相冲突。例如，生产部门根据现有生产能力提出可以增加产量，而销售部门则基于市场需求已经饱和的情况提出应当减产或转产。又如，生产部门提出应购买设备增加某种产品的生产，而财务部门可能因为资金融通上的困难而不能满足该要求等。克服片面、避免冲突的最佳办法是综合平衡经济活动。编制财务预算能使企业内部各部门的经济活动密切配合、相互协调、统筹兼顾、全面安排，搞好综合平衡。

3. 考核评价各部门的工作业绩

预算作为企业财务活动的行为标准，使各项活动的实际执行有章可循。各部门责任考核必须以预算标准为基础。经过分解落实的预算规划目标能与部门、责任人的业绩考评结合起来，成为奖勤罚懒、评估优劣的重要依据。

二、预算的分类

1. 根据内容分类

根据内容不同，企业预算可以分为业务预算（即经营预算）、专门决策预算和财务预算。

（1）业务预算。业务预算是指与企业日常业务直接相关的一系列预算，主要包括销售预算、生产预算、采购预算、费用预算、人力资源预算等。

（2）专门决策预算。专门决策预算是指企业重大的或不经常发生的、需要根据专门决策临时编制的一次性预算，包括投融资决策预算等。专门决策预算直接反映相关决策的结果，是实际中已选方案的进一步规划。如资本支出预算，其编制依据可以追溯到决策之前搜集到的有关资料，只不过预算比决策估算更细致、更精确一些。

（3）财务预算。财务预算是指反映企业未来一定时期内的预计现金收支、财务状况和经营成果的各种预算，主要包括现金预算和预计财务报表。财务预算作为全面预算的最后环节，以价值量指标总括地反映业务预算和专门决策预算的结果，故亦称为"总预算"，各种业务预算和专门决策预算相应称为"分预算"。显然，财务预算在全面预算中占有举足轻重的地位。

2. 根据预算指标覆盖的时间长短分类

根据预算指标覆盖的时间长短，企业预算可分为长期预算和短期预算。

通常将预算期在 1 年以内（含 1 年）的预算称为短期预算，预算期在 1 年以上的预算称为长期预算。一般情况下，企业的业务预算和财务预算多为 1 年期的短期预算。

三、预算体系

各种预算是一个有机联系的整体。一般将由业务预算、专门决策预算和财务预算组成的预算体系，称为全面预算体系，其结构如图 8.1 所示。

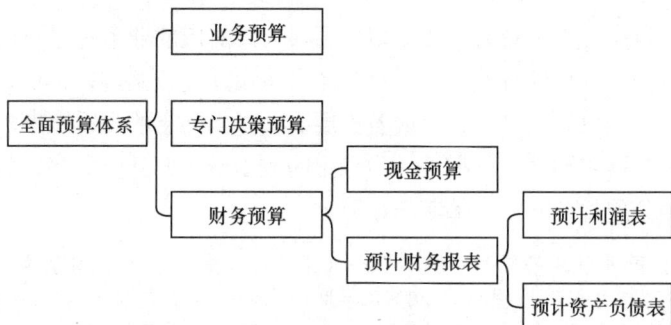

图 8.1　全面预算体系

第二节　预算的编制方法与程序

一、预算的编制方法

企业编制预算的方法有很多，常用的有增量预算与零基预算、固定预算与弹性预算、定期预算与滚动预算。

（一）增量预算与零基预算

1. 增量预算

增量预算是指以历史期实际经济活动及其预算为基础，结合预算期经济活动相关影响因素的变动情况，通过调整历史期经济活动项目及金额形成预算的预算编制法。增量预算以过去的费用发生水平为基础，主张不需要在预算内容上做较大的调整，它的编制遵循以下假定。

第一，企业现有业务活动是合理的，不需要进行调整。

第二，企业现有各项业务的开支水平是合理的，在预算期予以保持。

第三，以现有业务活动和各项活动的开支水平，确定预算期各项活动的预算数。

增量预算的缺陷是可能导致无效费用开支无法得到有效控制，使得不必要开支合理化，造成预算上的浪费。

2. 零基预算

零基预算是增量预算的对称。零基预算是指在编制成本费用预算时，以零为基点，不考虑以往会计期间所发生的费用项目或费用数额，一切从实际需要与可能出发，逐项审议预算期内各项费用的内容及开支标准是否合理，在综合平衡的基础上，编制费用预算的一种方法。

零基预算的优点表现在：一是以零为起点编制预算，不受以往不合理因素的影响，能灵活应对内外环境的变化，预算编制更贴近预算期企业经济活动需要；二是有助于增加预算编制透明度，有利于进行预算控制。

其缺点主要体现在：一是对那些原来合理的基数视而不见，这既是一种信息浪费，也是一种人力浪费；二是零基预算工作量较大、成本较高。

零基预算的具体做法如下。

（1）提出预算方案。企业内部各部门根据预算期内本企业的总目标和本部门的具体目标，提出必须安排的成本费用项目，并对每一成本费用项目提出详细计划，说明其目的以及必须开支的确切金额。

（2）进行成本效益分析。对每一成本费用项目与其对应的业务量进行比较，或与其可能取得的收益相比较，根据其经济效益的大小对各个费用开支方案进行评价；然后把各个费用开支方案在权衡轻重缓急的基础上，分成若干层次，排出开支的先后顺序。

（3）分配资金，落实预算。根据上一步确定的成本费用的开支顺序，将企业预算期内可动用的资金合理地分配到各项目，编制出预算。

【例8.1】某公司采用零基预算法编制20×8年度的销售及管理费用预算，具体步骤如下。

第一步，由公司有关部门根据公司20×8年度的利润目标、销售目标、成本目标以及销售和管理部门具体承担的经营管理任务的要求，经多次讨论研究，反复协商，提出20×8年度各费用项目及其预计的开支水平，如表8.1所示。

第二步，对上述各费用项目进行成本效益分析，按其性质、轻重缓急以及分析结果，进行排序。

在上述费用中，工资、保险费、办公费、运输费、差旅费等费用项目均属于预算期间必不可少的费用开支，必须足额保证；广告费和培训费可根据公司的财务状况适当调整，根据以往有关平均费用金额与其相应的平均收益金额，计算出两项费用的每元成本收益额，如表8.2所示。

表8.1　某公司20×8年销售及管理费用预计开支额

（单位：元）

费用项目	预计开支金额	费用项目	预计开支金额
工　资	15 000	差旅费	1 900
保险费	2 800	广告费	4 000
办公费	2 200	培训费	3 000
运输费	2 100	合　计	31 000

表8.2　某公司有关成本费用与对应效益分析表

（单位：元）

费用项目	平均成本	平均收益	每元成本收益额
广告费	3 800	83 600	22
培训费	1 900	34 200	18

经过分析，各费用项目进行如下排序。

（1）预算期内不可缺少的工资、保险费、办公费、运输费、差旅费，需要全额保证，列为第一层次；

（2）可根据预算期间企业财务的承担能力酌情增减的广告费，因其每元成本收益额大于培训费的每元成本收益额，故列为第二层次；

（3）培训费的性质同广告费，因其每元成本收益额小于广告费的每元成本收益额，因此列为第三层次。

第三步，根据可动用的财力资源，按以上排列顺序分配资金，落实预算。假设可动用的财力资源为 30 000 元，首先足额保证必须开支项目，余下金额按每元成本收益额在可增减成本之间分配，分配结果如表 8.3 所示。其中，足额保证必须开支项目后，剩余的资金在广告费和培训费之间的分配情况如下：

表 8.3　某公司销售及管理费用预算表	
（零基预算）　　（单位：元）	
费用项目	金　额
1. 工资	15 000
2. 保险费	2 800
3. 办公费	2 200
4. 运输费	2 100
5. 差旅费	1 900
6. 广告费	3 300
7. 培训费	2 700
合　　计	30 000

分配率=(30 000−15 000−2 800−2 200−2 100−1 900)

÷(22+18)=6 000÷40=150

广告费=22×150=3 300（元）

培训费=6 000−3 300=2 700（元）

（二）固定预算与弹性预算

1. 固定预算

固定预算又称静态预算，是以预算期内一种最可能达到的预计业务量水平为固定基础，不考虑可能发生的变动而编制的预算。显然，当实际发生的业务量与编制预算所根据的预计业务量存在差异时，就会导致有关成本费用及利润的实际水平与预算水平因基础不同而失去可比性，不利于开展控制与考核。

固定预算法的缺点表现在两个方面。一是适应性差。因为编制预算的业务量基础是事先假定的某个业务量，所以在这种方法下，不论预算期内业务量水平实际可能发生哪些变动，都只按事先确定的某一个业务量水平作为编制预算的基础。二是可比性差。当实际的业务量与编制预算所依据的业务量发生较大差异时，有关预算指标的实际数与预算数就会因业务量基础不同而失去可比性。

因此，固定预算只适用于非营利组织和业务水平较为稳定的企业。

2. 弹性预算

弹性预算又称变动预算，是固定预算的对称。弹性预算是在成本性态分析的基础上，以业务量、成本和利润之间的依存关系为依据，根据预算期可预见的不同业务量水平编制的、能适应多种业务量的预算。由于这种预算规定了不同业务量水平下的预算收支，适用面宽，有很强的机动性，具有弹性，故称为弹性预算。弹性预算能随着业务量的变动而变动，使预算执行情况的评价和考核建立在更加客观可比的基础上，可以充分发挥预算在管理中的控制作用。

弹性预算的主要优点是考虑了预算期可能的不同业务量水平，更贴近企业经营管理实际情况；其主要缺点是工作量大。

理论上讲，弹性预算适用于企业预算中与业务量有关的各种预算，但实务中主要用于编制成本费用预算和利润预算，尤其是成本费用预算。

编制弹性成本费用预算，关键是进行成本性态分析，将全部成本最终区分为变动成本和固定成本两大类。变动成本主要根据单位业务量来控制，固定成本则按总额控制。成本费用的预算公式为

成本费用的弹性预算=固定成本预算数+$\sum$（单位变动成本预算数×预计业务量）

在此基础上，按事先选择的业务量计量单位和确定的业务量变动范围，根据该业务量与有关成本费用项目之间的内在关系即可编制弹性成本费用预算。

弹性成本费用预算的具体编制方法包括公式法和列表法两种。

（1）公式法。公式法是根据在成本性态分析的基础上建立的成本模型来编制弹性成本费用预算的方法。

在成本性态分析的基础上，可将任何成本项目近似地表示为$y=a+bx$（当$a=0$时，y为变动成本；当$b=0$时，y为固定成本；当a和b均不为0时，y为混合成本；x为多种业务量指标，如产销量、直接人工工时等）。

在公式法下，只需列出各项成本费用的a和b，就可以很方便地推算出业务量在允许范围内任何水平上的各项预算成本。

【例8.2】某公司按公式法编制的制造费用弹性预算如表8.4所示。其中较大的混合成本项目已经分解。直接人工工时变动范围为7 000～11 000小时。

表8.4 某公司制造费用弹性预算（公式法）（单位：元）

项　　目	a	b
管理人员工资	1 500	—
保险费	500	—
维修费	600	0.25
水电费	50	0.15
辅助材料	400	0.30
辅助工人工资	—	0.45
检验员工资	—	0.35
合　计	3 050	1.50

根据表8.4，可利用$y=3\,050+1.50x$，计算出直接人工工时在7 000～11 000小时的范围内，任一业务量基础上的制造费用预算总额；也可计算出在直接人工工时变动范围内，任一业务量基础上的制造费用中某一费用项目的预算额，如维修费$y=600+0.25x$，水电费$y=50+0.15x$等。

公式法的优点是便于在一定范围内计算任何业务量的预算成本，编制预算的工作量较小；缺点是在进行预算控制和考核时，不能直接查出特定业务量下的总成本预算额，而且按细目分解成本比较麻烦，同时又有一定误差。

（2）列表法。列表法是通过列表的方式，在相关范围内（一般为正常生产能力的70%～110%）每隔一定业务量计算相关预算值，来编制弹性成本费用预算的方法。

【例8.3】接例8.2，该公司按列表法编制的制造费用弹性预算如表8.5所示。

表8.5 某公司制造费用弹性预算（列表法）（金额单位：元）

直接人工工时（小时）	7 000	8 000	9 000	10 000	11 000
生产能力利用	70%	80%	90%	100%	110%
1. 变动成本项目	5 600	6 400	7 200	8 000	8 800
辅助工人工资	3 150	3 600	4 050	4 500	4 950
检验员工资	2 450	2 800	3 150	3 500	3 850
2. 混合成本项目	5 950	6 650	7 350	8 050	8 750
维修费	2 350	2 600	2 850	3 100	3 350
水电费	1 100	1 250	1 400	1 550	1 700
辅助材料	2 500	2 800	3 100	3 400	3 700
3. 固定成本项目	2 000	2 000	2 000	2 000	2 000
管理人员工资	1 500	1 500	1 500	1 500	1 500
保险费	500	500	500	500	500
制造费用预算	13 550	15 050	16 550	18 050	19 550

表8.5中的业务量间距为10%，在实际工作中可选择更小的间距。业务量间距越小，实际业

务量水平出现在预算表中的可能性越大，但工作量也越大。

列表法的优点是可以直接从表中查得各种业务量下的成本费用预算，便于预算的控制和考核；缺点是工作量大，且不能包括所有业务量条件下的成本费用预算，适用面较窄。

【学中做】 例 8.3 中在直接人工工时为 12 000 小时的情况下，其制造费用预算为多少？（答案：21 050 元）

（三）定期预算与滚动预算

1. 定期预算

定期预算是指在编制预算时以不变的会计期间(如日历年度)作为预算期的一种预算方法。其优点是预算期与会计年度相配合，便于预算执行结果的考核与评价。其缺点：一是定期预算多是在年初甚至提前两三个月编制的，难以准确预算预算期内的某些活动，特别是对预算后期的预算，数据笼统含糊，给预算的执行带来各种困难；二是预算中所规划的各种经营活动在预算期内如发生重大变化，就会造成预算滞后过时；三是在预算执行过程中，管理人员的决策视野局限于本期规划的经营活动，不能适应连续不断的经营过程，从而不利于企业的长远发展。

2. 滚动预算

滚动预算又称永续预算，是定期预算的对称。滚动预算是指在编制预算时，将预算期与会计年度脱离，随着预算的执行不断延伸补充预算，逐期向后滚动，使预算期永远保持为一个固定期间的一种预算方法。

滚动预算的编制可分为按月滚动、按季滚动和混合滚动三种方式。在实际工作中，采用哪一种滚动预算方式应视企业的实际情况而定。

滚动预算的主要优点是通过持续滚动预算编制、逐期滚动管理，动态反映市场变化，实现跨期综合平衡，从而有效指导企业营运，强化预算的决策与控制职能。滚动预算的主要缺点：一是预算滚动的频率越高，对预算沟通的要求越高，预算编制的工作量越大；二是过高的滚动频率容易增加管理层的不稳定感，导致预算执行者无所适从。

【例 8.4】某公司 20×8 年度的成本滚动预算见表 8.6。假定根据对 1 月预算执行情况的分析，预计 2 月生产量为 650 件，预计 3 月生产量为 800 件，其他情况不变。预计 20×9 年 1 月生产量为 900 件，生产能力、固定资产没有变化。由此对 2、3 月的预算进行调整，并根据 20×9 年度 1 月的预计生产量编制滚动预算，见表 8.7。

表 8.6 某公司 20×8 年度成本预算（滚动预算）（1）　　　　（金额单位：元）

项　目	单位成本	各月预计生产成本						
		1 月*（800 件）	2 月（600 件）	3 月（700 件）	4 月（1 000 件）	5 月（1 300 件）	…	12 月（850 件）
变动生产成本：								
直接材料	12	9 600	7 200	8 400	12 000	15 600	…	10 200
直接人工	8	6 400	4 800	5 600	8 000	10 400	…	6 800
变动制造费用	5	4 000	3 000	3 500	5 000	6 500	…	4 250
变动成本小计	25	20 000	15 000	17 500	25 000	32 500	…	21 250
固定制造费用		7 500	7 500	7 500	7 500	7 500	…	7 500
生产成本合计		27 500	22 500	25 000	32 500	40 000	…	28 750

* 代表预算执行期，下同。

表 8.7　某公司 20×8 年度成本预算（滚动预算）（2）　　　　（金额单位：元）

项　目	单位成本	各月预计生产成本						
		2 月*（650 件）	3 月（800 件）	4 月（1 000 件）	5 月（1 300 件）	…	12 月（850 件）	20×9 年 1 月（900 件）
变动生产成本：								
直接材料	12	7 800	9 600	12 000	15 600	…	10 200	10 800
直接人工	8	5 200	6 400	8 000	10 400	…	6 800	7 200
变动制造费用	5	3 250	4 000	5 000	6 500	…	4 250	4 500
变动成本小计	25	16 250	20 000	25 000	32 500	…	21 250	22 500
固定制造费用		7 500	7 500	7 500	7 500	…	7 500	7 500
生产成本合计		23 750	27 500	32 500	40 000	…	28 750	30 000

二、预算的编制程序

企业编制预算一般应按照"上下结合、分级编制、逐级汇总"的程序进行。

1. 下达目标

企业董事会或经理办公会根据企业发展战略和预算期经济形势的初步预测，在决策的基础上，提出下一年度企业预算目标，包括销售或营业目标、成本费用目标、利润目标和现金流量目标，并确定预算编制的政策，由预算管理委员会下达至各预算执行单位。

2. 编制上报

各预算执行单位按照企业预算管理委员会下达的预算目标和政策，结合自身特点以及预算的执行条件，提出本单位详细的预算方案，上报企业财务管理部门。

3. 审查平衡

企业财务管理部门对各预算执行单位上报的财务预算方案进行审查、汇总，提出综合平衡的建议。在审查、平衡过程中，预算管理委员会应当进行充分协调，对发现的问题提出初步调整意见，并反馈给有关预算执行单位予以修正。

桃李沐春风

凡事预则立，不预则废

4. 审议批准

企业财务管理部门在有关预算执行单位修正调整的基础上，编制出企业预算方案，报企业预算管理委员会讨论。对于不符合企业发展战略或者预算目标的事项，企业预算管理委员会应当责成有关预算执行单位进一步修订、调整。在讨论、调整的基础上，企业财务管理部门正式编制企业年度预算草案，提交董事会或经理办公会审议批准。

5. 下达执行

企业财务管理部门对董事会或经理办公会审议批准的年度总预算，一般在次年 3 月底以前，分解成一系列的指标体系，由预算管理委员会逐级下达给各预算执行单位执行。

第三节 预算编制

预算的编制包括业务预算的编制、专门决策预算的编制和财务预算的编制。下面分别介绍它们的编制方法。

★视野拓展★

企业财务预算编制

一、业务预算的编制

1. 销售预算

销售预算是指为规划一定预算期内因组织销售活动而引起的预计销售收入而编制的一种业务预算，其主要内容是销售量、单价和销售收入。其中，销售量是根据市场预测或销售合同并结合企业生产能力确定的，单价是通过价格决策确定的，销售收入是两者的乘积。销售预算是整个预算的出发点，也是编制其他预算的基础。

销售预算中通常还包括预计现金收入的计算，以便为编制现金预算提供必要的信息。计算公式为

预算期经营现金收入=该期现销收入+该期回收前期的应收账款

> ★提炼点睛★
>
> 销售预算是整个预算的出发点，也是编制其他预算的基础。

【例 8.5】 假定蓝天公司只生产销售甲产品，该公司编制的 20×8 年度销售预算如表 8.8 所示。又假设蓝天公司每季度的产品销售收入本季度收到 80%，其余的 20% 要到下季度收到，不考虑增值税等因素，20×8 年年初应收账款 20 000 元。根据有关资料编制的蓝天公司 20×8 年度预计现金收入如表 8.9 所示（为方便计算，不考虑增值税，下同）。

表 8.8 蓝天公司 20×8 年度销售预算

项　目	第一季度	第二季度	第三季度	第四季度	全年
预计销售量（件）	600	800	1 000	1 200	3 600
预计单位售价（元/件）	100	100	100	100	100
销售收入（元）	60 000	80 000	100 000	120 000	360 000

表 8.9 蓝天公司 20×8 年度预计现金收入

（单位：元）

项　目	第一季度	第二季度	第三季度	第四季度	全年
上年应收账款	20 000				20 000
第一季度	48 000	12 000			60 000
第二季度		64 000	16 000		80 000
第三季度			80 000	20 000	100 000
第四季度				96 000	96 000
现金收入合计	68 000	76 000	96 000	116 000	356 000

销售预算通常要分品种、月份、销售区域、销售人员来编制，为简化起见，本例只划分了季度销售数据。

【学中做】 某公司只生产 A 产品，预计下一年度四个季度的销售情况分别为 160 件、210 件、280 件和 250 件，销售单价为 200 元。每季度的销售收入中，本季度收回 80%，下季度收回 20%，不考虑其他相关因素，下年年初应收账款为 7 300 元。编制下一年度销售预算并预计现金收入。（答案：预计全年销售收入 180 000 元，现金收入 177 300 元）

2. 生产预算

生产预算是指为规划一定预算期内预计生产量水平而编制的一种业务预算。它是在销售预算的基础上分品种编制的，通常以实物量计量。生产预算的主要内容有销售量、期初存货量、期末存货量和生产量。其中销售量根据销售预算确定，期初存

> ★提炼点睛★
>
> 生产预算是业务预算中唯一仅以数量形式反映预算期内有关产品生产数量和品种结构的一种预算。

货量等于上季度末存货量，因此，编制生产预算的关键在于合理预计各季度期末存货量。预计生产量的计算公式为

$$预计生产量＝预计销售量＋预计期末存货量－预计期初存货量$$

【例 8.6】 假设蓝天公司甲产品预计每季度末存货量为下季度预计销量的 10%，上年年末甲产品的期末存货量为 90 件，单位成本为 70 元。预计下年第一季度销售量为 1 000 件，据此资料和销售预算资料，编制的 20×8 年度蓝天公司的生产预算如表 8.10 所示。

表 8.10　蓝天公司 20×8 年度生产预算

（单位：件）

项　　目	第一季度	第二季度	第三季度	第四季度	全年
预计销售量	600	800	1 000	1 200	3 600
加：预计期末存货	80	100	120	100	100
合　　计	680	900	1 120	1 300	3 700
减：期初存货	90	80	100	120	90
预计生产量	590	820	1 020	1 180	3 610

生产预算在实际编制时是比较复杂的。由于生产量受到生产能力的限制，存货量受到仓库容量的限制，只能在限制范围内安排存货量和各期的生产量。此外，企业可以选择在销售旺季赶工增产，为此要多付加班费；也可选择在淡季生产，为此要增加储存成本。因此，企业应当权衡两者的得失，选择成本最低的方案。

【学中做】承前"学中做"练习题，公司 A 产品每季度末的存货量为下季度预计销售量的 10%，A 产品下年年初存货量为 11 件，预计下年年末存货量为 21 件，编制下一年度生产预算。（答案：预计全年生产量 910 件）

3．直接材料预算

直接材料预算是指为规划一定预算期内直接材料消耗情况和材料采购活动而编制的，用于反映预算期直接材料的单位产品用量、生产需用量、期初和期末存量等信息的一种经营预算。该预算以生产预算、材料消耗定额和预计材料采购单价等信息为基础，并考虑期初、期末材料存货水平编制。主要计算公式为

$$预计采购量＝生产需用量＋预计期末库存量－预计期初库存量$$
$$生产需用量＝预计生产量×单位产品该材料用量$$

公式中"单位产品该材料用量"可以根据标准单位耗用量或定额耗用量来确定，"预计期末库存量"可根据下季度生产需用量的一定比例加以确定。

此外，在编制直接材料预算后，通常要预计材料采购的现金支出，以便为编制现金预算提供信息。计算公式为

$$预算期采购现金支出＝该期现购材料现金支出＋$$
$$该期支付以前期的应付账款$$

【例 8.7】 根据上述蓝天公司有关资料，假设生产甲产品只耗用一种材料，每季度末材料存量预计为下季度生产需用量的 10%。上年年末库存材料为 200 千克，第四季度期末存量为 400 千克。编制蓝天公司 20×8 年度直接材料预算如表 8.11 所示。

表 8.11　蓝天公司 20×8 年度直接材料预算

项　　目	第一季度	第二季度	第三季度	第四季度	全年
预计生产量（件）	590	820	1 020	1 180	3 610
单位产品材料用量（千克）	5	5	5	5	5
生产需用量（千克）	2 950	4 100	5 100	5 900	18 050
加：预计期末存量（千克）	410	510	590	400	400
合　　计	3 360	4 610	5 690	6 300	18 450
减：预计期初存量（千克）	200	410	510	590	200
预计材料采购量（千克）	3 160	4 200	5 180	5 710	18 250
单价（元）	10	10	10	10	10
预计采购金额（元）	31 600	42 000	51 800	57 100	182 500

假设蓝天公司年初应付账款为 12 000 元，预计采购材料货款在本季度支付 50%，下季度支付 50%，则该公司 20×8 年度预计现金支出如表 8.12 所示。

【学中做】承前"学中做"练习题，公司生产 A 产品只用一种材料，单位产品材料用量为 10 千克，材料单价为 6 元。每季度末材料存量预计为下季度生产需用量的 10%。本年年末材料存量为 200 千克，预计下年年末材料存量为 300 千克。下年年初应付账款为 2 519 元，直接材料的货款本季度支付 50%，下季度支付 50%。编制直接材料预算和现金支出预算。（答案：预计全年采购金额 55 200 元，现金支出 50 177 元）

表 8.12　蓝天公司 20×8 年度预计现金支出

（单位：元）

项　目	第一季度	第二季度	第三季度	第四季度	全年
上年应付账款	12 000				12 000
第一季度	15 800	15 800			31 600
第二季度		21 000	21 000		42 000
第三季度			25 900	25 900	51 800
第四季度				28 550	28 550
合　计	27 800	36 800	46 900	54 450	165 950

4. 直接人工预算

直接人工预算是指为规划一定预算期内人工工时的消耗水平和人工成本水平而编制的一种经营预算。其主要内容有预计生产量、单位产品工时、人工总工时、每小时人工成本和人工总成本。其中预计生产量来自生产预算，单位产品工时和每小时人工成本数据来自标准成本资料，人工总工时和人工总成本可通过前几项计算得到。其计算公式为

预计人工总工时＝预计生产量×单位产品工时
预计人工总成本＝预计人工总工时×每小时人工成本

【例 8.8】蓝天公司 20×8 年度直接人工预算如表 8.13 所示。

表 8.13　蓝天公司 20×8 年度直接人工预算

项　目	第一季度	第二季度	第三季度	第四季度	全　年
预计生产量（件）	590	820	1 020	1 180	3 610
单位产品工时（小时）	2	2	2	2	2
人工总工时（小时）	1 180	1 640	2 040	2 360	7 220
每小时人工成本（元）	5	5	5	5	5
人工总成本（元）	5 900	8 200	10 200	11 800	36 100

5. 制造费用预算

制造费用预算是指为规划一定预算期内除直接材料和直接人工预算以外预计发生的其他生产费用水平而编制的一种业务预算。制造费用可按变动制造费用和固定制造费用两部分内容分别编制。变动制造费用以生产预算为基础来编制，如果有完善的标准成本资料，用单位产品的标准成本与产量相乘，即可得到相应的预算金额。如果没有标准成本资料，就需要逐项进行预计。固定制造费用因其通常与本期产量无关，需要逐项进行预计。

【例 8.9】蓝天公司 20×8 年度制造费用预算见表 8.14。

需要注意，为便于以后编制现金预算，需要预计现金支出，应从制造费用总额中扣除折旧等非付现的

表 8.14　蓝天公司 20×8 年度制造费用预算

（单位：元）

项　目	第一季度	第二季度	第三季度	第四季度	全年
变动制造费用：					
间接材料	708	984	1 224	1 416	4 332
间接人工	472	656	816	944	2 888
修理费	236	328	408	472	1 444
水电费	354	492	612	708	2 166
变动制造费用小计	1 770	2 460	3 060	3 540	10 830
固定制造费用：					
管理人员工资	3 000	3 000	3 000	3 000	12 000
修理费	800	800	800	800	3 200
折旧费	1 200	1 200	1 200	1 200	4 800
保险费	1 000	1 000	1 000	1 000	4 000
财产税	317.5	317.5	317.5	317.5	1 270
固定制造费用小计	6 317.5	6 317.5	6 317.5	6 317.5	25 270
合　计	8 087.5	8 777.5	9 377.5	9 857.5	36 100
减：折旧	1 200	1 200	1 200	1 200	4 800
现金支出费用	6 887.5	7 577.5	8 177.5	8 657.5	31 300

制造费用数额，求出付现的制造费用数额。

为了便于以后编制产品成本预算，需要计算出小时费用率。本例中变动制造费用分配率=10 830÷7 220= 1.5（元/小时）；固定制造费用分配率= 25 270÷7 220=3.5（元/小时）。

6. 产品成本预算

产品成本预算是指为规划一定预算期内每种产品的成本水平而编制的一种业务预算。它是销售预算、生产预算、直接材料预算、直接人工预算、制造费用预算的汇总。其主要内容是产品的单位成本和总成本。单位成本的有关数据来自直接材料预算、直接人工预算和制造费用预算，生产量、期末存货量来自生产预算，销货量来自销售预算，生产成本、期末存货成本和销售成本根据单位成本和有关数据计算得出。

【例 8.10】 蓝天公司 20×8 年度产品成本预算如表 8.15 所示。

表 8.15　蓝天公司 20×8 年度产品成本预算　　　　　　　（金额单位：元）

成本项目	单位成本			生产成本（3 610 件）	期末存货成本（100 件）	销货成本（3 600 件）
	元/千克或元/小时	投入量	成本			
直接材料	10	5 千克	50	180 500	5 000	180 000
直接人工	5	2 小时	10	36 100	1 000	36 000
变动制造费用	1.5	2 小时	3	10 830	300	10 800
固定制造费用	3.5	2 小时	7	25 270	700	25 200
合　计			70	252 700	7 000	252 000

7. 销售及管理费用预算

★提示★

销售及管理费用预算要扣除非付现成本，确定现金支出。

销售及管理费用预算是指为规划一定预算期内因组织产品销售和维持一般行政管理预计发生的各项费用水平而编制的一种业务预算。编制这种预算时，不仅要分析考察过去销售费用及管理费用的必要性及其效果，而且要以销售预算或过去的实际开支为基础，考虑预算期可能发生的变化，按实际需要逐项预计销售及管理费用的支付额。

【例 8.11】 蓝天公司 20×8 年度编制的销售及管理费用预算如表 8.16 所示。

表 8.16　蓝天公司 20×8 年度销售及管理费用预算

（单位：元）

项　　目	金　　额
销售费用：	
销售人员工资	4 000
广告费	6 000
包装、运输费	3 000
保险费	1 200
管理费用：	
管理人员工资	6 500
福利费	1 500
保险费	2 400
办公费	1 600
合　计	26 200
每季度支付现金（26 200÷4=6 550）	6 550

二、专门决策预算的编制

专门决策预算主要是长期投资预算（又称"资本支出预算"），通常是指与项目投资决策相关的专门预算，它往往涉及长期建设项目的资金投放与筹集，并经常跨越多个年度。编制专门决策预算的依据是项目财务可行性分析资料以及企业筹资决策资料。

专门决策预算的要点是准确反映项目资金投资支出与筹资计划，它同时也是编制现金预算和预计资产负债表的依据。

【例 8.12】 蓝天公司 20×8 年度的专门决策预算如表 8.17 所示。

三、财务预算的编制

（一）现金预算

现金预算亦称现金收支预算，是以业务预算和专门决策预算为基础所编制的反映企业预算期间现金收支情况的预算。这里的"现金"是指货币资金，广义的现金预算主要反映现金收入、现金支出、现金收支差额（现金余缺）、现金筹措使用情况及期初期末现金余额。

现金收入主要指经营业务活动的现金收入；现金支出包括直接材料、直接人工、制造费用、经营费用及管理费用方面的经营性现金支出，还包括用于缴纳税金、股利分配方面的支出，以及购买设备等资本性支出；现金收支差额与期末余额均要通过协调资金筹措及运用来调整，应在保证各项支出所需资金供应的前提下，注意保持期末现金余额在合理的上下限内波动。

现金预算实际上是业务预算和专门决策预算有关现金收支部分的汇总，以及收支差额平衡措施的具体计划。它的编制要以其他各项预算为基础，或者说在编制其他预算时要为现金预算准备好数据。

现金预算包括现金收入、现金支出、现金溢余或短缺、资金的筹集和运用四个部分。

【例 8.13】 假设蓝天公司每季度末应保留的现金余额为 6 000 元，若资金不足或多余，可以 1 000 元为单位借入资金或偿还借款，借款年利率为 8%，借款于每季度初借入，每季度末偿还，借款利息于偿还时一起支付。同时该公司准备在 20×8 年度投资 29 540 元购置设备，于第一季度支付 16 000 元，第二季度支付 8 540 元，第三季度支付 5 000 元；在第二季度和第四季度准备各发放现金股利 15 000 元，在第四季度购买国库券 12 000 元；每季度预交所得税 4 500 元。根据上述有关资料及编制的日常业务预算所提供的资料编制的蓝天公司 20×8 年度现金预算如表 8.18 所示。

表 8.17　专门决策预算 （单位：元）

项　目	第一季度	第二季度	第三季度	第四季度	全年
投资支出预算	16 000	8 540	5 000		29 540
向银行借款		11 000			11 000

表 8.18　蓝天公司 20×8 年度现金预算 （单位：元）

季　　度	第一季度	第二季度	第三季度	第四季度	全年
期初现金余额	6 500	6 862.5	6 695	9 927.5	6 500
加：销货现金收入（表 8.9）	68 000	76 000	96 000	116 000	356 000
可供使用现金	74 500	82 862.5	102 695	125 927.5	362 500
减：各项支出					
直接材料（表 8.12）	27 800	36 800	46 900	54 450	165 950
直接人工（表 8.13）	5 900	8 200	10 200	11 800	36 100
制造费用（表 8.14）	6 887.5	7 577.5	8 177.5	8 657.5	31 300
销售及管理费用（表 8.16）	6 550	6 550	6 550	6 550	26 200
所得税费用	4 500	4 500	4 500	4 500	18 000
购买设备	16 000	8 540	5 000		29 540
购买国库券				12 000	12 000
股利		15 000		15 000	30 000
支出合计	67 637.5	87 167.5	81 327.5	112 957.5	349 090
现金多余或不足	6 862.5	(4 305)	21 367.5	12 970	13 410
向银行借款		11 000			11 000
还银行借款			11 000		11 000
借款利息			440		440
期末现金余额	6 862.5	6 695	9 927.5	12 970	12 970

（二）预计财务报表

1. 预计利润表的编制

预计利润表是以货币形式综合反映预算期内企业经营活动成果（包括利润总额、净利润）计划水平的一种财务预算。这种预算需要在销售预算、产品成本预算、销售及管理费用预算等日常业务预算的基础上编制。

表 8.19　蓝天公司 20×8 年度
预计利润表　（单位：元）

项　　目	金额
销售收入（表 8.8）	360 000
减：销售成本（表 8.15）	252 000
毛利	108 000
减：销售及管理费用（表 8.16）	26 200
利息（表 8.18）	440
利润总额	81 360
减：所得税费用（估计）	18 000
净利润	63 360

【例 8.14】　根据蓝天公司 20×8 年度的销售预算、产品成本预算、销售及管理费用预算等资料，编制的该公司 20×8 年度的预计利润如表 8.19 所示。表中的"所得税费用"项目是在利润规划时估计的，已列入资金预算，它不是根据"利润总额"和所得税税率计算出来的，因为有诸多纳税调整事项存在。

2. 预计资产负债表的编制

预计资产负债表是总括反映企业预算期期末财务状况的一种财务预算。预计资产负债表中除上年期末数已知外，其余项目根据销售、生产、现金等相关预算的数据加以调整编制。编制预计资产负债表的目的在于判断预算期财务状况的稳定性和流动性。如果通过预计资产负债表的分析，发现某些财务比率不佳，必须及时修改有关预算。

★视野拓展

预算编制中的风险

【例 8.15】　蓝天公司 20×8 年度预计资产负债表如表 8.20 所示。

表 8.20　蓝天公司 20×8 年度预计资产负债表　（单位：元）

资　　产	年初数	期末数	负债及所有者权益	年初数	年末数
货币资金（表 8.18）	6 500	12 970	应付账款（表 8.12）	12 000	28 550
应收账款（表 8.8、表 8.9）	20 000	24 000	负债合计	12 000	28 550
存货（表 8.11、表 8.15）	8 300	11 000	实收资本	52 000	52 000
短期投资（表 8.18）		12 000	未分配利润	10 800	44 160
固定资产（表 8.18）	52 000	81 540	所有者权益合计	62 800	96 160
累计折旧（表 8.14）	12 000	16 800			
资产总额	74 800	124 710	权益总额	74 800	124 710

同步训练

一、单项选择题

1. 下列各项预算不属于日常业务预算的是（　　　）。

　　A. 生产预算　　　　B. 产品成本预算　　　C. 资本支出预算　　　D. 销售预算

2. 下列关于零基预算的说法错误的是（　　　）。

　　A. 零基预算是区别于传统的增量预算而设计的一种费用预算

　　B. 不利于调动各部门降低费用的积极性

　　C. 不论基期费用为多少一切均从零开始编制预算

　　D. 采用零基预算，要逐项审议各种费用开支是否必要合理

3. 与生产预算没有直接联系的预算是（　　　）。

　　A. 直接材料预算　　　　　　　　　　　B. 变动制造费用预算

　　C. 销售及管理费用预算　　　　　　　　D. 直接人工预算

4. 在成本性态分析的基础上，分别按一系列可能达到的预计业务量水平编制的能适应多

种情况的预算是指（   ）。

    A. 固定预算   B. 弹性预算   C. 增量预算   D. 滚动预算

5. 下列各项中，没有直接在现金预算中得到反映的是（   ）。

    A. 期初期末现金余额   B. 现金筹措及运用

    C. 预算期产量和销量   D. 预算期现金余额

6. 下列预算方法中，能够克服定期预算缺陷的预算方法是（   ）。

    A. 弹性预算   B. 零基预算   C. 滚动预算   D. 增量预算

7. 下列预算中，不能够既反映经营业务又反映现金收支内容的预算是（   ）。

    A. 销售预算   B. 生产预算   C. 直接材料预算   D. 制造费用预算

8. 需要按成本性态分析的方法将企业成本分为固定成本和变动成本的预算编制方法是（   ）。

    A. 静态预算   B. 零基预算   C. 弹性预算   D. 滚动预算

9. 编制弹性利润预算的百分比法最适用于（   ）。

    A. 经营单一品种的企业   B. 经营多品种的企业

    C. 采用分算法的企业   D. 任何类型的企业

10. 相对于弹性预算而言，固定预算的主要缺点是（   ）。

    A. 适应性差   B. 稳定性差   C. 连续性差   D. 远期指导性差

11. 在财务预算中，专门用以反映企业未来一定预算期内预计财务状况和经营成果的报表统称为（   ）。

    A. 现金预算   B. 预计利润表   C. 预计资产负债表   D. 预计财务报表

12. 固定预算编制方法的最大缺点是（   ）。

    A. 过于机械呆板   B. 可比性差

    C. 计算量大   D. 可能导致保护落后

13. 关于预算的编制方法下列各项中正确的是（   ）。

    A. 零基预算编制方法适用于非营利组织编制预算时采用

    B. 固定预算编制方法适用于产出较难辨认的服务性部门费用预算的编制

    C. 固定预算编制方法适用于业务量水平较为稳定的企业预算的编制

    D. 零基预算编制方法适用于业务量水平较为稳定的企业预算的编制

14. 增量预算方法的假定条件不包括（   ）。

    A. 现有业务活动是企业必需的   B. 原有的各项开支都是合理的

    C. 增加费用预算是值得的   D. 所有的预算支出以零为出发点

15. 定期预算的优点是（   ）。

    A. 远期指导性强   B. 连续性好

    C. 便于考核预算执行结果   D. 灵活性强

二、多项选择题

1. 产品成本预算的编制基础包括（   ）。

    A. 生产预算   B. 直接材料预算   C. 直接人工预算   D. 制造费用预算

2. 滚动预算按其预算编制和滚动的时间单位不同可分为（   ）。

A. 逐月滚动　　　B. 逐季滚动　　　C. 混合滚动　　　D. 增量滚动

3. 财务预算的内容具体包括（　　　）。

A. 现金预算　　　B. 预计利润表　　　C. 预计资产负债表　　　D. 日常业务预算

4. 在下列各项中，被纳入现金预算的有（　　　）。

A. 缴纳税金　　　B. 经营性现金支出　　　C. 资本性现金支出　　　D. 股利与利息支出

5. 编制生产预算中的"预计生产量"项目时，需要考虑的因素有（　　　）。

A. 预计销售量　　　B. 预计期初存货　　　C. 预计期末存货　　　D. 前期实际销量

6. 现金预算的编制基础包括（　　　）。

A. 日常业务预算　　B. 专门决策预算　　　C. 预计财务报表　　　D. 人员培训预算

7. 下列预算属于专门决策预算的有（　　　）。

A. 直接材料预算　　B. 产品成本预算　　　C. 经营决策预算　　　D. 投资决策预算

8. 在现金预算反映的各项目中，不能够直接从日常业务预算中获得的数据有（　　　）。

A. 直接工资及其他支出　　　　　　　　　B. 归还流动资金借款

C. 预分股利　　　　　　　　　　　　　　D. 流动资金借款

9. 现金预算包括（　　　）等内容。

A. 现金收入　　　　　　　　　　　　　　B. 现金支出

C. 现金溢余或短缺　　　　　　　　　　　D. 资金的筹集和运用

10. 预计财务报表的编制基础包括（　　　）。

A. 日常业务预算　　B. 专门决策预算　　　C. 现金预算　　　D. 人员培训预算

三、判断题

1. 现金预算中的现金支出不仅包括经营性现金支出，而且也包括资本性现金支出。（　　　）

2. 零基预算不是以现有费用为前提的，而是一切从零做起的。（　　　）

3. 生产预算是在销售预算的基础上编制的，按照"以销定产"的原则，生产预算中各季度的预计生产量应该等于各季度的预期销售量。（　　　）

4. 预计财务报表的编制程序是先编制预计利润表，然后编制预计资产负债表。（　　　）

5. 在现金预算中，必须反映在预算期内企业规划筹措用于抵补收支差额的现金，确保一定数额的现金余额，以及通过买入、卖出有价证券来调整现金余缺等内容。（　　　）

6. 生产预算是整个预算编制的起点，其他预算的编制都以生产预算为基础。（　　　）

7. 生产预算是日常业务预算中唯一仅以实物量作为计量单位的预算，不直接涉及现金收支。（　　　）

8. 弹性预算不只是一种编制费用预算的方法，它还可以编制成本预算和利润预算。（　　　）

9. 在编制零基预算时，应以企业基期成本费用水平为基础。（　　　）

10. 日常业务预算中的所有预算都能够同时反映经营业务和现金收支活动。（　　　）

四、计算分析题

（一）练习弹性利润预算的编制

【资料】某企业预计 20×8 年甲产品单位变动成本为 6 万元，固定成本为 2 000 万元，当年生产的产品当年销售，销售业务量的有效变动范围为 700～1 000 台，同一业务量下其售价分别为 10 万元和 11 万元。

【要求】采用因素分析法推算出以 100 台为业务量间隔时，该企业 20×8 年甲产品利润预算数额。

（二）练习销售预算的编制

【资料】某公司生产甲产品，预计 20×8 年各季度销售量分别为 1 500 件、1 800 件、1 600 件和 2 200 件。预计甲产品每件售价为 380 元。预算期初应收账款余额为 199 500 元，预算期第一季度能全部收回。预算期每季度的销售收入中，预计现销 65%，赊销 35%，赊销收入在下季度能全部收回。

【要求】编制该公司 20×8 年度销售预算及预计现金收入。

五、综合分析题

【资料】大华公司只生产甲产品，20×8 年预计价格为 60 元，20×7 年 12 月 31 日该公司的资产负债表（简表）如表 8.21 所示。

该公司 20×8 年有关预测资料如下。

（1）甲产品各季度预计销售量分别为 2 000 件、3 000 件、4 000 件和 3 000 件；预计单价为 60 元；现销比例为 60%，其余 40%于下季度收回；销售环节税金及附加为销售收入的 5%，以现金形式支付。

（2）甲产品 20×7 年年末存货量为 200 件，单位成本为 55 元；每季度末的存货量分别为下个季度预计销售量的 10%；20×8 年年末存货量预计为 300 件，存货按加权平均法计价。

（3）假定甲产品只耗用 A 材料，每件甲产品耗用 A 材料 2 千克，耗用直接人工 5 小时；A 材料的

表 8.21 大华公司资产负债表（简表）

20×7 年 12 月 31 日 （单位：元）

资产	期末数	负债与所有者权益	期末数
库存现金	20 000	应付账款	10 000
应收账款	40 000		
存货：材料	4 000	实收资本	120 000
产成品	11 000	未分配利润	27 000
固定资产原值	100 000		
减：累计折旧	18 000		
固定资产净值	82 000		
合　计	157 000	合　计	157 000

单价为 5 元/千克，直接人工的小时工资率为 5 元/小时；每季度工资全部在当期支付。

（4）预计材料存货量及付款方式为：20×7 年年末 A 材料存货量为 800 千克，预计 20×8 年各季度库存量均为下季度生产耗用量的 20%，20×8 年年末 A 材料存货量预计为 1 000 千克；每季度购买材料只需支付 50%现金，余款在下季度内付清。

（5）制造费分成两个部分：20×8 年全年变动性制造费用分配率为每单位工时 2 元；每季度固定性制造费用为 30 250 元，其中固定资产折旧为 26 250 元，其余均为各季度均衡发生的付现成本。

（6）销售费用及管理费用全年合计为 40 000 元，均匀支出。

（7）其他现金支出预计为：20×8 年每季度预交所得税 5 000 元，预分股利 2 000 元；第四季度购置设备一台，入账价值为 50 000 元。

（8）该企业最低现金库存量预计为 20 000 元；各季度现金余缺可通过归还短期借款、购买债券、出售债券、取得短期借款解决。假设借款在期初，还款在期末；借款年利率为 12%，还款时付息；银行借款要求是 1 000 元的倍数。

（9）公司适用所得税税率为 25%，假设不需要进行纳税调整。

【要求】为大华公司编制 20×8 年的下列预算：①销售预算；②生产预算；③直接材料消耗及采购预算；④直接人工预算；⑤制造费用预算；⑥产品成本预算；⑦现金预算；⑧预计利润表；⑨20×8 年 12 月 31 日预计资产负债表。

第九章　财务分析与评价

知识框架

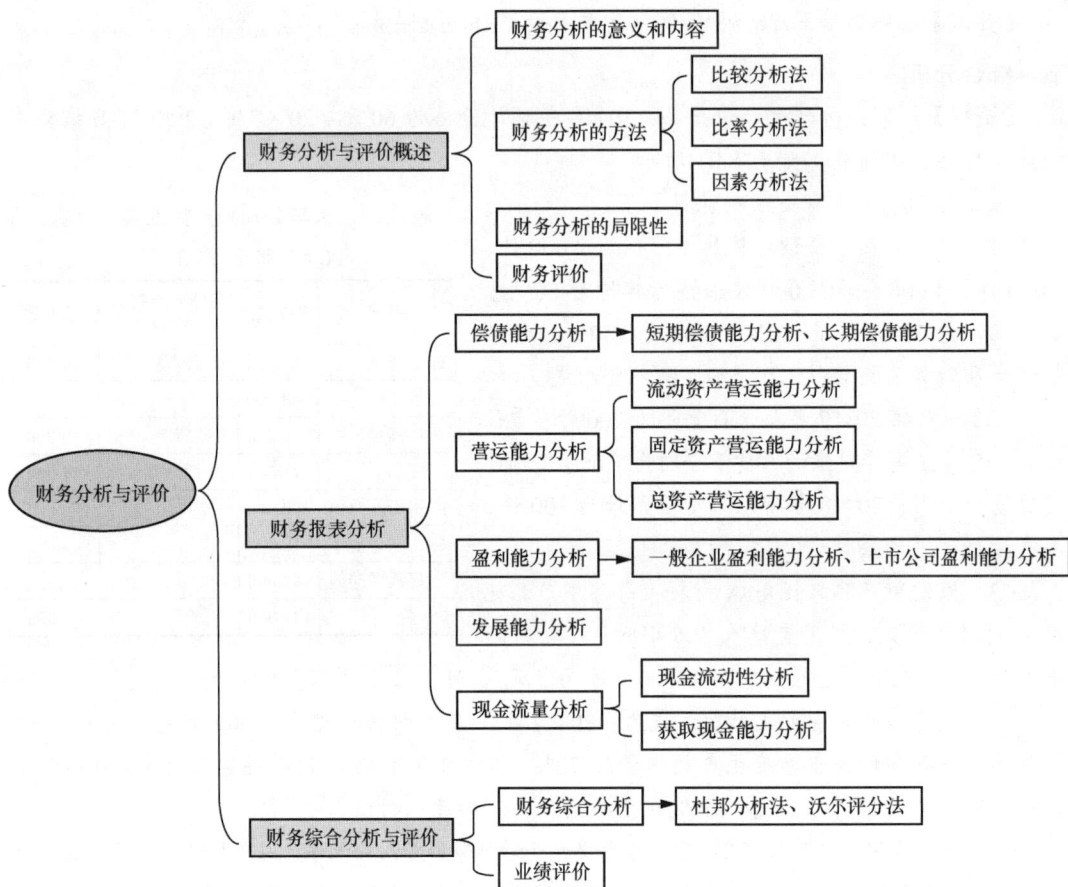

引导案例

蓝田神话的覆灭

如果你是某企业的股东，如何判断企业的经营状况？

如果你借钱给某企业，如何判断该企业是否有能力到期偿还借款？

如果你准备进入股市，购买某上市公司的股票，怎么判断该股票值不值得购买？

在解决上述问题前，我们来看一个经典的案例。

蓝田股份，以养殖、旅游和饮料为主的上市公司，1992 年成立，1996 年上市，上市后在财务数字上一直保持着惊人的增长速度：总资产规模从上市前的 2.66 亿元发展到 2000 年年末的 28.38 亿元，增长了 9 倍多；历年年报的每股收益都在 0.60 元以上，最高达到 1.15 元，即使遭遇了 1998 年特大洪灾，每股收益也达到了不可思议的 0.81 元；5 年间股本扩张了 360%。这种速度堪称中国农业企业的"蓝田神话"，故而蓝田股份曾被誉为"中国农业第一股"。

这样的股票是不是很值得购买？别急，2001 年，中央财经大学研究所的学者刘姝威详细研究了蓝田股份的公开财务报告，发现了一些问题。

2000 年蓝田股份的流动比率是 0.77。这说明蓝田股份短期可转换成现金的流动资产不足以偿还到期流动负债，偿还短期债务能力弱。

2000 年蓝田股份的速动比率是 0.35。这说明扣除存货后，蓝田股份的流动资产只能偿还 35% 的到期流动负债。

2000 年蓝田股份的净营运资金是−1.3 亿元。这说明蓝田股份将不能按时偿还 1.3 亿元的到期流动负债。

……

2003 年 5 月 23 日蓝田股份被终止上市（此时已更名为"生态农业"），年底其四名主要高级管理人员因财务造假被判刑；2009 年 9 月，公司因不能清偿到期债务申请破产重整；2016 年与凤凰旅游进行重大资产重组（此时公司名为湖北洪湖生态农业股份有限公司，老三板中简称"生态 5"）。

那么，如何进行财务分析？刘姝威教授从哪些方面对蓝田股份公布的信息进行了分析？分析的过程中用到了哪些财务分析方法？这些问题都将在本章学习中得到解答。

第一节　财务分析与评价概述

一、财务分析的意义和内容

财务分析是根据企业财务报表等信息资料，采用专门方法，系统分析和评价企业财务状况、经营成果以及未来发展趋势的过程。

财务分析以企业财务报告及其他相关资料为主要依据，对企业的财务状况和经营成果进行评价和剖析，反映企业在运营过程中的利弊得失和发展趋势，从而为改进企业财务管理工作和优化经济决策提供重要财务信息。

财务分析既是对已完成的财务活动的总结，又是财务预测的前提，在财务管理的循环中起着承上启下的作用。做好财务分析工作具有十分重要的意义。

1. 财务分析的意义

财务分析对不同的信息使用者具有不同的意义。具体来说，财务分析的意义主要体现在如下几个方面。

（1）可以判断企业的财务实力。通过对资产负债表和利润表有关资料进行分析，计算相关指标，可以了解企业的资产结构和负债水平是否合理，从而判断企业的偿债能力、营运能力及盈利能力等财务实力，揭示企业财务状况方面可能存在的问题。

（2）可以评价和考核企业的经营业绩，揭示财务活动存在的问题。通过指标的计算、分析和比较，能够评价和考核企业的盈利能力和资产周转状况，揭示其经营管理的各个方面和各个环节的问题，找出差距，得出分析结论。

（3）可以挖掘企业潜力，寻求提高企业经营管理水平和经济效益的途径。企业进行财务分析的目的不仅仅是发现问题，更重要的是分析问题和解决问题。通过财务分析，应合理利用生产经营管理中成功的经验，对存在的问题应提出解决的策略和措施，以达到扬长避短、提高经营管理水平和经济效益的目的。

（4）可以评价企业的发展趋势。通过各种财务分析，可以判断企业的发展趋势，预测其生产经营的前景及偿债能力，从而为企业领导层进行生产经营决策、投资者进行投资决策和

债权人进行信贷决策提供重要的依据，避免因决策错误给其带来重大的损失。

2. 财务分析的内容

财务分析信息的需求者主要包括企业所有者、企业债权人、企业经营者和政府等。不同主体出于不同利益的考虑，对财务分析信息有着不同的要求。

（1）企业所有者作为投资人，主要关心其资本的保值和增值情况，因此较为重视企业的盈利能力指标，主要进行企业盈利能力分析。

（2）企业债权人因不能参与企业的剩余收益分配，首先关注的是其投资的安全性，因此更重视企业的偿债能力指标，主要进行企业偿债能力分析，同时也关注企业盈利能力分析。

（3）企业经营者必须对企业经营理财的各个方面，包括营运能力、偿债能力、盈利能力及发展能力的全部信息予以详尽了解和掌握，进行各方面综合分析，并关注企业财务风险和经营风险。

（4）政府兼有多重身份，既是宏观经济管理者，又是国有企业的所有者和重要的市场参与者，因此政府对企业财务分析的关注点因身份不同而有所差异。

为了满足不同需求者的需求，财务分析一般应包括偿债能力分析、营运能力分析、盈利能力分析、发展能力分析和现金流量分析等方面。

二、财务分析的方法

进行财务分析，首先应采用合适的方法，选择与分析目的有关的信息，找出这些信息之间的重要联系，研究并揭示企业的经营状况及财务变动趋势，获取高质量的有效财务信息。财务分析的方法有很多种，主要包括比较分析法、比率分析法和因素分析法。

（一）比较分析法

比较分析法是按照特定的指标系将客观事物加以比较，从而认识事物的本质和规律并做出正确评价的方法。财务报表的比较分析法，是指对两个或两个以上的可比数据进行对比，找出企业财务状况、经营成果中的差异与问题的方法。

根据比较对象的不同，比较分析法分为趋势分析法、横向比较法和预算差异分析法。趋势分析法的比较对象是本企业的历史；横向比较法的比较对象是同类企业，如行业平均水平或竞争对手；预算差异分析法的比较对象是预算数据。在财务分析中，最常用的比较分析法是趋势分析法。

趋势分析法，是通过对比两期或连续数期财务报告中的相同指标，确定其增减变动的方向、数额和幅度，来说明企业财务状况或经营成果变动趋势的一种方法。采用这种方法，可以分析引起变化的主要原因、变动的性质，并预测企业未来的发展趋势。

比较分析法的具体运用主要有重要财务指标的比较、会计报表的比较和会计报表项目构成的比较三种方式。下面以趋势分析法为例进行进一步阐述。

1. 重要财务指标的比较

重要财务指标的比较，是将不同时期财务报告中的相同指标或比率进行比较，直接观察其增减变动情况及变动幅度，考察其发展趋势，预测其发展前景。用于不同时期财务指标比较的比率，主要有以下两种。

（1）定基动态比率。定基动态比率是以某一时期的数额为固定的基期数额而计算出来的动态比率。其计算公式为

$$定基动态比率=\frac{分析期数额}{固定基期数额}\times100\%$$

（2）环比动态比率。环比动态比率是以每一分析期的前期数额为基期数额而计算出来的动态比率。其计算公式为

$$环比动态比率=\frac{分析期数额}{前期数额}\times100\%$$

2. 会计报表的比较

会计报表的比较是通过编制比较会计报表，将两期或两期以上的报表项目金额进行比较，得出各项目增减变化的金额和变动幅度，以说明报表上同一项目在不同时期的增减变化情况，据以判断企业财务状况和经营成果发展变化的一种方法。

比较会计报表具体包括比较资产负债表、比较利润表和比较现金流量表等。比较时，既要计算出表中有关项目增减变动的绝对额，又要计算出其增减变动的百分比。

3. 会计报表项目构成的比较

会计报表项目构成的比较，是以财务报表中的某个总体指标作为100%，再计算出各组成项目占该总体指标的百分比，从而来比较各个项目百分比的增减变动，以此来判断有关财务活动的变化趋势。

在运用趋势分析法时，必须注意以下问题：第一，用于对比的各个时期的指标，在计算口径上必须一致；第二，剔除偶发性项目的影响，使作为分析的数据能反映正常的经营状况；第三，应运用例外原则，对某项有显著变动的指标进行重点分析，研究其产生的原因，以便采取对策，趋利避害。

（二）比率分析法

比率分析法是通过计算各种比率指标来确定经济活动变动程度的分析方法。比率是相对数，采用这种方法，能够把某些条件下的不可比指标变为可以比较的指标，以便进行分析。比率指标主要有三种不同的类型：一是构成比率，二是效率比率，三是相关比率。

1. 构成比率

构成比率又称结构比率，它是某项财务指标的各组成部分数值占总体数值的百分比，反映部分与总体的关系。其计算公式为

$$构成比率=\frac{某个成组部分数值}{总体数值}\times100\%$$

例如，企业资产中流动资产、固定资产和无形资产占资产总额的百分比（资产构成比率），企业负债中流动负债和长期负债占负债总额的百分比（负债构成比率）等。利用构成比率，可以考察总体中某个部分的形成和安排是否合理，以便协调各项财务活动。

2. 效率比率

效率比率是某项经济活动中所费与所得的比例，反映投入与产出的关系。利用效率比率指标，可以进行得失比较，考察经营成果，评价经济效益。

例如，将利润项目与销售成本、销售收入、资本金等项目加以对比，可计算出成本利润

率、销售利润率以及资本利润率等利润率指标，可以从不同角度观察比较企业获利能力的高低及其增减变化情况。

3. 相关比率

相关比率是以某个项目和与其有关但又不同的项目加以对比所得的比率，可以反映有关经济活动的相互关系。利用相关比率指标，可以考察企业有联系的相关业务安排得是否合理，以保障运营活动顺畅进行。

例如，将流动资产与流动负债进行对比，计算出流动比率，可以判断企业的短期偿债能力；将负债总额与资产总额进行对比，计算出资产负债率，可以判断企业的长期偿债能力。

比率分析法的优点是计算简便，计算结果也比较容易判断，但采用这一方法时应该注意以下几点：①对比项目的相关性；②对比口径的一致性；③衡量标准的科学性。

（三）因素分析法

因素分析法是依据分析指标与其影响因素的关系，从数量上确定各因素对分析指标影响方向和影响程度的一种方法。采用这一种方法的出发点在于，当有若干因素对分析指标产生影响时，假定其他各个因素都无变化，可以按顺序确定每一个因素单独变化所产生的影响。

因素分析法具体有两种：一是连环替代法，二是差额分析法。

1. 连环替代法

连环替代法是将分析指标分解为各个可以计量的因素，并根据各个因素之间的依存关系，顺次用各因素的比较值（通常即实际值）替代基准值（通常即标准值或计划值），据以测定各因素对分析指标的影响。

表 9.1　材料费用构成表

项　　目	单位	计划数	实际数
产品产量	件	100	110
单位产品材料消耗量	千克	8	7
材料单价	元	5	6
材料费用总额	元	4 000	4 620

【例 9.1】　某企业 20×8 年 6 月某种材料费用的实际数是 4 620 元，而其计划数是 4 000 元，实际比计划增加 620 元。材料费用是由产品产量、单位产品材料消耗量和材料单价三个因素的乘积构成的，因此，就可以把材料费用这一总指标分解为三个因素，然后逐个分析它们对材料费用总额的影响程度。现假定这三个因素的数值见表 9.1。

根据表 9.1 中资料，材料费用总额实际数较计划数增加 620 元，这是分析对象。运用连环替代法，可以计算各因素变动对材料费用总额的影响程度如下：

计划指标：　　　　　$100×8×5=4\,000$（元）　　　　　①
第一次替代：　　　　$110×8×5=4\,400$（元）　　　　　②
第二次替代：　　　　$110×7×5=3\,850$（元）　　　　　③
第三次替代：　　　　$110×7×6=4\,620$（元）　　　　　④
实际指标：
②-①$=4\,400-4\,000=400$（元）　　　　产量增加的影响
③-②$=3\,850-4\,400=-550$（元）　　　材料节约的影响
④-③$=4\,620-3\,850=770$（元）　　　价格提高的影响
$400-550+770=620$（元）　　　　全部因素的影响

2. 差额分析法

差额分析法是连环替代法的一种简化形式，它是利用各个因素的比较值与基准值之间的差额，来计算各因素对分析指标影响的。

【例 9.2】　仍以表 9.1 所列数据为例，可采用差额分析法计算确定各因素变动对材料费用的影响。

（1）产量增加对材料费用的影响：(110-100)×8×5=400（元）。

（2）材料节约对材料费用的影响：110×(7-8)×5=-550（元）。

（3）价格提高对材料费用的影响：110×7×(6-5)=770（元）。

因素分析法既可以全面分析各因素对某一经济指标的影响，又可以单独分析某个因素对某一经济指标的影响，在财务分析中应用颇为广泛。但在应用这一方法时必须注意以下几个问题。

（1）因素分解的关联性。构成经济指标的因素必须客观上和经济指标存在因果关系，要能够反映形成该指标差异的内在构成原因，否则就失去了其存在的价值。

（2）因素替代的顺序性。替代因素时，必须按照各因素的依存关系，排列成一定的顺序并依次替代，不可随意颠倒顺序，否则就会得出不同的计算结果。

（3）顺序替代的连环性。因素分析法在计算每一个因素变动的影响时，都是在前一次计算的基础上进行的，并采用连环比较的方法确定因素变化的影响结果。

（4）计算结果的假定性。由于因素分析法计算的各因素变动的影响数会因计算顺序的不同而有差别，因而计算结果不免带有假定性，即它不可能使每个因素计算的结果都达到绝对准确。为此，分析时应力求使这种假定合乎逻辑，具有实际经济意义。这样，计算结果的假定性才不至于妨碍分析的有效性。

三、财务分析的局限性

财务分析对于了解企业的财务状况和经营业绩，评价企业的偿债能力和经营能力，帮助制定经济决策，有着显著的作用。但由于种种因素的影响，财务分析也存在一定的局限性。在分析中，应注意这些局限性的影响，以保证分析结果的正确性。

（1）资料来源的局限性。会计报表是财务分析资料的主要来源，报表数据的时效性、真实性、可靠性、可比性、完整性等问题，会影响分析结果的正确性。

（2）财务分析方法的局限性。对于比较分析法来说，在实际操作时，比较的双方必须具备可比性才有意义。对于比率分析法来说，比率分析是针对单个指标进行分析，综合程度较低，在某些情况下无法得出令人满意的结论；比率指标的计算一般都是建立在以历史数据为基础的财务报表之上的，这使比率指标提供的信息与决策之间的相关性大打折扣。对于因素分析法来说，在计算各因素对综合经济指标的影响额时，主观假定各因素的变化顺序而且规定每次只有一个因素发生变化，这些假定往往与事实不符。并且，无论何种分析法均是对过去经济事项的反映，随着环境的变化，这些比较标准也会发生变化；而在分析时，分析者往往只注重数据的比较，而忽略经营环境的变化，这样得出的分析结论也是不全面的。

（3）财务分析指标的局限性。财务指标体系不严密、财务指标所反映的情况具有相对性、财务指标的评价标准不统一、财务指标的比较基础不统一等问题，会影响分析结果的正确性。

四、财务评价

财务评价是对企业财务状况和经营情况进行总结、考核和评价。它以企业的财务报表和其他财务分析资料为依据，注重对企业财务分析指标的综合考核。

财务综合评价的方法有很多，包括杜邦分析法、沃尔评分法、经济增加值法等。2002年财政部等五部委联合发布了《企业绩效评价操作细则（修订）》，其中提到的绩效评价体系，既包括财务评价指标，又包括非财务评价指标，避免了单纯从财务方面评价绩效的片面性。

运用科学的评价手段对财务绩效实施综合评价，不仅可以真实反映企业经营绩效状况，判断企业的财务管理水平，而且有利于适时揭示财务风险，引导企业持续、快速、健康地发展。

第二节　财务报表分析

财务报表的分析方法主要是财务比率分析法，旨在通过财务报表数据的相对关系来揭示企业经营管理的各方面问题。财务报表的分析内容主要包括偿债能力分析、营运能力分析、盈利能力分析、发展能力分析和现金流量分析五个方面，以下分别加以介绍。

后面举例时需要用到的 ABC 公司的资产负债表和利润表见表 9.2 和表 9.3。

表 9.2　资产负债表（简表）

编制单位：ABC 公司

20×8 年 12 月 31 日　（单位：万元）

资　　产	年初余额	期末余额	负债和所有者权益	年初余额	期末余额
流动资产：			流动负债：		
货币资金	900	1 000	短期借款	2 100	2 400
交易性金融资产	1 000	600	应付账款	1 000	1 300
应收账款	1 200	1 400	预收款项	300	500
预付款项	40	70	其他应付款	100	100
存货	4 000	5 000	流动负债合计	3 500	4 300
其他流动资产	60	80	非流动负债：		
流动资产合计	7 200	8 150	长期借款	2 000	2 300
非流动资产：			非流动负债合计	2 000	2 300
债权投资	400	400	负债合计	5 500	6 600
固定资产	12 000	14 000	所有者权益：		
无形资产	500	550	实收资本（股本）	12 000	12 000
非流动资产合计	12 900	14 950	盈余公积	1 600	1 600
			未分配利润	1 000	2 900
			所有者权益合计	14 600	16 500
资产总计	20 100	23 100	负债及所有者权益总计	20 100	23 100

表 9.3　利润表（简表）

编制单位：ABC 公司

20×8 年　（单位：万元）

项　　目	上年金额	本年金额
一、营业收入	18 600	20 200
减：营业成本	10 800	11 400
税金及附加	1 080	1 150
销售费用	1 650	1 900
管理费用	800	900
财务费用	200	500
加：投资收益	300	400
二、营业利润	4 370	4 750
加：营业外收入	200	350
减：营业外支出	400	650
三、利润总额	4 170	4 450
减：所得税费用	1 042.50	1 112.50
四、净利润	3 127.50	3 337.50

一、偿债能力分析

偿债能力是指企业偿还到期债务的能力。债务按到期时间分为短期债务和长期债务，偿债能力分析也由此分为短期偿债能力分析和长期偿债能力分析。

（一）短期偿债能力分析

短期偿债能力是指企业以其流动资产偿还在一年内或一个营业周期内即将到期的流动负债的能力。影响企业偿还流动负债能力的主要因素是企业流动资产的变现能力，故而也将反映短期偿债能力的指标称为"变现能力比率"。除此之外，经营活动创造现金的能力对企业短期偿债能力也有着不可忽视的作用。常用来反映企业短期偿债能力的财务分析指标主要有营运资金、流动比率、速动比率、现金比率四项。

1. 营运资金

营运资金是指流动资产超过流动负债的部分。其计算公式如下

$$营运资金=流动资产-流动负债$$

根据 ABC 公司的财务报表数据，20×8 年年末营运资金=8 150-4 300=3 850（万元），20×7 年年末营运资金=7 200-3 500=3 700（万元）。

计算营运资金使用的"流动资产"和"流动负债"，通常可以直接取自资产负债表。营运资金越多则偿债越有保障。当流动资产大于流动负债时，营运资金为正，说明企业财务状况稳定，不能偿债的风险较小。反之，当流动资产小于流动负债时，营运资金为负，此时企业部分非流动资产以流动负债作为资金来源，企业不能偿债的风险很大。因此，企业必须保持正的营运资金，以避免流动负债的偿付风险。

营运资金是绝对数，不便于不同企业之间的比较。因此在实务中直接使用营运资金作为偿债能力的衡量指标受到局限，偿债能力更多地通过债务的存量比率来评价。

2. 流动比率

流动比率是企业流动资产与流动负债的比率，反映的是企业流动资产是流动负债的多少倍，表明企业每 1 元流动负债有多少流动资产作为偿还的保证。其计算公式为

$$流动比率 = \frac{流动资产}{流动负债}$$

对企业来讲，流动比率的数值只有在与某种标准进行比较时才能说明企业短期偿债能力的高低。国际上一般认为，流动比率的下限为 1，而流动比率为 2 时比较合理。这是因为，一方面，流动比率为 2 时，企业财务状况稳定可靠，除了满足日常生产经营对流动资金的需要外，还有足够的财力偿还到期流动负债；如果流动比率低于 1，表示企业可能捉襟见肘，难以如期偿还债务。另一方面，流动比率也不能过高，流动比率过高，说明企业流动资产存量过大，会造成企业流动资产的积压浪费，降低流动资产的运用效率，影响企业的盈利能力。

【例 9.3】 根据表 9.2 中的有关资料，ABC 公司 20×8 年年初流动资产为 7 200 万元，流动负债为 3 500 万元，该公司 20×8 年年初的流动比率（计算结果保留至小数点后两位，下同）为

$$流动比率 = \frac{7\ 200}{3\ 500} = 2.06$$

运用流动比率时，必须注意以下问题。

（1）虽然流动比率越高，企业偿还短期债务的流动资产越有保证，但这并不等于企业已有足够的现金或存款用来偿债。流动比率高也可能是存货积压、应收账款增多且收账期延长所致，而真正可用来偿债的现金和存款可能严重短缺。所以，企业应在分析流动比率的基础上，进一步对现金流量加以考察。

（2）从短期债权人的角度看，其自然希望流动比率越高越好。但从企业经营角度看，过高的流动比率通常意味着企业闲置现金的持有量过多，必然造成企业机会成本的增加和获利能力的降低。因此，企业应尽可能将流动比率维持在不使货币资金闲置的水平。

（3）计算出来的流动比率，只有和同行业平均流动比率、本企业历史流动比率进行比较，

才能知道这个比率是高还是低。

3. 速动比率

速动比率是速动资产与流动负债的比率。所谓速动资产，是指流动资产减去变现能力较差且不稳定的存货、预付账款、一年内到期的非流动资产和其他流动资产等之后的余额。由于剔除了存货等变现能力较差且不稳定的资产，速动比率比流动比率能够更加准确、可靠地评价企业资产的流动性及偿还短期负债的能力。速动比率在西方也称为"酸性测试比率"。其计算公式为

$$速动比率=\frac{速动资产}{流动负债}=\frac{流动资产-存货-预付账款-一年内到期的非流动资产-其他流动资产}{流动负债}$$

国际上一般认为，速动比率为 1 时较为适当。如果速动比率小于 1，企业可能面临很大的偿债风险；如果速动比率大于 1，尽管债务偿还的安全性很高，但会因现金及应收账款资金占用过多而增加企业的机会成本。

【例 9.4】 根据表 9.2 中的有关资料，ABC 公司 20×8 年年初流动资产总额为 7 200 万元，其中存货 4 000 万元，预付款项 40 万元，其他流动资产 60 万元，流动负债 3 500 万元，则该公司 20×8 年年初的速动比率为

$$速动比率=\frac{7\ 200-4\ 000-40-60}{3\ 500}=0.89$$

在分析时需注意的是，尽管速动比率较流动比率更能反映出流动负债偿还的安全性和稳定性，但并不能认为速动比率较低的企业的流动负债到期绝对不能偿还。实际上，如果企业存货流转顺畅，变现能力较强，即使速动比率较低，只要流动比率高，企业仍然有望偿还到期债务本息。

4. 现金比率

为了更加保守地分析企业的短期偿债能力，还可以使用现金比率，即现金资产与流动负债的比率。它是衡量企业即时偿债能力的比率。其计算公式为

$$现金比率=\frac{货币资金+交易性金融资产}{流动负债}$$

【例 9.5】 根据表 9.2 中的有关资料，ABC 公司 20×8 年年初的现金比率为

$$现金比率=\frac{1\ 900}{3\ 500}=0.54$$

现金比率反映的是用现金资产可以偿还多大比重的流动负债。现金比率越高，说明企业偿还流动负债时的现金支付能力越强。但是，从企业自身的经济利益角度考虑，现金比率并非越高越好，因为现金比率过高，表明企业流动资产中过多的资金处在获利能力较差的现金资产状态，企业的流动资产未能得到有效运用，资产的管理效率较低。一般认为，现金比率以适度为好，既要保证短期债务偿还的现金需要，又要尽可能降低过多持有现金的机会成本。经验与研究表明，0.2 的现金比率就可以接受。

【学中做】 根据表 9.2 中的有关资料，计算 ABC 公司 20×8 年年末的流动比率、速动比率和现金比率，与年初比较，看有何变动，试分析变动的原因。（答案：流动比率 1.90，速动比率 0.70，现金比率 0.37）

（二）长期偿债能力分析

长期偿债能力是指企业在较长的期间偿还债务的能力。从企业长远的发展趋势角度讲，

企业债权人和所有者不仅关心企业的短期偿债能力，更关心其长期偿债能力。制约企业长期偿债能力的决定因素是企业的资本结构和经营管理效率。用来反映企业长期偿债能力的指标主要有资产负债率、产权比率、权益乘数、利息保障倍数四项。

1. 资产负债率

资产负债率又称负债比率，是指企业的负债总额与资产总额的比率，它反映企业的资产总额中有多少是通过举借债务由债权人提供的。其计算公式为

$$资产负债率=\frac{负债总额}{资产总额}\times100\%$$

公式中的分子部分为负债总额，不仅包括长期负债，还包括短期负债。因为短期负债作为一个整体，有相当一部分应交、应付款项被企业长期占着，这部分短期负债已经形成"自然性筹资"，属于企业长期稳定资金来源的一部分。因此，将短期负债包括在负债总额中分析企业的长期偿债能力更加稳妥。

资产负债率越大，说明企业偿债能力越弱；反之，企业的偿债能力越强。不同的利益相关主体，其经济利益目标不同，所以对企业资产负债率的理解和要求也各不相同。

从债权人角度看，他们最关心的问题是债权的安全性和债务偿还的资产保障程度。债权人希望企业的资产负债率越低越好，该比值越低说明企业偿债越有保障，债权人贷出的资金风险越小，债权越安全。

从股东角度看，他们最关心的问题是投入资本所获得的收益水平以及资本的保值、增值状况。当企业的资金利润率超过债务利息率时，资产负债率高一点较好；反之，当企业的资金利润率低于债务利息率时，资产负债率越低越好。

从经营管理层角度看，他们不仅关心企业的获利能力，还关心企业偿债能力的强弱，偿债能力太弱，无法偿还债务是企业终止、进入破产清算程序的直接原因。因此，企业的决策层应当全面地对企业的获利能力和偿债能力进行充分估计后，权衡收益与风险两者的利弊得失，做出恰当的资本结构决策。

保守的观点认为资产负债率不应高于50%，但国际上通常认为资产负债率为60%时较为适当。

【例9.6】 根据表9.2中的有关资料，ABC公司20×8年年初的资产总额为20 100万元，负债总额为5 500万元，该公司20×8年年初资产负债率为

$$资产负债率=\frac{5\ 500}{20\ 100}\times100\%=27.36\%$$

2. 产权比率

产权比率是指负债总额与所有者权益总额的比率，是企业财务结构稳健与否的重要标志，反映了所有者权益对债权人权益的保障程度。其计算公式为

$$产权比率=\frac{负债总额}{所有者权益总额}\times100\%$$

一般情况下，产权比率越低，表明企业的长期偿债能力越强，债权人权益的保障程度越大，但企业不能充分发挥负债的财务杠杆作用；反之，产权比率越高，企业长期偿债能力越弱，债权人权益的保障程度越小。因此，企业在评价产权比率是否适度时，应从提高获利能力和增强偿债能力两个方面综合进行，在保障债务偿还安全的前提下，应尽可能提高产权比率。

【例 9.7】 根据表 9.2 中的有关资料，ABC 公司 20×8 年年初的负债总额为 5 500 万元，所有者权益总额为 14 600 万元，该公司 20×8 年年初产权比率为

$$产权比率=\frac{5\ 500}{14\ 600}\times 100\%=37.67\%$$

产权比率与资产负债率对评价偿债能力的作用基本相同，两者的主要区别是：资产负债率侧重于分析债务偿付安全性的物质保障程度，产权比率则侧重于揭示财务结构的稳健程度以及自有资金对偿债风险的承受能力。

3. 权益乘数

权益乘数是总资产与股东权益的比值。其计算公式为

$$权益乘数=总资产\div 股东权益$$

权益乘数表明股东每投入 1 元可实际拥有和控制的金额。在企业存在负债的情况下，权益乘数大于 1。企业负债比例越高，权益乘数越大。产权比率和权益乘数是资产负债率的另外两种表现形式，是常用的反映财务杠杆水平的指标。

【例 9.8】 根据表 9.2 中的有关资料，ABC 公司 20×8 年年初的资产总额为 20 100 万元，所有者权益总额为 14 600 万元，该公司 20×8 年年初权益乘数为

$$权益乘数=20\ 100\div 14\ 600=1.38$$

4. 利息保障倍数

利息保障倍数是指企业一定时期的息税前利润与债务利息的比值，反映了企业获利能力对债务偿付的保证程度。该指标主要反映企业运用当期的收益偿还利息的能力，如果没有足够多的息税前利润，利息的支付将会面临困难。其计算公式为

$$利息保障倍数=\frac{息税前利润}{应付利息}=\frac{净利润+利润表中的利息费用+所得税}{应付利息}$$

公式中息税前利润是指在利润表中没有扣除债务利息和所得税的利润。根据利润表的资料，利润总额加利息支出等于息税前利润总额。利息支出指实际支出的债务利息，不仅包括财务费用中的利息，还包括计入固定资产成本的资本化利息。目前我国的利润表中没有单独列示利息支出，所以，外部报表信息使用者只能用"利润总额+财务费用"来进行估算。

利息保障倍数指标的数值反映了企业息税前利润相当于本期支付的债务利息的多少倍。国际上通常认为该指标为 3 时较为适当。从长期来看，若要维持正常偿债能力，该指标至少应大于 1。如果利息保障倍数过小，企业将面临亏损及偿债的安全性和稳定性下降的风险。究竟企业的利息保障倍数应是多少，才算偿还能力强，这需要将企业的这一指标与本行业平均水平进行比较，从而分析决定本企业的指标水平。同时，在分析时需要比较企业连续多个会计年度（如 5 年）的利息保障倍数，以说明企业付息能力的稳定性。

【例 9.9】 根据表 9.3 中的有关资料，ABC 公司 20×7 年利润总额为 4 170 万元，财务费用为 200 万元（假设全部为利息支出）。该公司 20×7 年利息保障倍数为

$$利息保障倍数=\frac{4\ 170+200}{200}=21.85$$

【学中做】 根据表 9.2、表 9.3 中的有关资料，计算 ABC 公司 20×8 年年末的资产负债率和产权比率，以及 20×8 的利息保障倍数，与上年比较，看有何变动，试分析变动的原因。（答案：资产负债率 28.57%，产权比率 40%，利息保障倍数 9.90）

（三）影响偿债能力的其他因素

（1）可动用的银行贷款指标或授信额度。当企业存在可动用的银行贷款指标或授信额度时，这些数据不在财务报表内反映，但由于可以随时增加企业的支付能力，因此可以提高企业的偿债能力。

（2）资产质量。在财务报表内反映的资产金额为资产的账面价值，但由于财务会计的局限性，资产的账面价值与实际价值可能存在差异，如资产可能被高估或低估，一些资产无法计入财务报表等。此外，资产的变现能力也会影响偿债能力。如果企业存在很快变现的长期资产，会增加企业的短期偿债能力。

（3）或有事项和承诺事项。如果企业存在债务担保或未决诉讼等或有事项，会增加企业的潜在偿债压力。同样各种承诺支付事项，也会增加企业偿债义务。

二、营运能力分析

营运能力是指企业资金的利用效率，即资金周转的速度快慢及有效性。企业营运能力分析包括流动资产营运能力分析、固定资产营运能力分析和总资产营运能力分析。

（一）流动资产营运能力分析

反映企业流动资产营运能力的指标主要有应收账款周转率、存货周转率和流动资产周转率。

1. 应收账款周转率

应收账款在流动资产中有着举足轻重的地位，及时收回应收账款，不仅可以增强企业的短期偿债能力，也反映出企业管理应收账款方面的效率。

反映应收账款周转速度的指标是应收账款周转率，也就是年度内应收账款转为现金的平均次数，它说明应收账款流动的速度。用时间表示的周转速度是应收账款周转天数，它表示企业从取得应收账款的权利到收回款项、转换为现金所需的时间。其计算公式为

$$应收账款周转率（周转次数）= \frac{营业收入}{平均应收账款余额} = \frac{营业收入}{（期初应收账款 + 期末应收账款）\div 2}$$

$$应收账款周转天数 = \frac{360}{应收账款周转率} = \frac{平均应收账款余额 \times 360}{营业收入}$$

式中，"平均应收账款余额"是指期初应收账款余额与期末应收账款余额的平均数。有人认为，"营业收入"应扣除"现金销售"部分，即用"赊销额"来计算。从道理上看，这样可以保持分母和分子口径的一致性。但是，不仅财务报表的外部使用人无法取得这项数据，而且财务报表的内部使用人也未必容易取得该数据，因此，把"现金销售"视为收账时间为零的赊销也是可以的。只要保持历史的一贯性，使用"营业收入"来计算该指标一般不影响其分析和利用价值。因此，在实务上采用"营业收入"来计算应收账款周转率。

一般来说，应收账款周转率越高，平均收账期越短，说明应收账款的收回越快。否则，企业的营运资金会过多地呆滞在应收账款上，影响正常的资金周转。使用应收账款周转率指标分析应收账款运转效率时，应剔除影响企业应收账款异常波动的因素，如季节性营销、年末销售大幅度提高或大幅度下降等，以保证应收账款周转率指标的可比性。

【例9.10】 根据表9.2和表9.3中的有关资料，同时假设ABC公司20×7年年初应收账款为

1 100 万元，ABC 公司 20×7 年的应收账款周转率和周转天数为

$$应收账款周转率（周转次数）=\frac{18\ 600}{(1\ 100+1\ 200)\div 2}=16.17（次）$$

$$应收账款周转天数=\frac{360}{16.17}=22.26（天）$$

★提示★

这里的计算期指的是 1 年，按 360 天计算，下同。

利用应收账款周转率时，需要注意以下几个问题：第一，公式中的应收账款包括会计核算中的"应收账款"和"应收票据"等全部赊销账款；第二，如果应收账款余额的波动性较大，应尽可能使用更详尽的计算资料，如按每月的应收账款余额来计算其平均占用额；第三，应收账款应为未扣除坏账准备的金额。应收账款在财务报表上按净额列示，计提坏账准备会使财务报表上列示的应收账款金额减少，而营业收入不变。其结果是，计提坏账准备越多，应收账款周转率越高、周转天数越少，对应收账款实际管理欠佳的企业反而会得出应收账款周转情况更好的错误结论。

2. 存货周转率

一般情况下，企业的流动资产中存货所占的比重较大。存货周转速度的快慢，不仅影响企业的资产管理效率，也影响企业流动资产的流动性，从而影响企业的流动比率及短期偿债能力。因此，必须特别重视对存货的分析。在财务分析中，常用存货周转率和存货周转天数指标来反映存货的流动性。

存货周转率指标是衡量、评价企业购入存货、投入生产、销售收回等各环节管理状况的综合性指标。它是企业一定时期的营业成本与平均存货余额的比率，也叫存货的周转次数。用时间表示的存货周转率就是存货周转天数。计算公式为

$$存货周转率（周转次数）=\frac{营业成本}{平均存货余额}$$

$$存货周转天数=\frac{360}{存货周转率}=\frac{平均存货余额\times 360}{营业成本}$$

公式中的"平均存货余额"来自资产负债表中的期初存货与期末存货的平均数。

一般来讲，存货周转速度越快，存货占用水平越低，流动性越强，存货转换为现金或应收账款的速度越快。提高存货周转率可以提高企业的变现能力，而存货周转速度越慢，则变现能力越差。

【例 9.11】 根据表 9.2、表 9.3 中的有关资料，同时假设 ABC 公司 20×7 年年初存货为 3 000 万元。ABC 公司 20×7 年的存货周转率为

$$存货周转率（周转次数）=\frac{10\ 800}{(3\ 000+4\ 000)\div 2}=3.09（次）$$

$$存货周转天数=\frac{360}{3.09}=116.50（天）$$

存货周转分析的目的是从不同的角度和环节找出存货管理中的问题，使存货管理在保证生产经营连续性的同时，尽可能少占用经营资金，提高资金的使用效率，增强企业短期偿债能力，促进企业管理水平的提高。

在计算存货周转率时应注意以下几个问题：第一，存货计价方法对存货周转率具有较大

的影响，因此，在分析企业不同时期或不同企业的存货周转率时，应保证存货计价方法的口径是一致的；第二，分子与分母的数据在时间上具有对应性。

3. 流动资产周转率

流动资产周转率是营业收入与全部流动资产平均余额的比值。其计算公式为

$$流动资产周转率（周转次数）=\frac{营业收入}{平均流动资产总额}$$

$$流动资产周转期（周转天数）=\frac{360}{流动资产周转率}=\frac{平均流动资产总额×360}{营业收入}$$

式中，平均流动资产总额=（年初流动资产总额+年末流动资产总额）÷2。

流动资产周转率反映流动资产的周转速度。周转速度快，会相对节约流动资产，等于相对扩大资产投入，增强企业盈利能力；而周转速度慢，需要补充流动资产参加周转，形成资金浪费，降低企业盈利能力。

【例 9.12】 根据表 9.2、表 9.3 中的有关资料，同时假设 ABC 公司 20×7 年年初流动资产为 6 200 万元。ABC 公司 20×7 年的流动资产周转率为

$$流动资产周转率（周转次数）=\frac{18\ 600}{(6\ 200+7\ 200)÷2}=2.78（次）$$

$$流动资产周转天数=\frac{360}{2.78}=129.50（天）$$

（二）固定资产营运能力分析

反映固定资产营运能力的指标是固定资产周转率，也称固定资产利用率，它是企业一定时期营业收入与固定资产平均净值的比值，是衡量固定资产利用效率的一项指标。

$$固定资产周转率（周转次数）=\frac{营业收入}{平均固定资产净值}$$

$$固定资产周转期（周转天数）=\frac{360}{固定资产周转率}=\frac{平均固定资产净值×360}{营业收入}$$

式中，

$$平均固定资产净值=（期初固定资产净值+期末固定资产净值）÷2$$

这项比率主要用于分析厂房、设备等固定资产的利用效率，它表示每 1 元的固定资产投资可发挥多少元的销售效能。该比率越高，说明固定资产的利用效率越高，管理水平越好。如果这一指标与同行业平均水平相比偏低，则说明企业对固定资产的利用效率偏低，可能会影响企业的获利能力。

【例 9.13】 根据表 9.2、表 9.3 中的有关资料，同时假设 ABC 公司 20×7 年年初固定资产净值为 11 000 万元。ABC 公司 20×7 年的固定资产周转率为

$$固定资产周转率（周转次数）=\frac{18\ 600}{(11\ 000+12\ 000)÷2}=1.62（次）$$

$$固定资产周转期（周转天数）=\frac{360}{1.62}=222.22（天）$$

运用固定资产周转率时，需要考虑固定资产因计提折旧其净值在不断减少，以及因更新重置其净值突然增加的影响。同时，由于计提折旧方法的不同，可能影响其可比性。故在分析时，一定要剔除这些不可比因素。

（三）总资产营运能力分析

反映总资产营运能力的指标是总资产周转率，它是企业一定时期营业收入与平均资产总额的比值，可以用来反映企业全部资产的利用效率。其计算公式为

$$总资产周转率（周转次数）=\frac{营业收入}{平均资产总额}$$

$$总资产周转期（周转天数）=\frac{360}{总资产周转率}=\frac{平均资产总额\times360}{营业收入}$$

式中，

$$平均资产总额=（年初资产总额+年末资产总额）\div2$$

总资产周转率用来分析企业资产经营的整体效率，反映企业资产总额的周转速度。周转越快，说明销售能力越强。企业可以通过薄利多销的办法，加速资产周转，带来利润绝对额的增加。

【例 9.14】 根据表 9.2、表 9.3 中的有关资料，同时假设 ABC 公司 20×7 年年初总资产为 19 100 万元。ABC 公司 20×7 年的总资产周转率为

$$总资产周转率（周转次数）=\frac{18\ 600}{(19\ 100+20\ 100)\div2}=0.95（次）$$

$$总资产周转期（周转天数）=\frac{360}{0.95}=378.95（天）$$

总之，各项资产的周转指标用于衡量企业运用资产赚取收入的能力，将其和反映获利能力的指标结合在一起使用，可全面评价企业的获利能力。

【学中做】 根据表 9.2、表 9.3 中的有关资料，计算 ABC 公司 20×8 年的应收账款周转率、存货周转率、流动资产周转率、固定资产周转率和总资产周转率，与上年比较，看有何变动，试分析变动的原因。（答案：应收账款周转率 15.54 次，存货周转率 2.53 次，流动资产周转率 2.63 次，固定资产周转率 1.55 次，总资产周转率 0.94 次）

> **★提示★**
>
> 实务中经常使用营业毛利率和营业净利率来分析经营业务的盈利能力。

三、盈利能力分析

（一）一般企业盈利能力分析

无论是投资人、债权人还是经理人员，都非常关心和重视企业的盈利能力。盈利能力是企业获取利润、实现资金增值的能力。因此，盈利能力主要通过收入与利润之间的关系、资产与利润之间的关系反映。对一般企业盈利能力的分析，常用的指标主要有营业毛利率、营业净利率、总资产净利率和净资产收益率。

1．营业毛利率

营业毛利率是企业一定时期营业毛利与营业收入的比率，其计算公式为

$$营业毛利率=\frac{营业毛利}{营业收入}\times100\%$$

式中，营业毛利=营业收入－营业成本。

营业毛利率越高，表明企业的市场竞争力越强，发展潜力越大，从而盈利能力越强。将营业毛利率与行业水平进行比较，可以反映企业产品的市场竞争地位。

【例 9.15】 根据表 9.3 中的有关资料，ABC 公司 20×7 年营业收入为 18 600 万元，营业成本为 10 800 万元。ABC 公司 20×7 年的营业毛利率为

微课堂
营业毛利率

$$营业毛利率=\frac{18\ 600-10\ 800}{18\ 600}\times100\%=41.94\%$$

2. 营业净利率

营业净利率是企业一定时期净利润与营业收入的比率，其计算公式为

$$营业净利率=\frac{净利润}{营业收入}\times100\%$$

在利润表上，从营业收入到净利润需要扣除营业成本、期间费用、税金等项目。因此，将营业净利率按利润的扣除项目进行分解可以识别影响营业净利率的主要因素。

【例9.16】 根据表9.3中的有关资料，ABC公司20×7净利润为3 127.50万元，营业收入为18 600万元，则ABC公司20×7年的营业净利率为

$$营业净利率=\frac{3\ 127.50}{18\ 600}\times100\%=16.81\%$$

3. 总资产净利率

总资产净利率是净利润与平均总资产的比率，反映每1元资产创造的净利润。其计算公式为

$$总资产净利率=\frac{净利润}{平均总资产}\times100\%$$

总资产净利率衡量的是企业资产的盈利能力。总资产净利率越高，表明企业资产的利用效果越好。影响总资产净利率的因素是营业净利率和总资产周转率。

$$总资产净利率=\frac{净利润}{平均总资产}\times100\%=\frac{净利润}{营业收入}\times\frac{营业收入}{平均总资产}\times100\%=营业净利率\times总资产周转率$$

因此，企业可以通过提高营业净利率、加速资产周转来提高总资产净利率。

【例9.17】 根据表9.2、表9.3中的有关资料，ABC公司20×7年的净利润为3 127.50万元，20×7年年末总资产为20 100万元，假设该公司20×7年年初总资产为19 100万元，则ABC公司20×7年的总资产净利率为

$$总资产净利率=\frac{3\ 127.50}{(19\ 100+20\ 100)\div2}\times100\%=15.96\%$$

4. 净资产收益率

净资产收益率是企业一定时期净利润与平均净资产的比率，也称净资产净利率、权益收益率、权益净利率等。它反映所有者投资的盈利能力，是企业盈利能力指标的核心。其计算公式为

$$净资产收益率=\frac{净利润}{平均净资产}\times100\%$$

式中，

$$平均净资产=（期初所有者权益+期末所有者权益）\div2$$

$$净资产收益率=\frac{净利润}{平均净资产}\times100\%=\frac{净利润}{平均总资产}\times\frac{平均总资产}{平均净资产}\times100\%$$
$$=总资产净利率\times权益乘数$$

通过对净资产收益率的分解可以发现，改善资产盈利能力和增加企业负债都可以提高净资产收益率。而如果不改善资产盈利能力，单纯通过加大举债力度提高权益乘数进而提高净

资产收益率的做法则十分危险。因为，企业负债经营的前提是有足够的盈利能力保障偿还债务本息，单纯增加负债对净资产收益率的改善只具有短期效应，最终将因盈利能力无法涵盖增加的财务风险而使企业面临财务困境。因此，只有企业净资产收益率上升同时财务风险没有明显加大，才能说明企业财务状况良好。

净资产收益率评价企业自有资本获取收益的水平，反映企业资本运营的综合效益。该指标通用性强，适应范围广，不受行业限制，在国际上的企业综合评价中使用率非常高。通过对该指标的综合对比分析，可以看出企业盈利能力在同行业中所处的地位，以及与同类企业的差异水平。一般认为，净资产收益率越高，企业自有资本获取收益的能力越强，运营效益越好，对企业投资者和债权人的保证程度越高。

【例9.18】 根据表9.2、表9.3中的有关资料，同时假设 ABC 公司 20×7 年年初所有者权益为 13 000 万元。则 ABC 公司 20×7 年的净资产收益率为

$$净资产收益率=\frac{3\ 127.50}{(13\ 000+14\ 600)\div 2}\times 100\%=22.66\%$$

【学中做】 根据表9.2、表9.3中的有关资料，计算 ABC 公司 20×8 年的上述盈利能力指标，与上年比较，看有何变动，试分析变动的原因。（答案：营业毛利率 43.56%，营业净利率 16.52%，总资产净利率 15.45%，净资产收益率 21.46%）

微课堂
盈利能力分析

（二）上市公司盈利能力分析

上市公司是以发行股票来筹集企业资本的，股东购买企业股票，都希望获得好的报酬。因此，投资者对股份有限公司的盈利能力必然非常关心，特别是每年的股利分配。反映上市公司盈利能力的财务指标主要有每股收益、每股股利、市盈率、每股净资产、市净率等。

1. 每股收益

每股收益也称每股利润或每股盈余，反映企业普通股股东持有每一股份所能享有的企业利润和承担的企业亏损，是衡量上市公司盈利能力最常用的财务分析指标。每股收益越高，说明企业的获利能力越强。其计算公式为

$$每股收益=\frac{归属于普通股股东的当期净利润}{当期发行在外普通股的加权平均数}$$

【例9.19】 根据表9.2、表9.3中的有关资料，ABC 公司 20×7 年和 20×8 年的净利润分别为 3 127.50 万元和 3 337.50 万元，全部为普通股，20×7 年和 20×8 年发行在外的普通股均为 12 000 万股。该公司 20×7 年和 20×8 年的每股收益分别为

$$20×7 年每股收益=\frac{3\ 127.50}{12\ 000}=0.26（元/股）$$

$$20×8 年每股收益=\frac{3\ 337.50}{12\ 000}=0.28（元/股）$$

计算出来的每股收益可以与行业平均数对比、与本企业历史水平对比，以发现差距，总结经验，寻找不足，拟定进一步改进的措施；还可以进行经营业绩和盈利预测的比较，以掌握企业的管理能力。

2. 每股股利

每股股利是指上市公司本年发放的普通股现金股利与年末普通股总数的比值。其计算公

式为

$$每股股利=\frac{普通股现金股利总额}{年末普通股总数}$$

【例9.20】 假设例9.19中ABC公司20×7年和20×8年分别发放普通股现金股利1 200万元和1 320万元，20×7年和20×8年发行在外的普通股均为12 000万股。该公司20×7年和20×8年每股股利分别为

$$20×7年每股股利=\frac{1 200}{12 000}=0.1（元/股）$$

$$20×8年每股股利=\frac{1 320}{12 000}=0.11（元/股）$$

3. 市盈率

市盈率是指普通股每股市价相当于每股收益的倍数，反映投资者对上市公司每1元净利润愿意支付的价格，可以用来估计股票的投资报酬和风险。其计算公式为

$$市盈率=\frac{普通股每股市价}{普通股每股收益}$$

市盈率是人们普遍关注的指标，有关证券报刊会定期报道各类股票的市盈率。它是市场对公司的共同期望指标，市盈率越高，表明市场对公司的未来越看好，投资者愿意出越高的价格购买该公司的股票。在市价确定的情况下，每股收益越高，市盈率越低，投资风险越小。在每股收益确定的情况下，市价越高，市盈率越高，投资风险越大。仅从市盈率高低的横向比较看，高市盈率说明公司能够获得社会信赖，具有良好的发展前景。一些成长性较好的高科技公司股票的市盈率通常要高一些。但是，也应注意，如果某一种股票的市盈率过高，则也意味着这种股票具有较高的投资风险。

【例9.21】 根据表9.3的资料，ABC公司20×7年和20×8年的净利润分别为3 127.50万元和3 337.50万元，全部为普通股，20×7年和20×8年发行在外的普通股均为12 000万股，20×7年年末每股市价为4元，20×8年年末每股市价为5.2元。该公司20×7年年末和20×8年年末的市盈率分别为

$$20×7年年末市盈率=\frac{4}{3 127.50÷12 000}=\frac{4}{0.26}=15.38$$

$$20×8年年末市盈率=\frac{5.2}{3 337.50÷12 000}=\frac{5.2}{0.28}=18.57$$

4. 每股净资产

每股净资产是上市公司年末普通股净资产与年末普通股总数的比值。其计算公式为

$$每股净资产=\frac{年末普通股净资产}{年末普通股总数}$$

式中，

$$年末普通股净资产=年末股东权益-年末优先股股东权益$$

【例9.22】 根据表9.2中的有关资料，ABC公司20×7年年末净资产为14 600万元，20×8年年末净资产为16 500万元，全部为普通股，20×7年和20×8年发行在外的普通股均为12 000万股，该公司20×7年年末和20×8年年末每股净资产分别为

$$20 \times 7 \text{年年末每股净资产} = \frac{14\,600}{12\,000} = 1.22 \text{（元/股）}$$

$$20 \times 8 \text{年年末每股净资产} = \frac{16\,500}{12\,000} = 1.38 \text{（元/股）}$$

每股净资产显示了发行在外的每一普通股股份所能分配的企业账面净资产的价值。这里所说的账面净资产是指企业账面上的总资产减去负债后的余额，即股东权益总额。每股净资产指标反映了在会计期末每一股份在企业账面上到底值多少钱，它与股票面值、发行价格、每股市场价值乃至每股清算价值等往往有较大差距，是理论上股票的最低价值。

利用该指标进行横向和纵向对比，可以衡量上市公司股票的投资价值。如在企业性质相同、股票市价相近的条件下，某一企业股票的每股净资产越高，则企业发展潜力与其股票的投资价值越大，投资者所承担的投资风险越小。但是也不能一概而论，在市场投机气氛较浓的情况下，每股净资产指标往往不太受重视。投资者，特别是短线投资者注重股票市价的变动，有的企业股票市价低于其每股账面价值，投资者会认为这个企业没有发展前景，从而失去对该企业股票的兴趣；如果市价高于其账面价值，而且差距较大，投资者会认为企业发展前景良好、有潜力，因而甘愿承担较大的风险购进该企业股票。

5. 市净率

市净率是每股市价与每股净资产的比率，是投资者用以衡量、分析个股是否具有投资价值的工具之一。其计算公式为

$$\text{市净率} = \frac{\text{每股市价}}{\text{每股净资产}}$$

【例 9.23】 接例 9.22 资料，假定该公司 20×7 年年末每股市价为 3.9 元，20×8 年年末每股市价为 4.5 元，则该公司 20×7 年年末和 20×8 年年末的市净率分别为

$$20 \times 7 \text{年年末市净率} = \frac{3.9}{1.22} = 3.20$$

$$20 \times 8 \text{年年末市净率} = \frac{4.5}{1.38} = 3.26$$

净资产代表的是全体股东共同享有的权益，是股东拥有公司财产和公司投资价值最基本的体现。一般来说，市净率较低的股票，投资价值较高；反之，则投资价值较低。但有时较低的市净率反映的可能是投资者对公司发展前景的不良预期，而较高的市净率则相反。因此，在判断某只股票的投资价值时，还要综合考虑当时的市场环境以及公司的经营情况、资产质量和盈利能力等因素。

四、发展能力分析

发展能力是企业在生存的基础上，扩大规模、壮大实力的潜在能力。分析发展能力主要考察以下几项指标：营业收入增长率、营业利润增长率、资本保值增值率、所有者权益增长率、总资产增长率等。

1. 营业收入增长率

营业收入增长率是企业本年营业收入增长额与上年营业收入总额的比率，反映企业营业收入的增减变动情况，是评价企业成长状况和发展能力的重要指标。其计算公式为

$$营业收入增长率=\frac{本年营业收入增长额}{上年营业收入总额}\times100\%$$

实务中，也可以使用销售增长率来分析企业营业收入的增减情况。其计算公式为

$$销售增长率=\frac{本年销售收入增长额}{上年销售收入总额}\times100\%$$

营业收入增长率是衡量企业经营状况和市场占有能力、预测企业经营业务拓展趋势的重要指标。该指标大于零，表示企业本年的营业收入有所增长，指标值越高，表明增长速度越快，企业市场前景越好。在实际操作中，应用该指标应结合企业历年的营业收入水平、企业市场占有情况、行业未来发展及其他影响企业发展的潜在因素进行前瞻性预测，或结合企业前三年的营业收入增长率做出趋势性判断。

【例9.24】 根据表9.3的资料，该公司20×8年度的营业收入增长率为

$$营业收入增长率=\frac{20\ 200-18\ 600}{18\ 600}\times100\%=8.60\%$$

2. 营业利润增长率

营业利润增长率是企业本年营业利润增长额与上年营业利润总额的比率，反映企业营业利润的增减变动情况。其计算公式为

$$营业利润增长率=\frac{本年营业利润增长额}{上年营业利润总额}\times100\%$$

【例9.25】 根据表9.3的资料，该公司20×8年度的营业利润增长率为

$$营业利润增长率=\frac{4\ 750-4\ 370}{4\ 370}\times100\%=8.70\%$$

3. 资本保值增值率

资本保值增值率是企业扣除客观因素后的年末所有者权益总额与年初所有者权益总额的比率，反映企业当年资本在企业自身努力下的实际增减变动情况。其计算公式为

$$资本保值增值率=\frac{扣除客观因素后的年末所有者权益总额}{年初所有者权益总额}\times100\%$$

客观因素对所有者权益的影响包括但不限于：

（1）本期投资者追加投资，使企业的实收资本增加，以及因资本溢价、资本折算差额引起的资本公积变动；

（2）本期接受外来捐赠、资产评估增值导致资本公积增加。

资本保值增值率还受企业利润分配政策的影响。因为本期资本的增值不仅表现为期末账面结存的盈余公积和未分配利润的增加，还应包括本期企业向投资者分配的利润，而分配了的利润不再包括在期末所有者权益中。

一般认为，资本保值增值率越高，表明企业的资本保全状况越好，所有者权益增长越快，债权人的债务越有保障。该指标通常应大于100%。

【例9.26】 根据表9.2的资料，假设不存在客观因素，该公司20×8年度的资本保值增值率为

$$资本保值增值率=\frac{16\ 500}{14\ 600}\times100\%=113.01\%$$

4. 所有者权益增长率

所有者权益增长率是企业本年所有者权益增长额与年初所有者权益总额的比率，反映企业当年资本的积累能力，是评价企业发展潜力的重要指标。其计算公式为

$$所有者权益增长率 = \frac{本年所有者权益增长额}{年初所有者权益总额} \times 100\%$$

所有者权益增长率反映了企业所有者权益当年的变动水平，体现了企业资本的积累情况。该指标若大于零，数值越大，表明企业的资本积累越多，应付风险、持续发展的能力越强；若该指标小于零，表明企业的资本受到侵蚀，所有者权益受到损害，应予以充分重视。

【例 9.27】 根据表 9.2 的资料，该公司 20×8 年度的所有者权益增长率为

$$所有者权益增长率 = \frac{16\,500 - 14\,600}{14\,600} \times 100\% = 13.01\%$$

5. 总资产增长率

总资产增长率是企业本年总资产增长额与年初资产总额的比率，反映企业本期资产规模的增长情况。其计算公式为

$$总资产增长率 = \frac{本年总资产增长额}{年初资产总额} \times 100\%$$

总资产增长率是从企业资产总量扩张方面衡量企业的发展能力，表明企业规模增长水平对企业发展后劲的影响。该指标大于零且数值越大，表明企业一定时期内资产经营规模扩张的速度越快。但在实际分析时，应注意考虑资产规模扩张的质和量的关系，以及企业的后续发展能力，避免资产盲目扩张。

【例 9.28】 根据表 9.2 的资料，该公司 20×8 年度的总资产增长率为

$$总资产增长率 = \frac{23\,100 - 20\,100}{20\,100} \times 100\% = 14.93\%$$

需要指出的是，以上所举实例仅将同一指标的本年数和上年数进行了比较，在实务中，还应结合公司的计划数、同行业平均水平或先进水平等进一步比较分析，从而说明公司的经营绩效。

五、现金流量分析

现金流量分析一般包括现金流量的结构分析、流动性分析、获取现金能力分析、财务弹性分析及收益质量分析。这里主要以 ABC 公司为例，从流动性及获取现金能力方面介绍现金流量比率。

（一）现金流动性分析

所谓流动性，是指公司的资产能够以一个合理的价格顺利变现的能力，这种衡量往往是通过当期现金流量特别是经营活动净现金流量与负债规模之比体现的。

1. 流动负债保障率

流动负债保障率通过当期经营活动净现金流量与平均流动负债之比，用以说明当期经营活动产生的净现金流量与短期负债的适应程度，其计算公式为

$$流动负债保障率 = \frac{经营活动净现金流量}{平均流动负债} \times 100\%$$

该指标数值越大，表明现金流入对当期债务清偿的保障越强，表明企业的流动性越好；反之，则表明企业的流动性越差。

【例 9.29】 根据表 9.2 的资料，同时假设该公司 20×8 年度的经营活动净现金流量为 1 200 万元，该公司 20×8 年度的流动负债保障率为

$$流动负债保障率 = \frac{1\,200}{(3\,500 + 4\,300) \div 2} \times 100\% = 30.77\%$$

2. 负债保障率

负债保障率以年度经营活动所产生的现金净流量与平均总负债相比较，表明企业现金流量对其全部债务偿还的满足程度。其计算公式为

$$负债保障率 = \frac{经营活动净现金流量}{平均总负债} \times 100\%$$

负债保障率的数值也是越高越好，它同样也是债权人所关心的一种现金流量分析指标。

【例 9.30】 根据表 9.2 的资料，同时假设该公司 20×8 年度的经营活动净现金流量为 1 200 万元，该公司 20×8 年度的负债保障率为

$$负债保障率 = \frac{1\,200}{(5\,500 + 6\,600) \div 2} \times 100\% = 19.83\%$$

（二）获取现金能力分析

获取现金能力分析的指标主要有营业现金比率、每股营业现金净流量和全部资产现金回收率。

1. 营业现金比率

营业现金比率是指经营活动净现金流量与营业收入的比值，反映企业通过销售获取现金的能力。其计算公式为

$$营业现金比率 = \frac{经营活动净现金流量}{营业收入}$$

该指标反映每元营业收入得到的现金流量净额，其数值越大，表明企业的收入质量越好，资金利用效果越好。

【例 9.31】 根据表 9.3 的资料，同时假设该公司 20×8 年度的经营活动净现金流量为 1 200 万元，该公司 20×8 年度的营业现金比率为

$$营业现金比率 = \frac{1\,200}{20\,200} = 0.06$$

2. 每股营业现金净流量

每股营业现金净流量是反映每股发行在外的普通股股票所平均占有的经营活动现金净流量，或是反映公司为每一普通股获取的经营活动现金净流量的指标。其计算公式为

$$每股营业现金净流量 = \frac{经营活动净现金流量}{发行在外普通股股数}$$

该指标所表达的实质是作为每股盈利的支付保障的经营活动现金净流量，因而每股营业现金净流量指标数值越大越为股东们所乐意接受。

【例 9.32】 假设 ABC 公司 20×8 年度的经营活动净现金流量为 1 200 万元，年末有普通股

500 万股，该公司 20×8 年度的每股营业现金净流量为

$$每股营业现金净流量=\frac{1\,200}{500}=2.40（元/股）$$

3. 全部资产现金回收率

全部资产现金回收率，是指经营活动净现金流量与平均总资产的比值，反映企业运用全部资产获取现金的能力。其计算公式为

$$全部资产现金回收率=\frac{经营活动净现金流量}{平均总资产}\times100\%$$

该指标数值越大说明资产利用效果越好，利用资产创造的现金流入越多，整个企业获取现金能力越强，经营管理水平越高。

【例 9.33】 根据表 9.2 的资料，同时假设该公司 20×8 年度的经营活动净现金流量为 1 200 万元，该公司 20×8 年度的全部资产现金回收率为

$$全部资产现金回收率=\frac{1\,200}{(20\,100+23\,100)\div2}\times100\%=5.56\%$$

第三节　财务综合分析与评价

财务综合分析就是将偿债能力、营运能力、盈利能力和发展能力等诸方面的分析纳入一个有机的整体之中，全面对企业经营状况、财务状况进行揭示与披露，从而对企业经济效益的优劣做出准确的评价与判断。财务综合分析的方法很多，其中应用比较广泛的有杜邦分析法和沃尔评分法。

一、财务综合分析

1. 杜邦分析法

杜邦分析法最初是由美国杜邦公司的经理创造的，故名杜邦分析法。杜邦分析法是利用各财务指标间的内在关系，对企业综合经营理财及经济效益进行系统分析评价的方法。该体系以净资产收益率为核心，将其分解为若干财务指标，通过分析各分解指标的变动对净资产收益率的影响来揭示企业获利能力及其变动原因。

杜邦财务分析体系各主要指标之间的关系如下：

净资产收益率=总资产净利率×权益乘数=营业净利率×总资产周转率×权益乘数

其中，

权益乘数=资产总额÷所有者权益总额=1÷(1−资产负债率)

从公式中看，决定净资产收益率高低的因素有三个：营业净利率、总资产周转率和权益乘数。这样分解之后，可以把净资产收益率这样一项综合性指标发生升、降变化的原因具体化，比只用一项综合性指标更能说明问题。运用杜邦分析法需要注意以下几点。

（1）净资产收益率是综合性最强的财务比率，是杜邦财务分析体系的核心。其他各项指标都是围绕这一核心，通过研究彼此间的依存关系，来揭示企业获利能力及前因后果的。财务管理的目标是使所有者财富最大化，净资产收益率反映所有者投入资金的获利能力，反映企业筹资、投资、营运活动的效率，提高净资产收益率是实现财务管理目标的基本保证。该

指标的数值取决于营业净利率、总资产周转率和权益乘数的数值。

（2）营业净利率反映了企业净利润和营业收入的关系，它的高低取决于营业收入和成本总额的高低。提高营业净利率主要有两个途径：扩大营业收入和降低成本费用。

（3）总资产周转率反映企业资产总额实现营业收入的综合能力。对总资产周转率的分析，要对影响总资产周转的各因素进行分析。除了对资产的各构成部分从占用量上是否合理进行分析外，还可以通过对流动资产周转率、存货周转率、应收账款周转率等有关各资产组成部分使用效率进行分析，判明影响总资产周转的主要问题出在哪里。

（4）权益乘数反映所有者权益与总资产的关系，它主要受资产负债率的影响。权益乘数大，说明企业负债程度高，能给企业带来较大的财务杠杆利益，但同时也给企业带来较大的风险。

【例9.34】 根据表9.2和表9.3的资料，可计算ABC公司20×8年度杜邦财务分析体系中的各项指标，如图9.1所示。

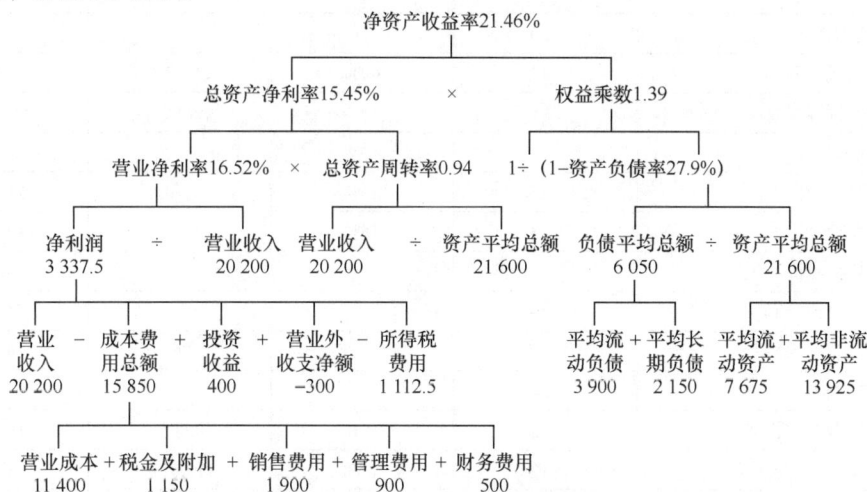

净资产收益率21.46%
├ 总资产净利率15.45% × 权益乘数1.39
├ 营业净利率16.52% × 总资产周转率0.94　　1÷（1-资产负债率27.9%）
├ 净利润3 337.5 ÷ 营业收入20 200　营业收入20 200 ÷ 资产平均总额21 600　负债平均总额6 050 ÷ 资产平均总额21 600
├ 营业收入20 200 - 成本费用总额15 850 + 投资收益400 + 营业外收支净额-300 - 所得税费用1 112.5　平均流动负债3 900 + 平均长期负债2 150　平均流动资产7 675 + 平均非流动资产13 925
└ 营业成本11 400 + 税金及附加1 150 + 销售费用1 900 + 管理费用900 + 财务费用500

图9.1　ABC公司杜邦分析图

注：因保留至小数点后两位，图中的指标金额可能略有差异

需要说明的是，净资产收益率、总资产净利率、营业净利率和总资产周转率都是时期指标，而权益乘数和资产负债率是时点指标，因此，为了使这些指标具有可比性，图9.1中的权益乘数和资产负债率均采用的是20×8年的年初和年末的平均值。

在具体运用杜邦财务分析体系进行分析时，可采用因素分析法分别计算营业净利率、总资产周转率和权益乘数三个指标对净资产收益率的影响方向和程度，还可以使用因素分析法进一步分解各个指标并分析其变动的原因，找出解决的方法。

> ★提示★
>
> 杜邦分析图中的有关资产、负债和权益指标通常采用平均值计算。

2. 沃尔评分法

在进行财务分析时，人们遇到的一个主要困难就是计算出财务比率之后，无法判断它是偏高还是偏低。为弥补这种缺陷，亚历山大·沃尔在他20世纪初出版的《信用晴雨表研究》和《财务报表比率分析》中提出了信用能力指数的概念，把流动比率、产权比率、固定资产比率、存货周转率、应收账款周转率、固定资产周转率、自有资金周转率等七项财务比率用线性关系结合起来，并分别给定其在总评价中占的比重（总和为100分），然后确定标准比率，并与实际比率相比较，评出每项指标的得分，最后求出总评分，以此评价企业的信用水平。

原始的沃尔评分法有两个缺陷：一是未能证明为什么要选择这七项指标，而不是更多或更少些，或者选择别的财务比率，也未能证明每个指标所占比重的合理性；二是当某一个指标严重异常时，会对总评分产生不合逻辑的重大影响。

现代社会与沃尔所处的时代相比，已有很大变化。沃尔最初提出的七项指标已难以完全满足当前企业评价的需要。现在一般认为，在选择指标时，偿债能力、营运能力、盈利能力及发展能力指标均应当选到，除此之外，还应适当选取一些非财务指标作为参考。

【例 9.35】 用沃尔评分法对 ABC 公司 20×8 年度进行的财务综合分析如表 9.4 所示。

表 9.4　ABC 公司的综合评分

选择的指标	分值 ①	指标的标准值 ②	指标的实际值 ③	实际得分 ④=①×③÷②
一、偿债能力指标	20			
1. 资产负债率	12	60%	28.57%	5.71
2. 利息保障倍数	8	3	9.90	26.4
二、盈利能力指标	38			
1. 净资产收益率	25	25%	21.46%	21.46
2. 总资产净利率	13	16%	15.45%	12.55
三、营运能力指标	18			
1. 总资产周转率	9	2	0.94	4.23
2. 流动资产周转率	9	5	2.63	4.73
四、发展能力指标	24			
1. 营业收入增长率	12	10%	8.60%	10.32
2. 资本保值增值率	12	115%	113.01%	11.79
综合得分	100			97.19

ABC 公司综合得分为 97.19 分，说明该公司 20×8 年度的财务状况比同行业平均水平略好。

沃尔评分法是评价企业总体财务状况的一种比较可取的方法，这一方法的关键在于指标的选定、比重的分配以及标准值的确定等。

二、业绩评价

1. 业绩评价的意义

业绩评价是通过建立综合评价指标体系，对照相应的评价标准，定量分析与定性分析相结合，对企业一定经营期间的盈利能力、资产质量、债务风险和经营增长等经营业绩和努力程度的各方面进行的综合评判。

科学地评价企业业绩，可以为出资人行使对经营者的选择权提供重要依据，可以有效地加强对企业经营者的监管和约束，可以为有效地激励企业经营者提供可靠依据，还可以为政府、债权人等利益相关者提供有效的信息。

2. 业绩评价的内容

业绩评价由财务业绩定量评价和管理业绩定性评价两部分组成。

财务业绩定量评价是指对企业一定时期的盈利能力、资产质量、债

务风险和经营增长等四个方面进行的定量对比分析和评判。

管理业绩定性评价是指在企业财务业绩定量评价的基础上，通过采取专家评议的方式，对企业一定时期的经营管理水平进行定性分析和综合评判。

3. 业绩评价报告

业绩评价报告是根据业绩评价结果编制的，反映被评价企业业绩状况的文件，由报告正文和附件构成。

业绩评价报告正文应当包括评价目的、评价依据、评价方法、评价过程、评价结果以及需要说明的重大事项等内容。

业绩评价报告附件应当包括企业经营业绩分析报告、评价结果计分表、问卷调查结果分析、专家咨询报告等内容。

同步训练

一、单项选择题

1. 如果流动负债小于流动资产，则期末以现金偿付一笔短期借款会导致（　　）。

    A. 营运资金减少　　B. 营运资金增加　　　C. 流动比率降低　　　D. 流动比率提高

2. 设立流动比率和速动比率指标的依据是（　　）。

    A. 资产的获利能力　　　　　　　　B. 资产的变现能力

    C. 债务偿还的时间长短　　　　　　D. 资产的周转能力

3. 影响速动比率可信性的重要因素是（　　）。

    A. 应收账款的变现能力　　　　　　B. 存货的周转速度

    C. 营业周期的长短　　　　　　　　D. 企业的销售水平

4. 产权比率与权益乘数的关系是（　　）。

    A. 产权比率×权益乘数=1　　　　　B. 权益乘数=1÷（1−产权比率）

    C. 权益乘数=（1+产权比率）÷产权比率　　D. 权益乘数=1+产权比率

5. 下列各项中，不会影响流动比率的业务是（　　）。

    A. 用现金购买短期债券　　　　　　B. 用现金购买固定资产

    C. 用存货进行对外长期投资　　　　D. 从银行取得长期借款

6. 下列关于衡量短期偿债能力的指标说法正确的是（　　）。

    A. 流动比率较高时说明企业有足够的现金或存款用来偿债

    B. 如果速动比率较低，则企业没有能力偿还到期的债务

    C. 与其他指标相比，用现金比率评价短期偿债能力更加谨慎

    D. 现金比率=现金÷流动负债

7. 某企业的速动比率大于1，若将若干积压的存货转为损失，将会（　　）。

    A. 降低速动比率　　　　　　　　　B. 增加速动资产

    C. 降低流动比率　　　　　　　　　D. 降低流动比率，也降低速动比率

8. 与产权比率比较，资产负债率评价企业偿债能力的侧重点是（　　）。

    A. 揭示财务结构的稳健程度　　　　B. 揭示债务偿付安全性的物质保障程度

C. 揭示自有资金对偿债风险的承受能力　　D. 揭示负债与资本的对应关系

9. 下列各项中，可能导致企业资产负债率变化的经济业务是（　　）。

    A. 收回应收账款　　　　　　　　　　B. 用现金购买债券

    C. 接受所有者投资转入的固定资产　　D. 以固定资产对外投资

10. 利息保障倍数指标不仅反映企业的长期偿债能力，而且可以反映（　　）。

    A. 短期偿债能力　　　　　　　　　　B. 资产管理能力

    C. 获利能力　　　　　　　　　　　　D. 成长能力

11. 在杜邦财务分析体系中，假设其他情况相同，下列说法中错误的是（　　）。

    A. 权益乘数大则财务风险大　　　　　B. 权益乘数大则权益净利率大

    C. 权益乘数等于负债率的倒数　　　　D. 权益乘数大则总资产净利率大

12. 在杜邦财务分析体系中，综合性最强的财务比率是（　　）。

    A. 净资产收益率　　B. 总资产净利率　　C. 总资产周转率　　D. 权益乘数

13. 下列各指标中，主要用来说明企业盈利能力的是（　　）。

    A. 权益乘数　　　B. 每股账面价值　　C. 每股盈余　　　D. 产权比率

14. 下列有关每股收益说法正确的是（　　）。

    A. 每股收益是衡量上市公司盈利能力的财务指标

    B. 每股收益多，反映股票所含的风险大

    C. 每股收益多，则意味着每股股利高

    D. 每股收益多的公司市盈率就高

15. 公司目标资金结构是维持权益乘数为 1.25 的资金结构，则该公司的自有资金占总资金的比重为（　　）。

    A. 80%　　　　　B. 70%　　　　　C. 60%　　　　　D. 50%

二、多项选择题

1. 某公司当年的经营利润很多，却不能偿还到期债务。为查清其原因，应检查的财务比率包括（　　）。

    A. 资产负债率　　　　　　　　　　　B. 流动比率

    C. 存货周转率　　　　　　　　　　　D. 应收账款周转率

2. 影响净资产收益率的因素有（　　）。

    A. 流动负债与长期负债的比率　　　　B. 资产负债率

    C. 营业净利率　　　　　　　　　　　D. 资产周转率

3. 不能用于偿债的流动资产主要有（　　）。

    A. 预付账款　　　B. 待摊费用　　　C. 存货　　　　　D. 应收票据

4. 贴现短期应收票据将会使（　　）。

    A. 营运资金减少　　B. 流动资产减少　　C. 流动比率下降　　D. 税后利润减少

5. 业务发生前后，速动资产都超过了流动负债，赊购原材料若干，将会使（　　）。

    A. 流动比率增大　　B. 流动比率降低　　C. 营运资金减少　　D. 营运资金不变

6. 如果流动比率过高，意味着企业存在（　　）等情况。

    A. 闲置现金　　　　　　　　　　　　B. 存货积压

C. 应收账款周转缓慢 D. 偿债能力很差

7. 下列经济业务会影响产权比率的有（　　）。

A. 接受所有者投资 B. 建造固定资产

C. 可转换债券转换为普通股 D. 偿还银行借款

8. 对于应收账款周转率的计算，下列说法正确的有（　　）。

A. 公式中的"应收账款"已经扣除了坏账准备

B. 必须按照每年的应收账款余额来计算应收账款平均占用额

C. 分子分母的数据在时间口径上要一致

D. 公式中的"应收账款"包括应收票据

9. 提高营业净利率的途径主要包括（　　）。

A. 扩大营业收入 B. 提高负债比率

C. 降低成本费用 D. 提高成本费用

10. 在其他条件不变的情况下，会引起总资产周转率指标上升的经济业务有（　　）。

A. 用现金偿还负债 B. 借入一笔短期借款

C. 用银行存款购入一台设备 D. 用银行存款支付一年的电话费

三、判断题

1. 将营业净利率按利润的扣除项目进行分解可以识别影响营业净利率的主要因素。（　　）

2. 企业可以通过提高营业净利率、加速资产周转来提高总资产净利率。（　　）

3. 为了保持计算口径的一致，计算应收账款周转率指标时，销售收入应使用"销售净额"扣除"现金销售"后的部分。如果使用销售净额计算，会影响其分析和利用的价值。（　　）

4. 如果企业全部使用现金结算方式，则其应收账款周转天数为零。（　　）

5. 资产负债率主要是用来衡量企业的长期偿债能力，计算资产负债率时，应扣除流动负债部分。（　　）

6. 某企业财务杠杆系数为 2，没有优先股股息的支付，则其利息保障倍数为 2。（　　）

7. 从经营者的立场看，在全部资本利润率高于借款利率时，负债额越大越好。（　　）

8. 企业的产权比率越大，则其资产负债率也越大，两者呈正方向变化。（　　）

9. 尽管流动比率可以反映企业的短期偿债能力，但有的企业流动比率较高，却没有能力支付到期的应付账款。（　　）

10. 计算利息保障倍数时的利息费用，指的是计入财务费用的各项利息。（　　）

四、计算分析题

【资料】某公司 20×8 年年初存货为 15 万元，年初资产总额为 140 万元。20×8 年年末有关财务指标为：流动比率 2.1，速动比率 1.1，现金比率 0.6，存货周转率 6 次，资产负债率 35%，长期负债 42 万元，资产总额 160 万元，流动资产由现金、应收账款、存货组成。该年销售收入 120 万元，发生管理费用 9 万元，利息费用 10 万元，所得税税率为 25%。

【要求】1. 计算 20×8 年年末的下列指标：①流动负债；②流动资产；③存货；④应收账款；⑤权益乘数；⑥产权比率。

2. 计算 20×8 年的下列指标：①销售成本；②利息保障倍数；③净利润；④销售净利率；⑤总资产周转率；⑥权益净利率。

表 9.5 某公司近两年财务报表数据摘要

(单位:万元)

利润表数据:	上　年	本　年
营业收入	10 000	30 000
销货成本(变动成本)	7 300	23 560
管理费用(固定成本)	600	800
销售费用(固定成本)	500	1 200
财务费用(借款利息)	100	2 640
税前利润	1 500	1 800
所得税	500	600
净利润	1 000	1 200
资产负债表数据:	上年年末	本年年末
货币资金	500	1 000
应收账款	2 000	8 000
存货	5 000	20 000
其他流动资产	0	1 000
流动资产合计	7 500	30 000
固定资产	5 000	30 000
资产总计	12 500	60 000
短期借款	2 300	15 700
应付账款	200	300
流动负债合计	2 500	16 000
长期负债	0	29 000
负债合计	2 500	45 000
股本	9 000	13 500
盈余公积	900	1 100
未分配利润	100	400
所有者权益合计	10 000	15 000
负债及所有者权益总计	12 500	60 000

五、综合分析题

【资料】某公司经营多种产品,最近两年的财务报表数据摘要如表 9.5 所示。

【要求】进行以下计算、分析和判断(提示:为了简化计算和分析,计算各种财务比率时需要使用存量指标如资产、所有者权益等,均使用期末数;一年按 360 天计算)。

1. 净利润变动分析:该公司本年净利润比上年增加了多少,按顺序计算确定所有者权益变动和权益净利率变动对净利润的影响数(金额);

2. 权益净利率变动分析:确定权益净利率变动的数额,按顺序计算确定总资产净利率和权益乘数变动对权益净利润率的影响数(百分比);

3. 总资产净利率变动分析:确定总资产净利率变动的数额,按顺序计算确定总资产周转率和销售净利率变动对总资产净利率的影响数(百分比);

4. 总资产周转天数分析:确定总资产周转天数变动的数额,按顺序计算确定固定资产周转天数和流动资产周转天数变动对总资产周转天数的影响数额(天数);

5. 风险分析:计算上年(销售额为10 000 万元)的经营杠杆、财务杠杆和总杠杆;本年(销售额为 30 000 万元)的经营杠杆、财务杠杆和总杠杆。

附　　录

附表一　1元复利终值系数表（F/P, i, n）

期数	1%	2%	3%	4%	5%	6%	7%	8%	9%	10%
1	1.010 0	1.020 0	1.030 0	1.040 0	1.050 0	1.060 0	1.070 0	1.080 0	1.090 0	1.100 0
2	1.020 1	1.040 4	1.060 9	1.081 6	1.102 5	1.123 6	1.144 9	1.166 4	1.188 1	1.210 0
3	1.030 3	1.061 2	1.092 7	1.124 9	1.157 6	1.191 0	1.225 0	1.259 7	1.295 0	1.331 0
4	1.040 6	1.082 4	1.125 5	1.169 9	1.215 5	1.262 5	1.310 8	1.360 5	1.411 6	1.464 1
5	1.051 0	1.104 1	1.159 3	1.216 7	1.276 3	1.338 2	1.402 6	1.469 3	1.538 6	1.610 5
6	1.061 5	1.126 2	1.194 1	1.265 3	1.340 1	1.418 5	1.500 7	1.586 9	1.677 1	1.771 6
7	1.072 1	1.148 7	1.229 9	1.315 9	1.407 1	1.503 6	1.605 8	1.713 8	1.828 0	1.948 7
8	1.082 9	1.171 7	1.266 8	1.368 6	1.477 5	1.593 8	1.718 2	1.850 9	1.992 6	2.143 6
9	1.093 7	1.195 1	1.304 8	1.423 3	1.551 3	1.689 5	1.838 5	1.999 0	2.171 9	2.357 9
10	1.104 6	1.219 0	1.343 9	1.480 2	1.628 9	1.790 8	1.967 2	2.158 9	2.367 4	2.593 7
11	1.115 7	1.243 4	1.384 2	1.539 5	1.710 3	1.898 3	2.104 9	2.331 6	2.580 4	2.853 1
12	1.126 8	1.268 2	1.425 8	1.601 0	1.795 9	2.012 2	2.252 2	2.518 2	2.812 7	3.138 4
13	1.138 1	1.293 6	1.468 5	1.665 1	1.885 6	2.132 9	2.409 8	2.719 6	3.065 8	3.452 3
14	1.149 5	1.319 5	1.512 6	1.731 7	1.979 9	2.260 9	2.578 5	2.937 2	3.341 7	3.797 5
15	1.161 0	1.345 9	1.558 0	1.800 9	2.078 9	2.396 6	2.759 0	3.172 2	3.642 5	4.177 2
16	1.172 6	1.372 8	1.604 7	1.873 0	2.182 9	2.540 4	2.952 2	3.425 9	3.970 3	4.595 0
17	1.184 3	1.400 2	1.652 8	1.947 9	2.292 0	2.692 8	3.158 8	3.700 0	4.327 6	5.054 5
18	1.196 1	1.428 2	1.702 4	2.025 8	2.406 6	2.854 3	3.379 9	3.996 0	4.717 1	5.559 9
19	1.208 1	1.456 8	1.753 5	2.106 8	2.527 0	3.025 6	3.616 5	4.315 7	5.141 7	6.115 9
20	1.220 2	1.485 9	1.806 1	2.191 1	2.653 3	3.207 1	3.869 7	4.661 0	5.604 4	6.727 5
21	1.232 4	1.515 7	1.860 3	2.278 8	2.786 0	3.399 6	4.140 6	5.033 8	6.108 8	7.400 2
22	1.244 7	1.546 0	1.916 1	2.369 9	2.925 3	3.603 5	4.430 4	5.436 5	6.658 6	8.140 3
23	1.257 2	1.576 9	1.973 6	2.464 7	3.071 5	3.819 7	4.740 5	5.871 5	7.257 9	8.254 3
24	1.269 7	1.608 4	2.032 8	2.563 3	3.225 1	4.048 9	5.072 4	6.341 2	7.911 1	9.849 7
25	1.282 4	1.640 6	2.093 8	2.665 8	3.386 4	4.291 9	5.427 4	6.848 5	8.623 1	10.835
26	1.295 3	1.673 4	2.156 6	2.772 5	3.555 7	4.549 4	5.807 4	7.396 4	9.399 2	11.918
27	1.308 2	1.706 9	2.221 3	2.883 4	3.733 5	4.882 3	6.213 9	7.988 1	10.245	13.110
28	1.321 3	1.741 0	2.287 9	2.998 7	3.920 1	5.111 7	6.648 8	8.627 1	11.167	14.421
29	1.334 5	1.775 8	2.356 6	3.118 7	4.116 1	5.418 4	7.114 3	9.317 3	12.172	15.863
30	1.347 8	1.811 4	2.427 3	3.243 4	4.321 9	5.743 5	7.612 3	10.063	13.268	17.449
40	1.488 9	2.208 0	3.262 0	4.801 0	7.040 0	10.286	14.794	21.725	31.408	45.259
50	1.644 6	2.691 6	4.383 9	7.106 7	11.467	18.420	29.457	46.902	74.358	117.39
60	1.816 7	3.281 0	5.891 6	10.520	18.679	32.988	57.946	101.26	176.03	304.48

期数	12%	14%	15%	16%	18%	20%	24%	28%	32%	36%
1	1.120 0	1.140 0	1.150 0	1.160 0	1.180 0	1.200 0	1.240 0	1.280 0	1.320 0	1.360 0
2	1.254 4	1.299 6	1.322 5	1.345 6	1.392 4	1.440 0	1.537 6	1.638 4	1.742 4	1.849 6
3	1.404 9	1.481 5	1.520 9	1.560 9	1.643 0	1.728 0	1.906 6	2.087 2	2.300 0	2.515 5
4	1.573 5	1.689 0	1.749 0	1.810 6	1.938 8	2.073 6	2.364 2	2.684 4	3.036 0	3.421 0
5	1.762 3	1.925 4	2.011 4	2.100 3	2.287 8	2.488 3	2.931 6	3.436 0	4.007 5	4.652 6
6	1.973 8	2.195 0	2.313 1	2.436 4	2.699 6	2.986 0	3.635 2	4.398 0	5.289 9	6.327 5
7	2.210 7	2.502 3	2.660 0	2.826 2	3.185 5	3.583 2	4.507 7	5.625 9	6.982 6	8.605 4
8	2.476 0	2.852 6	3.059 0	3.278 4	3.758 9	4.299 8	5.589 5	7.205 8	9.217 0	11.70 3
9	2.773 1	3.251 9	3.517 9	3.803 0	4.435 5	5.159 8	6.931 0	9.223 4	12.166	15.91 7
10	3.105 8	3.707 2	4.045 6	4.411 4	5.233 8	6.191 7	8.594 4	11.806	16.060	21.64 7
11	3.478 5	4.226 2	4.652 4	5.117 3	6.175 9	7.430 1	10.657	15.122	21.199	29.439
12	3.896 0	4.817 9	5.350 3	5.936 0	7.287 6	8.916 1	13.215	19.343	27.983	40.037
13	4.363 5	5.492 4	6.152 8	6.885 8	8.599 4	10.699	16.386	24.759	36.937	54.451
14	4.887 1	6.261 3	7.075 7	7.987 5	10.147	12.839	20.319	31.691	48.757	74.053
15	5.473 6	7.137 9	8.137 1	9.265 5	11.974	15.407	25.196	40.565	64.359	100.71
16	6.130 4	8.137 2	9.357 6	10.748	14.129	18.488	31.243	51.923	84.954	136.97
17	6.866 0	9.276 5	10.761	12.468	16.672	22.186	38.741	66.461	112.14	186.28
18	7.690 0	10.575	12.375	14.463	19.673	26.623	48.039	86.071	148.02	253.34
19	8.612 8	12.056	14.232	16.777	23.214	31.948	59.568	108.89	195.39	344.54
20	9.646 3	13.743	16.367	19.461	27.393	38.338	73.864	139.38	257.92	468.57
21	10.804	15.668	18.822	22.574	32.324	46.005	91.592	178.41	340.45	637.26
22	12.100	17.861	21.645	26.186	38.142	55.206	113.57	228.36	449.39	866.67
23	13.552	20.362	24.891	30.376	45.008	66.247	140.83	292.30	593.20	1 178.7
24	15.179	23.212	28.625	35.236	53.109	79.497	174.63	374.14	783.02	1 603.0
25	17.000	26.462	32.919	40.874	62.669	95.396	216.54	478.90	1 033.6	2 180.1
26	19.040	30.167	37.857	47.414	73.949	114.48	268.51	613.00	1 364.3	2 964.9
27	21.325	34.390	43.535	55.000	87.260	137.37	332.95	784.64	1 800.9	4 032.3
28	23.884	39.204	50.066	63.800	102.97	164.84	412.86	1 004.3	2 377.2	5 483.9
29	26.750	44.693	57.575	74.009	121.50	197.81	511.95	1 285.6	3 137.9	7 458.1
30	29.960	50.950	66.212	85.850	143.37	237.38	634.82	1 645.5	4 142.1	10 143
40	93.051	188.83	267.86	378.72	750.38	1 469.8	5 455.9	19 427	66 521	*
50	289.00	700.23	1 083.7	1 670.7	3 927.4	9 100.4	46 890	*	*	*
60	897.60	2 595.9	4 384.0	7 370.2	20 555	56 348	*	*	*	*

* > 99 999

附表二　1元复利现值系数表（P/F, i, n）

期数	1%	2%	3%	4%	5%	6%	7%	8%	9%	10%
1	0.990 1	0.980 4	0.970 9	0.961 5	0.952 4	0.943 4	0.934 6	0.925 9	0.917 4	0.909 1
2	0.980 3	0.971 2	0.942 6	0.924 6	0.907 0	0.890 0	0.873 4	0.857 3	0.841 7	0.826 4
3	0.970 6	0.942 3	0.915 1	0.889 0	0.863 8	0.839 6	0.816 3	0.793 8	0.772 2	0.751 3
4	0.961 0	0.923 8	0.888 5	0.854 8	0.822 7	0.792 1	0.762 9	0.735 0	0.708 4	0.683 0
5	0.951 5	0.905 7	0.862 6	0.821 9	0.783 5	0.747 3	0.713 0	0.680 6	0.649 9	0.620 9
6	0.942 0	0.888 0	0.837 5	0.790 3	0.746 2	0.705 0	0.666 3	0.630 2	0.596 3	0.564 5
7	0.932 7	0.860 6	0.813 1	0.759 9	0.710 7	0.665 1	0.622 7	0.583 5	0.547 0	0.513 2
8	0.923 5	0.853 5	0.787 4	0.730 7	0.676 8	0.627 4	0.582 0	0.540 3	0.501 9	0.466 5
9	0.914 3	0.836 8	0.766 4	0.702 6	0.644 6	0.591 9	0.543 9	0.500 2	0.460 4	0.424 1
10	0.905 3	0.820 3	0.744 1	0.675 6	0.613 9	0.558 4	0.508 3	0.463 2	0.422 4	0.385 5
11	0.896 3	0.804 3	0.722 4	0.649 6	0.584 7	0.526 8	0.475 1	0.428 9	0.387 5	0.350 5
12	0.887 4	0.788 5	0.701 4	0.624 6	0.556 8	0.497 0	0.444 0	0.397 1	0.355 5	0.318 6
13	0.878 7	0.773 0	0.681 0	0.600 6	0.530 3	0.468 8	0.415 0	0.367 7	0.326 2	0.289 7
14	0.870 0	0.757 9	0.661 1	0.577 5	0.505 1	0.442 3	0.387 8	0.340 5	0.299 2	0.263 3
15	0.861 3	0.743 0	0.641 9	0.555 3	0.481 0	0.417 3	0.362 4	0.315 2	0.274 5	0.239 4
16	0.852 8	0.728 4	0.623 2	0.533 9	0.458 1	0.393 6	0.338 7	0.291 9	0.251 9	0.217 6
17	0.844 4	0.714 2	0.605 0	0.513 4	0.436 3	0.371 4	0.316 6	0.270 3	0.231 1	0.197 8
18	0.836 0	0.700 2	0.587 4	0.493 6	0.415 5	0.350 3	0.295 9	0.250 2	0.212 0	0.179 9
19	0.827 7	0.686 4	0.570 3	0.474 6	0.395 7	0.330 5	0.276 5	0.231 7	0.194 5	0.163 5
20	0.819 5	0.673 0	0.553 7	0.456 4	0.376 9	0.311 8	0.258 4	0.214 5	0.178 4	0.148 6
21	0.811 4	0.659 8	0.537 5	0.438 8	0.358 9	0.294 2	0.241 5	0.198 7	0.163 7	0.135 1
22	0.803 4	0.646 8	0.521 9	0.422 0	0.341 8	0.277 5	0.225 7	0.183 9	0.150 2	0.122 8
23	0.795 4	0.634 2	0.506 7	0.405 7	0.325 6	0.261 8	0.210 9	0.170 3	0.137 8	0.111 7
24	0.787 6	0.621 7	0.491 9	0.390 1	0.310 1	0.247 0	0.197 1	0.157 7	0.126 4	0.101 5
25	0.779 8	0.609 5	0.477 6	0.375 1	0.295 3	0.233 0	0.184 2	0.146 0	0.116 0	0.092 3
26	0.772 0	0.597 6	0.463 7	0.360 4	0.281 2	0.219 8	0.172 2	0.135 2	0.106 4	0.083 9
27	0.764 4	0.585 9	0.450 2	0.346 8	0.267 8	0.207 4	0.160 9	0.125 2	0.097 6	0.076 3
28	0.756 8	0.574 4	0.437 1	0.333 5	0.255 1	0.195 6	0.150 4	0.115 9	0.089 5	0.069 3
29	0.749 3	0.563 1	0.424 3	0.320 7	0.242 9	0.184 6	0.140 6	0.107 3	0.082 2	0.063 0
30	0.741 9	0.552 1	0.412 0	0.308 3	0.231 4	0.174 1	0.131 4	0.099 4	0.075 4	0.057 3
35	0.705 9	0.500 0	0.355 4	0.253 4	0.181 3	0.130 1	0.093 7	0.067 6	0.049 0	0.035 6
40	0.671 7	0.452 9	0.306 6	0.208 3	0.142 0	0.097 2	0.066 8	0.046 0	0.031 8	0.022 1
45	0.639 1	0.410 2	0.264 4	0.171 2	0.111 3	0.072 7	0.047 6	0.031 3	0.020 7	0.013 7
50	0.608 0	0.371 5	0.228 1	0.140 7	0.087 2	0.054 3	0.033 9	0.021 3	0.013 4	0.008 5
55	0.578 5	0.336 5	0.196 8	0.115 7	0.068 3	0.040 6	0.024 2	0.014 5	0.008 7	0.005 3

続表

期数	12%	14%	15%	16%	18%	20%	24%	28%	32%	36%
1	0.892 9	0.877 2	0.869 6	0.862 1	0.847 5	0.833 3	0.806 5	0.781 3	0.757 6	0.735 3
2	0.797 2	0.769 5	0.756 1	0.743 2	0.718 2	0.694 4	0.650 4	0.610 4	0.573 9	0.540 7
3	0.711 8	0.675 0	0.657 5	0.640 7	0.608 6	0.578 7	0.524 5	0.476 8	0.434 8	0.397 5
4	0.635 5	0.592 1	0.571 8	0.552 3	0.515 8	0.482 3	0.423 0	0.372 5	0.329 4	0.292 3
5	0.567 4	0.519 4	0.497 2	0.476 2	0.437 1	0.401 9	0.341 1	0.291 0	0.249 5	0.214 9
6	0.506 6	0.455 6	0.432 3	0.410 4	0.370 4	0.334 9	0.275 1	0.227 4	0.189 0	0.158 0
7	0.452 3	0.399 6	0.375 9	0.353 8	0.313 9	0.279 1	0.221 8	0.177 6	0.143 2	0.116 2
8	0.403 9	0.350 6	0.326 9	0.305 0	0.266 0	0.232 6	0.178 9	0.138 8	0.108 5	0.085 4
9	0.360 6	0.307 5	0.284 3	0.263 0	0.225 5	0.193 8	0.144 3	0.108 4	0.082 2	0.062 8
10	0.322 0	0.269 7	0.247 2	0.226 7	0.191 1	0.161 5	0.116 4	0.084 7	0.062 3	0.046 2
11	0.287 5	0.236 6	0.214 9	0.195 4	0.161 9	0.134 6	0.093 8	0.066 2	0.047 2	0.034 0
12	0.256 7	0.207 6	0.186 9	0.168 5	0.137 3	0.112 2	0.075 7	0.051 7	0.035 7	0.025 0
13	0.229 2	0.182 1	0.162 5	0.145 2	0.116 3	0.093 5	0.061 0	0.040 4	0.027 1	0.018 4
14	0.204 6	0.159 7	0.141 3	0.125 2	0.098 5	0.077 9	0.049 2	0.031 6	0.020 5	0.013 5
15	0.182 7	0.140 1	0.122 9	0.107 9	0.083 5	0.064 9	0.039 7	0.024 7	0.015 5	0.009 9
16	0.163 1	0.122 9	0.106 9	0.098 0	0.070 9	0.054 1	0.032 0	0.019 3	0.011 8	0.007 3
17	0.145 6	0.107 8	0.092 9	0.080 2	0.060 0	0.045 1	0.025 9	0.015 0	0.008 9	0.005 4
18	0.130 0	0.094 6	0.080 8	0.069 1	0.050 8	0.037 6	0.020 8	0.011 8	0.006 8	0.003 9
19	0.116 1	0.082 9	0.070 3	0.059 6	0.043 1	0.031 3	0.016 8	0.009 2	0.005 1	0.002 9
20	0.103 7	0.072 8	0.061 1	0.051 4	0.036 5	0.026 1	0.013 5	0.007 2	0.003 9	0.002 1
21	0.092 6	0.063 8	0.053 1	0.044 3	0.030 9	0.021 7	0.010 9	0.005 6	0.002 9	0.001 6
22	0.082 6	0.056 0	0.046 2	0.038 2	0.026 2	0.018 1	0.008 8	0.004 4	0.002 2	0.001 2
23	0.073 8	0.049 1	0.040 2	0.032 9	0.022 2	0.015 1	0.007 1	0.003 4	0.001 7	0.000 8
24	0.065 9	0.043 1	0.034 9	0.028 4	0.018 8	0.012 6	0.005 7	0.002 7	0.001 3	0.000 6
25	0.058 8	0.037 8	0.030 4	0.024 5	0.016 0	0.010 5	0.004 6	0.002 1	0.001 0	0.000 5
26	0.052 5	0.033 1	0.026 4	0.021 1	0.013 5	0.008 7	0.003 7	0.001 6	0.000 7	0.000 3
27	0.046 9	0.029 1	0.023 0	0.018 2	0.011 5	0.007 3	0.003 0	0.001 3	0.000 6	0.000 2
28	0.041 9	0.025 5	0.020 0	0.015 7	0.009 7	0.006 1	0.002 4	0.001 0	0.000 4	0.000 2
29	0.037 4	0.022 4	0.017 4	0.013 5	0.008 2	0.005 1	0.002 0	0.000 8	0.000 3	0.000 1
30	0.033 4	0.019 6	0.015 1	0.011 6	0.007 0	0.004 2	0.001 6	0.000 6	0.000 2	0.000 1
35	0.018 9	0.010 2	0.007 5	0.005 5	0.003 0	0.001 7	0.000 5	0.000 2	0.000 1	*
40	0.010 7	0.005 3	0.003 7	0.002 6	0.001 3	0.000 7	0.000 2	0.000 1	*	*
45	0.006 1	0.002 7	0.001 9	0.001 3	0.000 6	0.000 3	0.000 1	*	*	*
50	0.003 5	0.001 4	0.000 9	0.000 6	0.000 3	0.000 1	*	*	*	*
55	0.002 0	0.000 7	0.000 5	0.000 3	0.000 1	*	*	*	*	*

* < 0.000 1

附表三　1元年金终值系数表（F/A，i，n）

期数	1%	2%	3%	4%	5%	6%	7%	8%	9%	10%
1	1.000 0	1.000 0	1.000 0	1.000 0	1.000 0	1.000 0	1.000 0	1.000 0	1.000 0	1.000 0
2	2.010 0	2.020 0	2.030 0	2.040 0	2.050 0	2.060 0	2.070 0	2.080 0	2.090 0	2.100 0
3	3.030 1	3.060 4	3.090 9	3.121 6	3.152 5	3.183 6	3.214 9	3.246 4	3.278 1	3.310 0
4	4.060 4	4.121 6	4.183 6	4.246 5	4.310 1	4.374 6	4.439 9	4.506 1	4.573 1	4.641 0
5	5.101 0	5.204 0	5.309 1	5.416 3	5.525 6	5.637 1	5.750 7	5.866 6	5.984 7	6.105 1
6	6.152 0	6.308 1	6.468 4	6.633 0	6.801 9	6.975 3	7.153 3	7.335 9	7.523 3	7.715 6
7	7.213 5	7.434 3	7.662 5	7.898 3	8.142 0	8.393 8	8.654 0	8.922 8	9.200 4	9.487 2
8	8.285 7	8.583 0	8.892 3	9.214 2	9.549 1	9.897 5	10.260	10.637	11.028	11.436
9	9.368 5	9.754 6	10.159	10.583	11.027	11.491	11.978	12.488	13.021	13.579
10	10.46 2	10.95 0	11.464	12.006	12.578	13.181	13.816	14.487	15.193	15.937
11	11.567	12.169	12.808	13.486	14.207	14.972	15.784	16.645	17.560	18.531
12	12.683	13.412	14.192	15.026	15.917	16.870	17.888	18.977	20.141	21.384
13	13.809	14.680	15.618	16.627	17.713	18.882	20.141	21.495	22.953	24.523
14	14.947	15.974	17.086	18.292	19.599	21.015	22.550	24.214	26.019	27.975
15	16.097	17.293	18.599	20.024	21.579	23.276	25.129	27.152	29.361	31.772
16	17.258	18.639	20.157	21.825	23.657	25.673	27.888	30.324	33.003	35.950
17	18.430	20.012	21.762	23.698	25.840	28.213	30.840	33.750	36.974	40.545
18	19.615	21.412	23.414	25.645	28.132	30.906	33.999	37.450	41.301	45.599
19	20.811	22.841	25.117	27.671	30.539	33.760	37.379	41.446	46.018	51.159
20	22.019	24.297	26.870	29.778	33.066	36.786	40.995	45.752	51.160	57.275
21	23.239	25.783	28.676	31.969	35.719	39.993	44.865	50.423	56.765	64.002
22	24.472	27.299	30.537	34.248	38.505	43.392	49.006	55.457	62.873	71.403
23	25.716	28.845	32.453	36.618	41.430	46.996	53.436	60.883	69.532	79.543
24	26.973	30.422	34.426	39.083	44.502	50.816	58.177	66.765	76.790	88.497
25	28.243	32.030	36.459	41.646	47.727	54.863	63.249	73.106	84.701	98.347
26	29.526	33.671	38.553	44.312	51.113	59.156	68.676	79.954	93.324	109.18
27	30.821	35.344	40.710	47.084	54.669	63.706	74.484	87.351	102.72	121.10
28	32.129	37.051	42.931	49.968	58.403	68.528	80.698	95.339	112.97	134.21
29	33.450	38.792	45.219	52.966	62.323	73.640	87.347	103.97	124.14	148.63
30	34.785	40.568	47.575	56.085	66.439	79.058	94.461	113.28	136.31	164.49
40	48.886	60.402	75.401	95.026	120.80	154.76	199.64	259.06	337.88	442.59
50	64.463	84.579	112.80	152.67	209.35	290.34	406.53	573.77	815.08	1 163.9
60	81.670	114.05	163.05	237.99	353.58	533.13	813.52	1 253.2	1 944.8	3 034.8

期数	12%	14%	15%	16%	18%	20%	24%	28%	32%	36%
1	1.000 0	1.000 0	1.000 0	1.000 0	1.000 0	1.000 0	1.000 0	1.000 0	1.000 0	1.000 0
2	2.120 0	2.140 0	2.150 0	2.160 0	2.180 0	2.200 0	2.240 0	2.280 0	2.320 0	2.360 0
3	3.374 4	3.439 6	3.472 5	3.505 6	3.572 4	3.640 0	3.777 6	3.918 4	3.062 4	3.209 6
4	4.779 3	4.921 1	4.993 4	5.066 5	5.215 4	5.368 0	5.684 2	6.015 6	6.362 4	6.725 1
5	6.352 8	6.610 1	6.742 4	6.877 1	7.154 2	7.441 6	8.048 4	8.699 9	9.398 3	10.146
6	8.115 2	8.535 5	8.753 7	8.977 5	9.442 0	9.929 9	10.980	12.136	13.406	14.799
7	10.08 9	10.730	11.067	11.414	12.142	12.916	14.615	16.534	18.696	21.126
8	12.300	13.233	13.727	14.240	15.327	16.499	19.123	22.163	25.678	29.732
9	14.776	16.085	16.786	17.519	19.086	20.799	24.712	29.369	34.895	41.435
10	17.549	19.337	20.304	21.321	23.521	25.959	31.643	38.593	47.062	57.352
11	20.655	23.045	24.349	25.733	28.755	32.150	40.238	50.398	63.122	78.998
12	24.133	27.271	29.002	30.850	34.931	39.581	50.895	65.510	84.320	108.44
13	28.029	32.089	34.352	36.786	42.219	48.497	64.110	84.853	112.30	148.47
14	32.393	37.581	40.505	43.672	50.818	59.196	80.496	109.61	149.24	202.93
15	37.280	43.842	47.580	51.660	60.965	72.035	100.82	141.30	198.00	276.98
16	42.753	50.980	55.717	60.925	72.939	87.442	126.01	181.87	262.36	377.69
17	48.884	59.118	65.075	71.673	87.068	105.93	157.25	233.79	347.31	514.66
18	55.750	68.394	75.836	84.141	103.74	128.12	195.99	300.25	459.45	700.94
19	63.440	78.969	88.212	98.603	123.41	154.74	244.03	385.32	607.47	954.28
20	72.052	91.025	102.44	115.38	146.63	186.69	303.60	494.21	802.86	1 298.8
21	81.699	104.77	118.81	134.84	174.02	225.03	377.46	633.59	1 060.8	1 767.4
22	92.503	120.44	137.63	157.41	206.34	271.03	469.06	812.00	1 401.2	2 404.7
23	104.60	138.30	159.28	183.60	244.49	326.24	582.63	1 040.4	1 850.6	3 271.3
24	118.16	158.66	184.17	213.98	289.49	392.48	723.46	1 332.7	2 443.8	4 450.0
25	133.33	181.87	212.79	249.21	342.60	471.98	898.09	1 706.8	3 226.8	6 053.0
26	150.33	208.33	245.71	290.09	405.27	567.38	1 114.6	2 185.7	4 260.4	8 233.1
27	169.37	238.50	283.57	337.50	479.22	681.85	1 383.1	2 798.7	5 624.8	11 198
28	190.70	272.89	327.10	392.50	566.48	819.22	1 716.1	3 583.3	7 425.7	15 230
29	214.58	312.09	377.17	456.30	669.45	984.07	2 129.0	4 587.7	9 802.9	20 714
30	241.33	356.79	434.75	530.31	790.95	1 181.9	2 640.9	5 873.2	12 941	28 172
40	767.09	1 342.0	1 779.1	2 360.8	4 163.2	7 343.2	22 729	69 377	*	*
50	2 400.0	4 994.5	7 217.7	10 436	21 813	45 497	*	*	*	*
60	7 471.6	18 535	29 220	46 058	*	*	*	*	*	*

*＞99 999

附表四　1元年金现值系数表（P/A，i，n）

期数	1%	2%	3%	4%	5%	6%	7%	8%	9%	10%
1	0.990 1	0.980 4	0.970 9	0.961 5	0.952 4	0.943 4	0.934 6	0.925 9	0.917 4	0.909 1
2	1.970 4	1.941 6	1.913 5	1.886 1	1.859 4	1.833 4	1.808 0	1.783 3	1.759 1	1.735 5
3	2.941 0	2.883 9	2.828 6	2.775 1	2.723 2	2.673 0	2.624 3	2.577 1	2.531 3	2.486 9
4	3.902 0	3.807 7	3.717 1	3.629 9	3.546 0	3.465 1	3.387 2	3.312 1	3.239 7	3.169 9
5	4.853 4	4.713 5	4.579 7	4.451 8	4.329 5	4.212 4	4.100 2	3.992 7	3.889 7	3.790 8
6	5.795 5	5.601 4	5.417 2	5.242 1	5.075 7	4.917 3	4.766 5	4.622 9	4.485 9	4.355 3
7	6.728 2	6.472 0	6.230 3	6.002 1	5.786 4	5.582 4	5.389 3	5.206 4	5.033 0	4.868 4
8	7.651 7	7.325 5	7.019 7	6.732 7	6.463 2	6.209 8	5.971 3	5.746 6	5.534 8	5.334 9
9	8.566 0	8.162 2	7.786 1	7.435 3	7.107 8	6.801 7	6.515 2	6.246 9	5.995 2	5.759 0
10	9.471 3	8.982 6	8.530 2	8.110 9	7.721 7	7.360 1	7.023 6	6.710 1	6.417 7	6.144 6
11	10.368	9.786 8	9.252 6	8.760 5	8.306 4	7.886 9	7.498 7	7.139 0	6.805 2	6.495 1
12	11.255	10.575	9.954 0	9.385 1	8.863 3	8.383 8	7.942 7	7.536 1	7.160 7	6.813 7
13	12.134	11.348	10.635	9.985 6	9.393 6	8.852 7	8.357 7	7.903 8	7.486 9	7.103 4
14	13.004	12.106	11.296	10.563	9.898 6	9.295 0	8.745 5	8.244 2	7.786 2	7.366 7
15	13.865	12.849	11.938	11.118	10.380	9.712 2	9.107 9	8.559 5	8.060 7	7.606 1
16	14.718	13.578	12.561	11.652	10.838	10.106	9.446 6	8.851 4	8.312 6	7.823 7
17	15.562	14.292	13.166	12.166	11.274	10.477	9.763 2	9.121 6	8.543 6	8.021 6
18	16.398	14.992	13.754	12.690	11.690	10.828	10.059	9.371 9	8.755 6	8.201 4
19	17.226	15.679	14.324	13.134	12.085	11.158	10.336	9.603 6	8.960 1	8.364 9
20	18.046	16.351	14.877	13.590	12.462	11.470	10.594	9.818 1	9.128 5	8.513 6
21	18.857	17.011	15.415	14.029	12.821	11.764	10.836	10.017	9.292 2	8.648 7
22	19.660	17.658	15.937	14.451	13.489	12.303	11.061	10.201	9.442 4	8.771 5
23	20.456	18.292	16.444	14.857	13.489	12.303	11.272	10.371	9.580 2	8.883 2
24	21.243	18.914	16.936	15.247	13.799	12.550	11.469	10.529	9.706 6	8.984 7
25	22.023	19.524	17.413	15.622	14.094	12.783	11.654	10.675	9.822 6	9.077 0
26	22.795	20.121	17.877	15.983	14.375	13.003	11.826	10.810	9.929 0	9.160 9
27	23.560	20.706	18.327	16.330	14.643	13.211	11.987	10.935	10.027	9.237 2
28	24.316	21.281	18.764	16.663	14.898	13.406	12.137	11.051	10.116	9.306 6
29	25.066	21.844	19.188	16.984	15.141	13.591	12.278	11.158	10.198	9.369 6
30	25.808	22.397	19.600	17.292	15.373	13.765	12.409	11.258	10.274	9.426 9
35	29.409	24.999	21.487	18.665	16.374	14.498	12.948	11.655	10.567	9.644 2
40	32.835	27.356	23.115	19.793	17.159	15.046	13.332	11.925	10.757	9.779 1
45	36.095	29.490	24.519	20.720	17.774	15.456	13.606	12.108	10.881	9.862 8
50	39.196	31.424	25.730	21.482	18.256	15.762	13.801	12.233	10.962	9.914 8
55	42.147	33.175	26.774	22.109	18.633	15.991	13.940	12.319	11.014	9.947 1

期数	12%	14%	15%	16%	18%	20%	24%	28%	32%	36%
1	0.892 9	0.877 2	0.869 6	0.862 1	0.847 5	0.833 3	0.806 5	0.781 3	0.757 6	0.735 3
2	1.690 1	1.646 7	1.625 7	1.605 2	1.565 6	1.527 8	1.456 8	1.391 6	1.331 5	1.276 0
3	2.401 8	2.321 6	2.283 2	2.245 9	2.174 3	2.106 5	1.981 3	1.868 4	1.766 3	1.673 5
4	3.037 3	2.913 7	2.855 0	2.798 2	2.690 1	2.588 7	2.404 3	2.241 0	2.095 7	1.965 8
5	3.604 8	3.433 1	3.352 2	3.274 3	3.127 2	2.990 6	2.745 4	2.532 0	2.345 2	2.180 7
6	4.111 4	3.888 7	3.784 5	3.684 7	3.497 6	3.325 5	3.020 5	2.759 4	2.534 2	2.338 8
7	4.563 8	4.288 3	4.160 4	4.038 6	3.811 5	3.604 6	3.242 3	2.937 0	2.677 5	2.455 0
8	4.967 6	4.638 9	4.487 3	4.343 6	4.077 6	3.837 2	3.421 2	3.075 8	2.786 0	2.540 4
9	5.328 2	4.946 4	4.771 6	4.606 5	4.303 0	4.031 0	3.565 5	3.184 2	2.868 1	2.603 3
10	5.650 2	5.216 1	5.018 8	4.833 2	4.494 1	4.192 5	3.681 9	3.268 9	2.930 4	2.649 5
11	5.937 7	5.452 7	5.233 7	5.028 6	4.656 0	4.327 1	3.775 7	3.335 1	2.977 6	2.683 4
12	6.194 4	5.660 3	5.420 6	5.197 1	4.793 2	4.439 2	3.851 4	3.386 8	3.013 3	2.708 4
13	6.423 5	5.842 4	5.583 1	5.342 3	4.909 5	4.532 7	3.912 4	3.427 2	3.040 4	2.726 8
14	6.628 2	6.002 1	5.724 5	5.467 5	5.008 1	4.610 6	3.961 6	3.458 7	3.060 9	2.740 3
15	6.810 9	6.142 2	5.847 4	5.575 5	5.091 6	4.675 5	4.001 3	3.483 4	3.076 4	2.750 2
16	6.974 0	6.265 1	5.954 2	5.668 5	5.162 4	4.729 6	4.033 3	3.502 6	3.088 2	2.757 5
17	7.119 6	6.372 9	6.047 2	5.748 7	5.222 3	4.774 6	4.059 1	3.517 7	3.097 1	2.762 9
18	7.249 7	6.467 4	6.128 0	5.817 8	5.273 2	4.812 2	4.079 9	3.529 4	3.103 9	2.766 8
19	7.365 8	6.550 4	6.198 2	5.877 5	5.316 2	4.843 5	4.096 7	3.538 6	3.109 0	2.769 7
20	7.469 4	6.623 1	6.259 3	5.928 8	5.352 7	4.869 6	4.110 3	3.545 8	3.112 9	2.771 8
21	7.562 0	6.687 0	6.312 5	5.973 1	5.383 7	4.891 3	4.121 2	3.551 4	3.115 8	2.773 4
22	7.644 6	6.742 9	6.358 7	6.011 3	5.409 9	4.909 4	4.130 0	3.555 8	3.118 0	2.774 6
23	7.718 4	6.792 1	6.398 8	6.044 2	5.432 1	4.924 5	4.137 1	3.559 2	3.119 7	2.775 4
24	7.784 3	6.835 1	6.433 8	6.072 6	5.450 9	4.937 1	4.142 8	3.561 9	3.121 0	2.776 0
25	7.843 1	6.872 9	6.464 1	6.097 1	5.466 9	4.947 6	4.147 4	3.564 0	3.122 0	2.776 5
26	7.895 7	6.906 1	6.490 6	6.118 2	5.480 4	4.956 3	4.151 1	3.565 6	3.122 7	2.776 8
27	7.942 6	6.935 2	6.513 5	6.136 4	5.491 9	4.963 6	4.154 2	3.566 9	3.123 3	2.777 1
28	7.984 4	6.960 7	6.533 7	6.152 0	5.501 6	4.969 7	4.156 6	3.567 9	3.123 7	2.777 3
29	8.021 8	6.983 0	6.550 9	6.165 6	5.509 8	4.974 7	4.158 5	3.568 7	3.124 0	2.777 4
30	8.055 2	7.002 7	6.566 0	6.177 2	5.516 8	4.978 9	4.160 1	3.569 3	3.124 2	2.777 5
35	8.175 5	7.070 0	6.616 6	6.215 3	5.538 6	4.991 5	4.164 4	3.570 8	3.124 8	2.777 7
40	8.243 8	7.105 0	6.641 8	6.233 5	5.548 2	4.996 6	4.165 9	3.571 2	3.125 0	2.777 8
45	8.282 5	7.123 2	6.654 3	6.242 1	5.552 3	4.998 6	4.166 4	3.571 4	3.125 0	2.777 8
50	8.304 5	7.132 7	6.660 5	6.246 3	5.554 1	4.999 5	4.166 6	3.571 4	3.125 0	2.777 8
55	8.317 0	7.137 6	6.663 6	6.248 2	5.554 9	4.999 8	4.166 6	3.571 4	3.125 0	2.777 8

更新勘误表和配套资料索取示意图

说明1：本书配套教学资料存于人邮教育社区（www.ryjiaoyu.com），资料下载有教师身份、权限限制（身份、权限需网站后台审批，参见示意图）。

说明2："用书教师"，是指订购本书的授课教师。

说明3：本书配套教学资料将不定期更新、完善，新资料会随时上传至人邮教育社区本书相应的页面内。

说明4：扫描二维码可查看本书现有"更新勘误记录表""意见建议记录表"。如发现本书或配套资料中有需要更新、完善之处，望及时反馈，我们将尽快处理！

咨询邮箱：13051901888@163.com

更新勘误及意见建议记录表

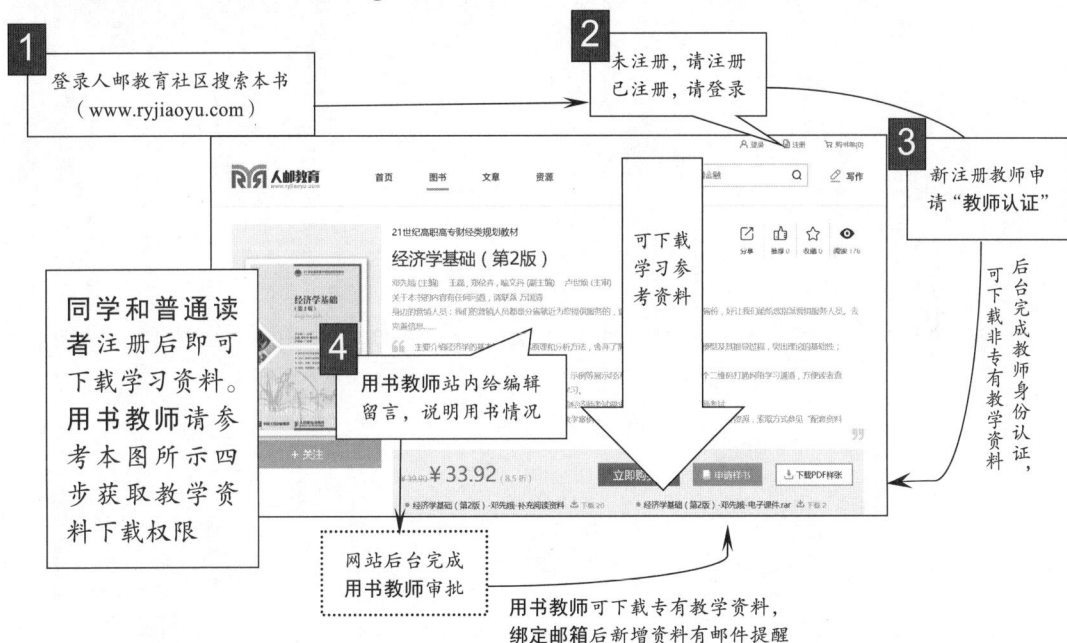

1 登录人邮教育社区搜索本书（www.ryjiaoyu.com）

2 未注册，请注册 已注册，请登录

3 新注册教师申请"教师认证"

后台完成教师身份认证，可下载非专有教学资料

同学和普通读者注册后即可下载学习资料。用书教师请参考本图所示四步获取教学资料下载权限

可下载学习参考资料

4 用书教师站内给编辑留言，说明用书情况

网站后台完成用书教师审批

用书教师可下载专有教学资料，绑定邮箱后新增资料有邮件提醒

主要参考文献

[1] 财政部会计资格评价中心，2022. 财务管理[M]. 北京：经济科学出版社.

[2] 财政部会计资格评价中心，2023. 财务管理[M]. 北京：经济科学出版社.

[3] 陈绍宇，张家祥，光昕，2017. 财务管理[M]. 长春：吉林大学出版社.

[4] 杨桂洁，2022. 财务管理实务[M]. 2 版. 北京：人民邮电出版社.

[5] 中国注册会计师协会，2023. 财务成本管理[M]. 北京：中国财政经济出版社.